謝莉・珍恩——著　吳妍儀——譯
Shaili Jain

THE UNSPEAKABLE MIND

讓心裡的傷不倒帶

Stories of Trauma and Healing
from the Frontlines of PTSD Science

一位精神科醫師
對創傷後壓力症最溫柔懇切的臨床紀實
與最前線的療癒科學研究

臉譜書房 FS0117

讓心裡的傷不倒帶

一位精神科醫師對創傷後壓力症最溫柔懇切的臨床紀實，與最前線的療癒科學研究

The Unspeakable Mind: Stories of Trauma and Healing from the Frontlines of PTSD Science

作　　者　謝莉・珍恩（Shaili Jain）
譯　　者　吳妍儀
副總編輯　謝至平
責任編輯　鄭家暐
行銷企畫　陳彩玉、薛綸
美術設計　倪旻鋒
排版設計　莊恒蘭

編輯總監　劉麗真
總 經 理　陳逸瑛
發 行 人　涂玉雲
出　　版　臉譜出版
城邦文化事業股份有限公司
臺北市中山區民生東路二段141號5樓
電話：886-2-25007696　傳真：886-2-25001952
發　　行　英屬蓋曼群島商家庭傳媒股份有限公司城邦分公司
臺北市中山區民生東路二段141號11樓
客服專線：02-25007718；25007719
24小時傳真專線：02-25001990；25001991
服務時間：週一至週五上午09:30-12:00；下午13:30-17:00
劃撥帳號：19863813　戶名：書虫股份有限公司
讀者服務信箱：service@readingclub.com.tw
城邦網址：http://www.cite.com.tw
香港發行所　城邦（香港）出版集團有限公司
香港灣仔駱克道193號東超商業中心1樓
電話：852-2508623　傳真：852-25789337
電子信箱：hkcite@biznetvigator.com
新馬發行所　城邦（馬新）出版集團
Cite（M）Sdn. Bhd.（458372U）
41, Jalan Radin Anum, Bandar Baru Sri Petaling,
57000 Kuala Lumpur, Malaysia.
電話：603-90578822　傳真：603-90576622
電子信箱：cite@cite.com.my
一版一刷　2020年07月

城邦讀書花園
www.cite.com.tw

ISBN 978-986-235-848-1
定價　NT$ 399

國家圖書館出版品預行編目(CIP)資料

讓心裡的傷不倒帶：一位精神科醫師對創傷後壓力症最溫柔懇切的臨床紀實，與最前線的療癒科學研究／謝莉・珍恩（Shaili Jain）著；吳妍儀譯. 一版. 臺北市：臉譜，城邦文化出版：家庭傳媒城邦分公司發行, 2020.07
面；　公分. --（臉譜書房；FS0117）
譯自：The unspeakable mind : stories of trauma and healing from the frontlines of PTSD science.
ISBN 978-986-235-848-1（平裝）
1.創傷後障礙症　2.心理治療
178.8　　109007828

目次

第三部 身體

第四部 生活品質

第七部　新紀元：一點點預防措施

前言

除非有人想聽，否則沒有一個故事會留存下來。

——J. K. 羅琳

密爾瓦基的退伍軍人醫學中心*的晤談室很小，所以在病人喬許進來以前，我們重新安排了座位，擺成圓環狀，免得給他壓迫感。我們的團隊組成人員包括一位戴眼鏡的認真醫學系學生；一位精神科實習醫師，穿著退伍軍人管理局分發的標準皇家藍手術服；我，住院總醫師，就快要從住院醫師的訓練畢業了；還有我們的主治醫師，一個經驗豐富的資深精神科醫師。喬許得到了所有人全心全意的關注，沒有誰滿心想著自己的待辦事項，或者偷瞄時鐘

* 原註：退伍軍人醫學中心或醫院，是由美國退伍軍人事務部（一個內閣層級的政府單位）的分支，退伍軍人健康管理局來經營的，向任何曾經在武裝部隊服役過的人提供照護。

查看是不是該換下個病人了。從某方面來說，我們心醉神迷，都知道我們正在見證某種重要的事情。

喬許的外表讓他與眾不同，肌肉發達而充滿自信，有稍微曬黑的皮膚、剪短的棕髮，還有眼神銳利的藍眼睛。他告訴我們，他如何跟他的許多朋友，總共二十一個人，被九一一事件影響而採取行動。他在高中畢業後不久，遵從家人的期望加入了海軍陸戰隊。他的祖父、外公、兩位叔叔跟幾位表親都從軍，他也是。喬許在密爾瓦基以北兩百哩處的一處農村小鎮出生長大。他之所以被送到「城裡的醫院」，是因為他所在之處的退伍軍人管理局沒有收治病人的精神病院。

他告訴我們，退伍後他很高興能回到家裡，還有見到親友感覺有多美好。不過那些感覺很短暫，而且迅速地被奇怪的想法與情緒所取代。喬許以一種讓人全無戒心的鎮靜態度，清楚有力地說著故事。在他說話的同時，我開始做心理診斷檢核表。

「回家之後不久，我開始做噩夢。這些夢甚至比噩夢還糟，因為它們是在重播當時阿富汗**真正**發生過的事，也就是那些我想要忘記的事。我再次感覺到我在阿富汗時感受到的一切：恐懼、驚慌，心臟在喉嚨裡猛跳。我尖叫著醒來，床單都濕透了。幾乎每天晚上都這樣，這讓我害怕睡著。」

夢魘。打勾。

「就算是清醒的時候也會發生詭異的事情。我再也不相信我的眼睛和耳朵。任何東西我都一再查看，以確定我是安全的。我總是覺得某種壞事就要發生。無論如何，我就是無法放鬆。」

過度警覺。

「有一次，我跟弟弟去店裡買東西，在我們把雜貨裝進卡車裡的時候，有輛車逆火了。我馬上撲倒在地。我的身體就這麼反應了，我無法控制。在我領悟到那是一輛車的時候，我讓自己冷靜下來……有一群人盯著我看，還有些人在笑。我不在乎他們，但是我小弟臉上的表情讓我難過得要死。他很害怕，而且看起來很震驚，就像他認不得我一樣。我覺得好羞恥。」

過度驚嚇反應。

「後來我就開始比較常待在家裡，那些我本來愛做的事現在一點也不想做了。在去阿富汗之前，我媽總是抱怨我怎麼永遠坐不住，總是跟哥們出去看電影、打保齡球、釣魚、打球，而現在那些事我都不想做。我在家裡一坐就是好幾星期，喝啤酒，盯著電視上愚蠢的實境秀，我在某種程度上已經走神了，感覺很麻木。」

對於有意義活動的興趣與參與度明顯降低。

「然後我開始在白天常常想到阿富汗。連最微不足道的小事都可以立刻把我的心神拉回去。如果我剛好轉到報導戰爭的新聞，『**轟！**』，突然間我就會迷失在另外一個世界裡。有時候，親人或朋友會過來拜訪，有些人甚至問：『你有殺過人嗎？』或者『你有看到任何人被殺嗎？』這些問題讓我想吐。我感覺太過噁心，以至於我會起身離開。我開始無時無刻都感覺得到憤怒，就好像我在找藉口想要把某人打昏！但威士忌能讓我冷靜下來，也能幫助我睡覺。我喝酒時不會做噩夢，或者說我不會把噩夢記得這麼清楚，所以我開始喝更多的酒。」

逃避勾起與創傷事件相關的痛苦記憶、思緒或感受等外在提示。

持續性的負面情緒，例如憤怒、罪惡感、羞恥。打勾。

「我持續這種生活好幾個月，後來我媽替我外公辦了個生日派對。全家族的人都來了。我很愛我外公，但一想到人群還有噪音就讓我難以承受。我在派對當天早上開始喝酒，到了下午我已經醉了。那是一場烤肉趴，而在這之後的事情就變得很模糊，因為我不記得了。我能回憶起裝飾品和蛋糕，但烤架上的肉升起的煙又突然打擊到我，我再度回到阿富汗，好像我真的就在那裡為自己的生命搏鬥。我發誓我無法克制，如果可以，我就會克制。我根本不知道自己出了什麼事。」

醫療團隊知道生日派對時發生了什麼事，在我們跟喬許碰面之前，就讀過目擊者的證詞、警方報告，還有急診室的評估報告。他經歷了情境再現（flashback），這是創傷後壓力症（PTSD）的典型症狀，喬許會覺得自己再次體驗了戰鬥經驗。一旦情境再現的症狀開始，他就沒有能力阻擋，而使他釋出所有的憤怒與恐懼。在情境再現的過程中，他攻擊了家族成員。他拳打腳踢，還猛抓住其中一個人的脖子，用力到得靠三個成年男人才能把他拉開。有人報警，叫來了救護車，喬許被送進了醫院。

如果此事是發生於越戰之後，那個情境再現尚未被視為創傷後壓力症的正字標記特徵之前的一九七〇年代，喬許可能會被誤診為思覺失調症。不過這時是二〇〇四年，我們的理解深刻多了。

在喬許之前，我遇過的退伍軍人患者都是典型的中年越戰時期退伍軍人，他們的創傷後壓力症看起來不一樣。對某些人來說，這個毛病已經被治療並且控制了數十年，不是個大問題。但對其他人來說，它根深柢固，被層層覆蓋在數十年來的酗酒、藥物濫用、街頭流浪與自殺企圖之下。對這些病人來說，他們的創傷後壓力症被埋藏在其他問題底下，而且並不是主要焦點，然而喬許的創傷後壓力症剛確診不久，持續進展，而且還未接受治療。

當喬許揭露了那個另外一個版本的自我後，他難以置信地盯著自己的雙手。方才的鎮定消失，他的臉開始變得極度痛苦。在我左方的醫學生已經淚光瑩瑩，就連我們的主治醫師，儘管擁有這麼多年的經驗，也似乎被他的故事打動。

我也放下了心理診斷檢核表。[1]

導論

我們即將步入充滿創傷意識的社會。

——貝塞爾·范德寇（Bessel van der Kolk），《心靈的傷，身體會記住》（*The Body Keeps the Score: Brain, Mind, and Body in the Healing of Trauma*）*

如果你願意，就想像一個圓圈，在這個圓圈裡的每一位都是從創傷中倖存下來的美國人。當我提到創傷**的時候，指的並不是令人不快的分手、失業，或者房子被奪走，雖說這些事情也都帶來非常大的壓力。然而創傷事件遠超過那些，它是讓你的生命受到威脅，使你變得無助，或是讓你的正常感受碎成片片的時刻。或許最容易想見的畫面，是從戰爭中歸來的士兵，不過那只是故事的一部分而已。被強暴，持槍打劫，從致命車禍、火災中倖存，或者親眼見到配偶、子女或父母慘遭攻擊，也都可能是一種創傷。

超過一半的美國人會說，他們在人生中的某一刻曾經歷過這樣的事件，其中又有很多人坦言，他們經驗過許多這樣的創傷。[1]的確，身處在危險之中看來是人類的宿命。致命洪水、火災、颶風與地震的悲劇故事，以令人心生恐慌的規律充斥在歷史的書頁上。而從戰爭、暴行與嚴刑拷打等人為災難導致的恐懼提供了豐富的證據，證明人類似乎有無窮的能力用慘無人道的方式對待彼此。

對於這個圓圈裡的人來說，一旦危險退去，憂慮悲傷是很自然的。他們可能感覺緊張不安，做噩夢，以及被創傷記憶弄得不知所措。他們可能好幾小時、好幾天或好幾週都感覺如此，但人類與生俱來就有心理上的韌性，絕大多數人都會隨著時間這帖藥而康復。

現在想像在這個圓圈裡，有第二個比較小的圓圈，是那些**沒有**痊癒的人。無論何時，第二個圓圈總是有超過六百萬人。儘管這些人已經不再處於危險之中，他們仍無法超越受創的過往。他們每天苦於那些不可見的傷口，有些人開始遺忘，有些則設法復仇。這本書即是關乎這第二個較小圓圈裡的人們，他們患有創傷後壓力症。

很重要且需要注意的是，第二個圓圈的邊緣很寬。在受過創傷又自然痊癒的美國人所構成的大圈圈，和完全型創傷後壓力症患者的小圈圈之間，有個三不管地帶。這個邊緣地帶代

---

* 譯註：出自中譯本p. 375，劉思潔譯（大家文化，2017年）。

**原註：在這本書裡，創傷（trauma）、創傷事件（traumatic event）、創傷暴露（traumatic exposure）這三個詞彙可以互相替換使用。

表的是數百萬個暴露於創傷中，可能不盡然符合創傷後壓力症教科書標準，卻還是為此所苦，也需要接受幫助的美國人。[2]

創傷後壓力＊會出現一系列的症狀，在古代就有人描述過，然而這種病症仍舊難以捉摸。人類生來具有否認不快之事的機制，而這種否認損害了我們去理解創傷對於人類精神的衝擊。創傷後壓力症直到一九八〇年才正式得到精神醫學機構的承認，毫無疑問地，人類為這種延遲付出了很大的代價。

創傷壓力會影響生命的核心，干擾人們去愛、創造與工作的能力。這種失能不是肇因於糟糕的生活方式、道德缺陷或人格弱點，而是出於生物學、基因與環境之間的複雜交互作用。創傷後壓力症是一種記憶失調，以導致夢魘、情境再現與過度驚嚇反應而聞名。較鮮為人知卻同樣有毀滅性的，是這種失調如何讓一個人的情緒生活變得空虛。它讓快樂噤聲，滋生出易怒敏感，讓患者永遠處於退縮遁世，疏離愛他們的人的邊緣狀態。

百分之八十的創傷後壓力症患者有一種以上的其他精神問題，典型狀況是憂鬱症、酗酒[3]、藥物濫用或焦慮[4]，而且全都有高度的自殺風險。[5]創傷後壓力症會滲透到心靈或大腦之外，衝擊細胞、器官與身體系統，它也是導致癌症、心臟病和肥胖等多種疾病的風險因子。[6]

創傷後壓力症分布非常廣泛，以至於可能衝擊到我們之中的任何人，但社會弱勢族群最容易受害。不幸的是，只有三分之一的創傷後壓力症患者接受治療，因為這種疾病很難診斷，治療上也很有挑戰性；苦於此疾的人也通常很難為外人瞭解，又讓狀況變得更加複雜。[7]

創傷壓力可能擴及任何跟患者共同分享生活的人，創傷會滋生出創傷。最常受到影響的人是患者的家人，他們有更高的風險會發展出憂鬱、焦慮與創傷後壓力症。[8]在酷刑折磨、奴役與種族屠殺等集體創傷的例子裡，我們現在已經知道，創傷後壓力症留下的深刻足跡能夠延續好幾個世代。[9]

根據統計數字，我們大多數人遲早會體驗到一次潛在性創傷事件。如果你夠幸運，沒有這樣的經驗，你心愛的人，或者其他跟你生活緊密交織的人——你居住的社區、工作場所，或是你子女上學或玩耍的地方——也很有可能會遭遇這種經驗。

我們都承受不起忽視創傷後壓力症所帶來的損失。

現在是創傷後壓力症受到關注的特別時刻。這種疾病得到正式承認之後，隨之而來的是堆積如山的研究，其中一部分的研究動力來自仍舊心存懷疑的科學界。一九九〇年晚期，關於創傷後壓力症的研究出版品竟達驚人的一萬六千種。[10]接著，在二十一世紀的前二十年

* 在這本書裡，創傷後壓力（post-traumatic stress）、創傷後壓力症和創傷壓力（traumatic stress）這三個詞彙可以互相替換使用。

裡，我們已經看到二〇〇一年九一一恐怖攻擊的慘狀，阿富汗與伊拉克的戰爭，發生在波士頓、倫敦、馬德里、莫斯科、孟買與巴黎的恐怖攻擊，二〇〇四年十二月二十六日的南亞大海嘯、卡崔娜颶風、敘利亞內戰，還有許多其他人為與自然災難。這些事件進一步把關於創傷後壓力症的科學發現集合成持續呈指數成長的大量證據，再加上神經科學領域的進步，讓我們能夠探索大腦的神經迴路，而且對於創傷後壓力症的生物基礎，科學界的理解已經有了巨大的進展。更鼓舞人心的是，一度被認為無法治癒又讓人失能的病況，今日已經能夠治療了。

我們的社會也持續演進，變得更樂意聆聽受創者。現在，當難以想像之事襲來時，人們高度關注。我們想要聆聽倖存者的聲音，理解無可理解之事，並且從悲劇中學習。像**受創**、**精神傷口**還有**創傷壓力**這樣的詞彙，也都在往後的公共對話裡經常被提及，看來大家已經接受暴露於創傷之下與精神症狀之間是有連結的。不過，雖然創傷後壓力症一詞可能變成我們現代常用語中的必要部分，它還是常常被隨便援用，充滿了混淆與傳言。

基於這些理由，讓一本以創傷後壓力症為主題，有科學基礎，最終目標在於服務全人類的作品於現在問世，是最好的時機——這本書會開啟健康的社會對話，也有助於釐清並整合對於創傷後壓力症的各種既有觀點。

本書將以我的視角，幫助讀者描繪出一幅細節豐富的創傷後壓力症輪廓。我是個研究創傷的科學家，而且最重要的是，我具備在真實世界擔任精神科醫師與創傷後壓力症專家的經驗，我花費將近二十年的時間，照料數千名從兒童虐待、強暴、親密伴侶暴力、威脅性命的意外或戰爭中倖存下來的病人。

數千年來，藝術家、作家、音樂家、宗教學者與哲學家一直渴望理解創傷，並且期望幫助受創者復原。我以醫療專業人員的身分，設法瞭解創傷在大腦與身體上留下的深刻印記，並且接受訓練以介入創傷，讓受到悲劇戕害的生命最終能夠康復。我也用這樣的身分寫下關於創傷壓力的事，醫師的身分讓我擁有對人類生命的私密洞見。在醫師與病患之間的神聖關係裡，來自社會各種角色與階層的人讓我瞭解了最根本的真理。在這個過程中，我們期望病患的情緒得以宣洩，而醫師是這一切的見證人。我從一次次密切的接觸經驗裡，描繪出一幅創傷後壓力症的輪廓，使所有設法更認識這種病症的人，更易於理解它。

本書分成七個部分。第一部，「發現創傷壓力」，將以我個人與這個領域的連結起頭，向讀者介紹創傷後壓力症影響的範圍，還有它為何是如此迫切的公共衛生隱憂。我也將強調許多對於創傷後壓力症診斷的對立看法與複雜之處，這些看法在在影響著檢驗與治療這種病的方式。第二部，「大腦」，由幾則經過生動重述的病患故事所組成，這部分會依照故事所提及的不同症狀拆解創傷後壓力症。最近數十年，關於創傷後壓力症的神經科學有長足的進步，即使這個世界正快速地演變，新穎的科技也持續改變現狀，但對於創傷壓力的神經生物學，我們已經知道許多事。第三部，「身體」，闡明了長期在精神上遭遇痛苦與暴露在創傷中對於身體健康的可能影響，以及這種長期暴露如何對患者的整個人生都產生影響。第四部，「生活品質」，將指出創傷壓力如何與種族、性別及貧窮緊密交織，呈現出更寬廣的觀點。此處也分析了創傷後壓力症危險的後果，還有它如何摧毀生活品質與人際關係。第五部，「治療創傷壓力」，提出許多創傷後壓力症患者能夠痊癒的途徑。除了那些創傷後壓力症傳統且有效的療法，這部分也囊括了前衛的創新做法，以及實驗性與另類的方法。第六部，「我們的世界對創傷的看法」，描述在過去二十餘年的時間裡，全球研究創傷的科學家為了理解創傷後壓力症如何出現在戰爭、災難與恐怖主義的平民倖存者身上所做的研究，使現在大眾清楚地意識到，創傷後壓力症如何跟文化、社會期待與人權議題彼此縱橫交錯。最後，在第七部，「新紀元：一點點預防措施」裡，我運用自己十年來的研究與臨床創舉，建議一種在將來頗有希望的典範轉移，它是一種容許我們帶著希望，在新千禧年處理創傷後壓力症問題的典範。

本書將道出創傷後壓力症的完整故事，分析它對於細胞、情緒、精神、行為、社會、文化、全球等層次上的衝擊。這本書是寫給所有真心希望理解創傷後壓力症的人，尤其是那些與此病共存的人，以及他們心愛的人。對於曾經體驗過創傷事件，或是還在設法衡量事件對他們的人生造成何種衝擊的讀者來說，這本書提供了答案。我也希望讀者能夠從本書瞭解到：「他們不是孤獨的，而且還有很多做法可以紓解他們的苦難。」創傷後壓力症不只在個人層面上影響我們，它也滲透到我們的社會與文化中。這種全球性的衝擊讓我們對之做出全面且貼近真實的檢視。我希望讀者能對創傷壓力，還有它為何是我們所有人以及我們所在的世界無可逃避的一部分，建立更清晰的觀念。

第一部　發現創傷壓力

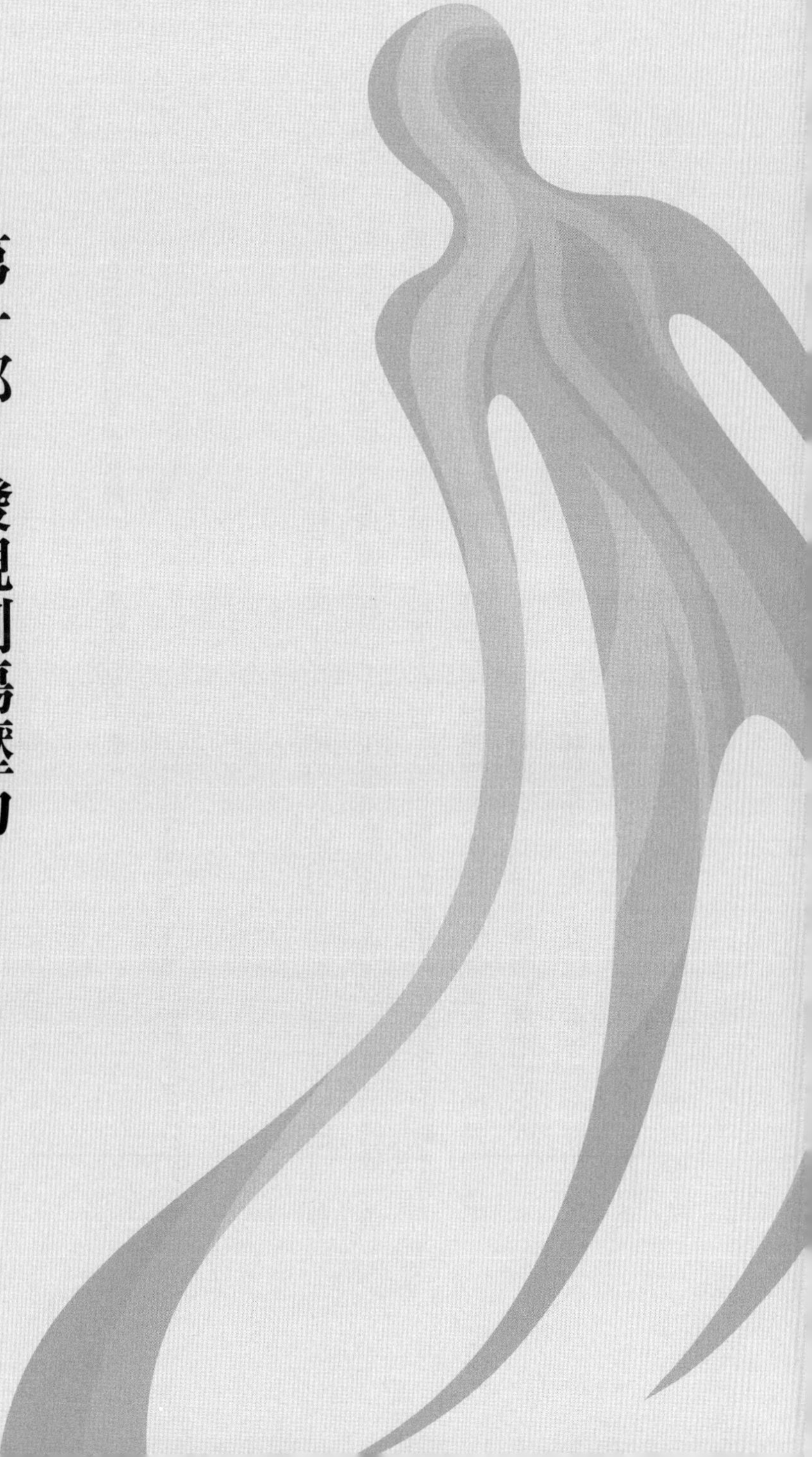

與我父親的公路旅行

人生只能在回溯中理解，卻必須往前活下去。

——索倫・齊克果（Søren Kierkegaard）

從我有記憶開始，我就一直被苦於難以啟齒之痛的人所吸引。並不是因為待在這些人身旁是件容易的事，何況暴露於這樣的影響之下，肯定會帶來不快。然而，「安心的感覺」讓我的衝動變本加厲，使我注定要處於見證者的位置。這顆衝動的種子，在我出生前數十年的一九四七年印巴分治期間就已經種下。在這篇血跡斑斑的歷史中，我祖父在駭人的暴力裡遇害了。這種暴力之舉意味著他年幼的子女在往後多年裡，要忍受慘痛的社會地位下滑。

在我對這個南亞歷史上的災難性事件已有所瞭解的數十年前，就已經感受到一九四七年事件的餘震了。我父親生在印度北部叫做旁遮普的區域，當時印度人正在爭取自由，對抗英國殖民霸權。英國人在一九四七年離開印度前做的最後一件事，史稱印巴分治，催生出了印度教徒占大多數的印度共和國，還有以穆斯林占多數的東巴基斯坦與西巴基斯坦。*印巴分治是英國人草率主導的計畫，要求數百萬人口在接收臨時通知後就搬遷，導致這個新成立的國家對於後來變成二十世紀最大規模難民危機的事件極端缺乏準備。將近兩百萬人死難，還有七萬五千名婦女在隨之而來的混亂與暴力中被強暴、肢體傷殘。[1]高達一千四百萬人被迫逃離祖先的故土。[2]

我父親在十歲時成為孤兒，被迫在剛獨立的印度過著難民生活。二十年後，他移民到英國，我在那裡出生長大。我有大量的青春時光都活在父親因為印巴分治而產生的陰影之下。我知道，無論我多麼愛他，他多麼愛我，一九四七年的遭遇永遠改變了一部分的他，不可碰觸。

我雖以印度移民之女的身分長大，大多數時候卻沒察覺到這種創傷的遺緒，而更專注於我在英國日常生活中勢必遭受的種族緊張關係，過著兩個世界的人生。在第一個世界裡，英國的功績主義成了我的救主，以充滿機會與希望的生活，回饋我辛勤的工作與奉獻精神。然而在第二個世界裡，我的棕色皮膚和外國名字讓我成為次等公民。

在我十幾歲時，成為一位醫師的志願給了我一條逃離此種不快的出路。醫師的專業超越

* 原註：在一九七一年，東巴基斯坦變成獨立國家孟加拉。

種族、社會地位與宗教，這種高度的使命感很吸引我。雖然我當時並不知道，但創傷的過往與童年的經驗匯聚起來，引導著我的人生選擇。成為醫師讓我沉浸到苦難的世界裡，選擇專攻精神科這個奉獻給減輕精神苦難的領域，意味著我會學到如何理解這種苦難，並且習得解除它的技巧。

小時候，我只隱約地意識到家族的創傷史。爸爸有時會將這段歷史在不恰當的時機插進對話裡，或是說出令人震驚的發言，但這種情形比較罕見。那些言論常常伴隨著他的憤怒或恐懼而顯得很唐突，到頭來開始變得沒多大意義，只不過是生活中的小干擾。如今身為創傷後壓力症專家，我理解了這個創傷家族故事的表現方式。那些話語是我爸處理創傷事件方式的附帶後果。從暴力之舉、讓人痛徹心肺的損失或令人震驚的殘酷行為等難以啟齒之事倖存下來之後，人的心靈面臨兩難。一方面本能地傾向掩藏這樣的事件，另一方面卻渴望訴說，大聲地道出自身遭逢的事，好讓這個世界也知道。這樣的矛盾在兩代之間引發波瀾，解釋了父親的故事為何會以那樣支離破碎的方式充斥在我的童年裡。

這些年來，成醫之路讓我更遠離家鄉，最後我因為精神科住院醫師訓練而到了美國，我跟家族歷史之間本就薄弱的連結，又因此變得更加脆弱。到了二〇〇七年，我已經結束住院醫師培訓，舒適地在密爾瓦基的私人診所安頓下來。在我的日常工作裡，我照顧患有不同心理疾病的病人，從飲食障礙到精神病都有。當時的我既不是研究者，也不是治療任何特定疾病的專家。那年春天，我父母從英國來訪，我們開車上路，兩星期以來穿越了奧蘭多、華盛頓特區跟紐約市，這是慶祝我爸七十歲生日的禮物。在這趟公路旅行裡，我第一次聽到父親完整的人生故事——從印巴分治之前到一九四七年的悲劇事件。

在他的故事展開之前，我記得他字斟句酌地向我暗示，他已經深思這些細節好一段時間了。當時他所說的故事沒有我小時候體驗到的苦澀感，而是語帶著反思，並充滿了他退休後，較常回訪印度時蒐集到的細節。我被他的敘述所吸引，因為我可以感受到這不是隨口說說。我父親是他原生家庭裡唯一倖存的成員，那天他向我們坦白。

他講到了他的父親、母親、兄弟還有姐妹們，我實際上並不認識他們，因為我童年時在英國的家並沒有傳家寶或照片，而且我這輩子只拜訪過印度兩次。我爸當時講到的親戚們全都住在印度，他們之中許多人在我出生前數十年就已經過世了。父親的告白打開了一道大門，讓我能通往那個在許多方面來說完全陌生的世界，他在公路旅行中透露的真相改變了一切。一九四七年的事件意味著我的家人們失去了希望，夢想破滅，並且在他們死去的時候，精神處於絕望。

那趟公路旅行後，我回頭在我的美國生活裡扎根，建立新連結，但我甩不掉自己正在把某種寶貴事物拋諸腦後的感覺。我無法明確指出那是什麼，但我知道如果我不回頭拾起它，我的前途終將一無所獲。我領悟到在那段歷史中，有許多因素注定了我祖先們的命運。其中有他們那個時代的現實。在那個脆弱的世界，人們心愛的人可能在極短的時間內就被疾病、意外、無情的天意或者人為暴行奪走性命。我的家族在殖民統治下生活，純屬運氣不佳，他們的命運從一開始就由不得他們。他們的生命可能結束於一九四七年，雖然和我相隔了六十年與七千多哩的距離，我仍繼承了他們的脆弱，這讓我不知所措。

身為一位醫師，我常常遇見帶著同樣的脆弱過活的人：在內城區（市中心低收入住宅區）生活的單親媽媽滿心焦慮，擔心她年幼的兒子會在肆虐於鄰里的幫派戰爭中遭受池魚之殃；從虐待與忽略的童年中倖存下來的年輕女子，到頭來卻在受虐的婚姻中憔悴；還有見證家鄉發生大屠殺，現在掙扎著要建立美國生活的新移民。我逐漸理解一項新的現實：我會奉獻我的職業生涯來幫助這些每天帶著脆弱過活的人，並且治癒那些必須活在創傷餘波下的人。畢竟，我自己一直都是其中的一員。

在接下來的幾個月裡，我意識到我需要對創傷壓力有更多認識。成為一位研究者對我來說很有吸引力，因為這提供了我日常工作裡缺少的客觀事實。我渴望有客觀的證據，讓我知道我為病人所做的事情**真正**有效，因為病人的回饋或我自己的自我評估帶來的自得和愉悅感，再也無法滿足我。我在每日的臨床執業中熟悉了創傷後壓力症，但我在住院醫師培訓時待過的其中一間健康照護機構，比我工作過的任何其他醫院都更關懷創傷後壓力症。那就是退伍軍人管理局（VA）。

在我初次抵達美國的時候，第一份工作是在密爾瓦基的克萊蒙・J・札布洛基退伍軍人醫學中心（Clement J. Zablocki Veterans Affairs Medical Center）當實習醫師。在那之前，我從沒有在專門照料退伍軍人的醫院裡工作過。身為新移民，看到美國人如此認真看待這些曾經做出最高愛國貢獻的男女欠下的人情債，讓我態度謙卑。

大半的實習期間，我都在密爾瓦基退伍軍人醫院的走廊上穿梭，照顧住院的退伍軍人。那也是我住在美國的第一年，所以我也必須同時適應新國家的要求。當時的我正在學習關於美國的事情，我從退伍軍人病患，還有他們的同僚身上學到的，比我向鄰居或從新聞媒體學到的還多。很快我就發現，我對自己移居的國家特別的承諾與無限的包容敬畏有加。有一次在晨間巡視病房時，一位資深的退伍軍人醫院醫師告訴我，他如何在踏入一間退伍軍人醫院時，感受到一股使命感，而當我的實習接近尾聲時，我也感受到那種使命感了。

退伍軍人管理局負責照顧所有退伍軍人的健康，所以無論這個族群的主要健康問題是什麼，都會變成該管理局優先考慮，投入金錢與資源的領域。由於每三位退伍軍人就有一位被診斷出至少一種精神疾病，因此心理疾病的治療早已成為退伍軍人管理局的優先事項。二〇〇一年悲劇性的九一一事件、恐怖攻擊，還有後續在阿富汗與伊拉克的戰爭之後的這些年，這種優先性愈來愈急切。

基於這些理由，在我離開私人診所，接受更進一步的創傷後壓力症相關訓練時，除了去退伍軍人醫院，其他任何地方對我而言都沒有意義。在那趟公路旅行後的兩年內，我橫跨了美國，搬到國家創傷後壓力症中心加州分部，這是一個由退伍軍人管理局資助的聯合組織，被公認為創傷後壓力症研究領域的世界領袖。我在那裡花費將近三年的時光，擔任史丹佛大學醫學院的研究員與博士後研究員。然而在這樣傑出的智囊機構工作，是要付出代價的。在幾週之內，我就從一位受人敬重、生活過得非常舒適的醫師，變成在競爭激烈又充滿不確定性的學術環境裡，靠積蓄過活的人。

在那趟公路旅行的多年以後，我爸告訴我，他那天向我坦白家族故事是有意為之，因為他覺得我變得自滿了，這讓他感到困擾。他說：「我想把妳從沉睡中搖醒，」然後補上一句：「妳具備一切的專業技術與訓練，所以我需要知道妳會把這些用在需要之處。」的確，在公路旅行以前，許多障礙都足以讓我對展開學術生涯感到卻步。但現在我跟我的工作之間有更深刻的連結，這刺激我朝那條嶄新的職涯之路邁進，致力於促成創傷後壓力症科學的進步，還有竭盡心力去解開那個祕密：在難以啟齒的創傷之後，是什麼培養了人的韌性？

迫切的公共衛生隱憂

> 創傷依舊是一個更廣泛的公共衛生議題，甚至可說是對國家福祉最重大的威脅。
>
> ——貝塞爾．范德寇，《心靈的傷，身體會記住》*

為了理解創傷壓力，我們必須先檢視導致這種壓力的事件本質。不像一般的壓力事件，例如：搬新家、與慢性病共存、承受經濟損失，或者婚姻失和。創傷事件太過巨大，以至於個人在這種處境下變得無助。創傷粉碎了他們對於正常狀態、控制與意義的感受力，而且通常和直接遭遇死亡威脅、性侵害，或者見證這種創傷發生在其他人身上有關。

人人都會對創傷做出情感上的反應。哈佛大學的精神科醫師與創傷後壓力症專家茱蒂絲．赫曼（**Judith Herman**）博士，在她指標性的一九九二年文本《從創傷到復原》裡，描述

---

* 譯註：中譯本p. 376。

過這種反應：

人通常擁有一套複雜的反應系統去面對危險，能整合身體和心智的各種反應。[1]一開始，威脅感會刺激交感神經系統，造成腎上腺素激增，使我們處於警戒狀態，這讓身處險境的人通常會忽略飢餓、疲累或疼痛的感覺。最後，威脅感會引發強烈的恐懼與憤怒。其實以上這些變化都屬於正常的調適反應，這些反應讓受威脅的個體動員起來，準備採取激烈行動，以備應戰或脫逃。*

許多研究記錄了一般大眾暴露於這類創傷下的比率。[2]在美國成年公民人口中，每十位男性中有六位，每十位女性裡有五位，指出他們人生中至少體驗過一次重大創傷事件。最常見的包括身體攻擊、性侵害、意外事件與火災。[3]到了四十五歲，大多數美國人都體驗過一次這樣的創傷，有一部分人甚至會體驗到多次這樣的事件。全世界有超過七成的成人，在人生中的某一刻經歷過創傷，而有三成以上經歷過四次或更多這類事件。[4]

在我是國家創傷後壓力症中心的研究員時，我受訓使用的第一批工具之一，就是臨床用創傷後壓力症量表（Clinician-Administered PTSD Scale）[5]，這個包含三十個項目的訪談表，被視為診斷創傷後壓力症的黃金標準。標準程序是我在訪談中必須篩問出病患這輩子可能經歷過的**任何**創傷事件。我逐一詢問檢核表上的具體事件，從親眼見證暴力、猝死、強暴，到捲入威脅生命的意外等，來檢視患者是否曾經暴露於一大堆不同類型的創傷事件下。

我篩問的第一位病患是莉塔，一個來自波多黎各的中年女性退伍軍人，她用一種羞怯的聲音說話，冷靜地配合我冗長的評估。她的英語很好，但有濃重的口音。她仔細地聆聽我的問題，身體前傾，並且把耳朵靠向我這邊，以確保她完全理解我想說什麼。然後她會沉默地坐著，眉頭皺起，在腦中過濾五十年來的生命事件與記憶。

在我們進行的過程中，她說出來的故事讓我很震驚。我本來完全預期她會對大多數的篩檢問題說「沒有」，實際狀況卻相當不同。一開始她提到在八歲的時候，她在舅舅的農場親眼見到一位表親意外死去，接著她講到她在高中最後一年碰到約會強暴，然後是一段延續三年的時期，她當時的同居人痛毆她，甚至讓她兩度因為內出血住院，再來是最近的一次創傷，在一場讓駕駛喪命的車禍中，她正是乘客。談結束的時候，莉塔似乎筋疲力竭，甚至對她自己的某些答案感到驚訝。「我經歷過好多事！」在她逼迫自己擠出半個微笑的時候，眼淚開始落下，然後她說道：「在今天以前，沒有人問過我這所有的事情。」

---

* 譯註：中譯本p. 76。

幾週裡，我繼續訪談了數十位病患。雖然每個故事各不相同，概括一切的主題卻是相似的：人的一生暴露於許多創傷之下似乎是家常便飯。我心生警覺，很擔心我是否沒有正確地執行檢核，所以諮詢了一位資深研究人員，她猛烈搖頭表示否定，打發掉我的戒慎之情。「妳得明白，」她解釋道：「創傷經驗其實是很正常的事情，它是數百萬人人生中可以預期的一部分。如果妳這輩子還沒有體驗過創傷事件，妳屬於**非常**、**非常**幸運的少數人。」

在暴露於創傷之下占比極高的美國人之中，只有百分之二十的女性跟百分之八的男性會繼續發展出創傷後壓力症。雖然發展出創傷後壓力症的整體風險確實很低，在整體人口中，創傷後壓力症病例數量還是很高，因為暴露在創傷下的比率極高。光是美國，隨時都有超過六百萬個需要治療的**現行**創傷後壓力症病例。創傷後壓力症是迫切的公共衛生隱憂。[6]

關於創傷暴露以及創傷後壓力症的發展，有兩個無可辯駁的事實值得強調。首先，當一個人體驗過的創傷「劑量」愈高，發展出創傷後壓力症的機率就愈高。所以創傷後壓力症在一般人口中的**終生**盛行率（在有生之年罹患的比率），大約是百分之七，但在某些高風險人口中，罹患創傷後壓力症的比率更高。每一百位目前在阿富汗與伊拉克戰爭中服役的軍隊成員，就有超過二十位會發展出創傷後壓力症，如果他們的派駐時間愈長，面對的戰鬥愈激烈，這個比率就會攀升得更高。[7]較高的創傷後壓力症盛行率也會出現在警官、消防員還有其他初期應變人員身上。在低收入婦女以及居住於高犯罪率內城區的青少年身上，也看得到同樣的統計數字。[8]

其次，創傷的種類很重要。人類為造成創傷的生命事件賦予意義的能力，讓我們不同於其他的生物。這就是為什麼人為設計的創傷傷害，像是強暴、戰爭還有兒童虐待，會留下這麼深刻的傷口。相對來說，比起其他人類造成的創傷，在承受像是隨機意外或者天災等不可抗力之後，發展出創傷後壓力症的機率只有前者的一半。[9]強暴是最有可能導致創傷後壓力症的創傷，緊跟在後的是戰爭、兒童虐待、性騷擾與身體攻擊。[10]

創傷後壓力症鮮少單獨存在。它通常會出現在憂鬱、酒精與藥物成癮，還有焦慮的人身上。創傷後壓力症症狀有可能自動改善，尤其是暴露於創傷後的第一年，但對大約三分之一的患者來說，嚴重的症狀會持續多年。[11]創傷後壓力症也有可能會有延遲表現：在創傷之後的好幾週，好幾個月，甚至好幾年裡，當事人沒有回報任何不適，卻突然有一天發展出全面症狀。不管一開始發病的模式為何，沒有及時治療的可能影響很清楚：如果沒有接受治療，而且在一兩年後還有創傷後壓力症，症狀緩解的機率就會降低。令人不寒而慄的是，統計數字顯示，只有三分之一[12]有創傷後壓力症的人得到心理健康治療，而在那些得到治療的人裡，在症狀第一次浮現後，平均過了十二年才求助。[13]

精神科醫師兼創傷專家強納森・沙伊（Jonathan Shay）博士，在他一九九四年的著作《阿奇里斯在越南：戰鬥創傷與人格的毀滅》（*Achilles in Vietnam: Combat Trauma and the*

Undoing of Character）裡寫到了越南退伍軍人的苦境：「這樣未癒的創傷後壓力症可能蹂躪生命，讓受害者失去參與家庭、經濟與國家政治活動的能力。令人痛心的矛盾是，曾經為自己的國家而戰，卻可能導致他們不再適合作為這個國家的國民。」[14]參考了紐約大學精神科醫師與創傷後壓力症專家查爾斯・瑪瑪爾（Charles Marmar），在二〇一五年領導的一項越南退伍軍人研究中所得到的發現，沙伊的個人觀察似乎成了預言。[15]在《美國醫學會雜誌》（*The Journal of the American Medical Association*）上發表的研究結果發現，在越戰時期戰鬥的退伍軍人中，有百分之四點五的男性與百分之六點一的女性**現在患有**創傷後壓力症。把這些數字往後推算，暗示著**在戰爭結束四十年後，還有超過二十五萬越南退伍軍人每天仍在掙扎對抗創傷後壓力症的結果**。

瑪瑪爾分享了他對於越戰退伍軍人生活品質的想法：

> 對於生活品質的影響是很深刻的。[16]夢魘、情境再現、驚嚇反應——這些正性症狀（positive symptom）*非常令人困擾。但麻木、情感淡漠、無法表達與接收情感、享受事物的能力遭到侵蝕等負性症狀（negative symptom）通常導致退縮、家庭破碎與疏離，且這些狀況通常也跟嚴重的酒精與藥物濫用有關。對於每個精神受創的戰士來說，有十到二十人在他們的生命中屬於社交結構的一部分，包括父母、

手足、配偶、子女、孫子女，這些人也會受到不同程度的影響。這是很大的網絡。

＊譯註：精神疾病的「正性」症狀指的是患病者會有，常人不會有的狀況（像是妄想或幻覺）；「負性」症狀則是指常人會有，患病者卻沒有或者比較少的行為或機能（像是情緒貧乏或對任何事都沒有興趣）。

創傷簡史

一方面想要否認恐怖暴行存在，另一方面又希望將它公諸於世，這種矛盾正是心理創傷者主要面臨的衝突。

——茱蒂絲．赫曼，《從創傷到復原：性侵與家暴倖存者的絕望與重生》＊

「請立刻照會[1]十二號房病患，有激動的病人正在對護理人員丟食物托盤。」我的呼叫器上出現這段文字訊息。

此刻是星期六晚上六點。我才剛離開醫院，正要開車回家。這個緊急事件逼我把車子調頭，放棄我的晚餐計畫。在醫師休息室裡，我檢視了這位病患的電子病歷。當我瀏覽從她最近就診過的另一間醫院傳真來的紀錄時，我從失望轉成惱怒：「多次入院」、「無法解釋的腹痛，可能是腸躁症」、「檢查結果呈陰性」、「訴訟結果待決」。這些報告的字裡行間透露出個險惡的暗示：這個病人可能是為了某些外在利益，例如一宗法律案件的費用而捏造或誇大她的症狀。這種暗示讓我更加不耐煩，如果真是這樣，商談也是白費力氣。

當我到達病房區，正要前往十二號房的時候，碰巧聽到一位護理師在走廊上對一個學生說話：「妳能相信她嗎？她裝得好像腸躁症會殺了她似的！」護理師大聲嚷嚷，只見實習生翻了個白眼表示同意。她的評論讓我停下腳步。照會的急迫性，毫無希望的病歷內容，氣急敗壞的護理師，失望與惱怒的自己——這一切都是病患此時的感受。我對自己的晚間安排被打亂而感受到的惱怒，讓我錯失了那個徵兆。身為精神科醫師，我早該看出來的。

我再次調頭，向那位護理師還有她的學生談談她們照料這名病患的一日辛勞。要求毫無間斷，又對診斷與治療提出沒完沒了的問題，痛苦時的姿態很戲劇化，明目張膽到意外打翻桌上的晚餐托盤，還有最後一根稻草——將托盤裡面裝的熱食灑遍一位護理師助理全身。要求精神科立即照會的理由在此。

「真是難搞。」我表示。

護理師點點頭，然後用尷尬的語氣補上：「我本來沒打算在走廊上講得這麼大聲，但我覺得很挫折。」

我繼續往前走向病人的房間。我停在打開的門口，然後敲門。在黑暗、安靜的房間裡，

---

* 譯註：中譯本 p. 24。

一位中年女性仰躺著，兩手放在她的腹部，閉著眼睛輕聲呻吟。我掃視房間尋找花朵、卡片或者從家裡帶來的拖鞋等一般人會在心愛的人住院時帶來的東西，卻什麼都沒看到。在我表明我是精神科醫師的時候，她臉色一沉，頭轉向一邊，面對牆壁嘲弄地說道：「喔，我猜他們認為這全都是我想像出來的！」

即使如此，我還是設法取得進展，請求她告訴我她為何在這裡。她詳細描述她在另一家醫院碰到的挫折：她在那裡花了一整年的時間治療腹痛。她看了腸胃科、婦科、泌尿科，還做了血液檢查、超音波、電腦斷層掃描跟核磁共振掃描，卻一無所獲。「他們那邊沒辦法幫我，這就是為什麼我會來到這裡。」在她因為痛苦而表情扭曲，更用力緊抓腹部的時候，她停頓了一下。「我昨天見到我新的腸胃科醫師。我喜歡他。我知道他可以幫我。」當我聆聽她的故事時，我往後靠著牆壁，交叉著手臂。我繃緊了手臂跟脖子，心中暗忖，**她為什麼這麼做**？

我冷不防地說：「妳有捲入什麼法律糾紛嗎？」

她垮下臉來，跟我說起一場十八個月前的車禍。她承認她是有錯的一方，被人告了，後續的法律角力讓她壓力很大。幾個月後，胃痛開始了，從此之後每況愈下。她糟糕的健康狀況迫使她放棄了所愛的工作，她丈夫為了平衡收支身兼兩份差事，她因此幾乎見不著他。我先前對她妄下的判斷，讓我覺得滿心羞愧。

我決心扭轉情勢，拿了把椅子，坐在與她視線等高的地方。我用比較放鬆的語調，問起她的生活。她告訴我她在當地公司當創意總監二十年的職涯，對藝術的終生熱情，還有她如何定期作東，為當地藝術家辦派對。在她說話的時候，我想像她穿著入時的服裝，周遭杯觥交錯，還有賓客的談笑聲。在她追憶往事時，她的雙手離開了腹部，還用手勢為她的談話內容增色。她坐了起來，痛楚從她臉上消失，很快地被微笑取代。我們產生了連結！

她似乎已經讀到我的心思。突然停止說話，她的手往上移到她頭部附近，抓緊床鋪欄杆，然後她的身體開始痛苦地扭動。

「醫師，為什麼我會出這種事？」

我推論，她極度痛苦的眼神說明了一切。在某個不為人知的時刻，她受創了。車禍的壓力觸動了創傷的記憶，但那難以啟齒的傷害帶來的痛苦太過劇烈，以至於只能靠著胃痛的毛病來表現。我的推論能夠療癒她嗎？不能，但這個推論可以加強我對她的同理心，而同理心可以療癒患者。我費盡心思，想要找到與她保持連結的方式，維持她的信任，並且設法讓她對自己的精神狀態感到好奇。然而她的腸胃科醫師來了，打斷我的思索。她眼睛一亮，說道：「喔，醫師，我真高興你來了。對於你打算要求做的測試，我想多瞭解一點。」

我看著她開始把治癒的希望寄託在他身上。腸胃科醫師跟我交換了一個尷尬的眼神，因為我們同時出現在這個房間裡是很矛盾的。我從病人那裡接收到暗示，於是告退。我離開十二號房的時候領悟到一件事：對她來說，從腸胃科醫師進來的那一刻起，我便消失了。

♥ ♥ ♥

早在十九世紀晚期[2]，就有醫師對於人類心靈暴露在創傷事件之後發生了什麼事，開始提出解釋。在那個時代，像是皮耶．賈內（Pierre Janet）與佛洛伊德這樣的人物發現了**創傷性歇斯底里**，也戲劇性地示範了「被遺忘的記憶」如何能夠以種種強而有力的方式，透過病患的身體症狀展現出來。那些早期先驅提出激烈的改變：**從心理學觀點來研究並且治療創傷的受害者**，藉此從更廣大的醫學社群裡取得正式認可。

在他們大膽的建議之前，精神壓力的存在並未得到正式承認，所以這樣的症狀被錯誤歸類為大腦或身體的散在性病變（discrete lesion）。舉例來說，鐵路意外的倖存者被認為在脊椎或大腦有細微的病變，而美國內戰退伍軍人的心臟有病變，這解釋了他們在戰鬥經驗後所回報的一連串症狀。現在那些醫學先驅斷言，情緒性的「休克」會導致以身體不適的形態呈現症狀，但這些症狀在本質上其實是「歇斯底里的」。

創傷性歇斯底里的觀念以引人入勝的方式，道出了現行文化如何跟創傷壓力在個人身上顯現的方式交織在一起。舉例來說，當醫師不理解創傷壓力症狀的精神本質，病患太害怕或怯於接受，社會也將之視為禁忌的時候，創傷壓力的症狀傾向變得身體化（也就是說，相對於情緒的苦惱，患者反而表現出真實的身體不適）。這種狀況的經典例子，就是數百年來社會對於童年性虐待的否認，讓與這種恐怖事件相關的創傷後壓力症狀，反而被武斷地認做身體症狀，諸如：肢體癱瘓、無可解釋的疼痛，或者不尋常的昏睡。

如果是佛洛伊德與賈內，他們滿有可能用**歇斯底里**描述我在那個星期六見到的病患。他們也可能會假設，有某種早期精神創傷深埋了數十年，只是被她最近車禍造成的壓力觸發了。她無法接受較早的創傷，所以只好以腹痛表達她的苦痛。身為精神科醫師，我本來可以提供她談話治療：這種方法能讓她理解痛苦的來源，讓她的症狀得以付諸語言，並且讓接觸情緒的過程沒那麼嚇人。但在今日的醫療環境裡，這樣的提議通常會受挫。在這個提供無止盡的處置、試驗，以及實驗科技的高度專業化時代，這樣的病人通常會被誘惑，而開始設法精確地找出他們痛苦的來源。讓他們踏上這個旅程的動力來自於一股確信：痛苦的來源很具體，就在他們身體結構中的某處。

舊酒裝新瓶？從砲彈恐懼、受虐婦女到創傷後壓力症

在第一次世界大戰中，他們稱之為砲彈恐懼（shell shock）。到了二戰，他們稱之為戰爭疲勞（battle fatigue）。在越戰之後，叫做創傷後壓力症。

——楊．卡倫（Jan Karon），《回到家鄉荷莉泉》（*Home to Holly Springs*）

數百年來，創傷壓力逐漸有各式各樣的名字。[1] 某些名稱關注於創傷後壓力症對於生理的衝擊：士兵心臟病（soldier's heart）、勞力症候群（effort syndrome）、砲彈恐懼、神經性循環無力（neurocirculatory asthenia）、壓力型心臟病（irritable heart）。有的則強調心理上的衝擊：思鄉病（nostalgia）、戰鬥疲乏（combat fatigue）、戰爭精神官能症（war neurosis）、戰鬥歇斯底里（combat hysteria）、戰鬥神經衰弱（combat neurasthenia）、戰爭精神官能症（war psychoneurosis）、創傷性精神官能症（traumatic neurosis）。創傷壓力的源頭是生理還是心理，這兩種理論之間的拉鋸一直持續到第一次世界大戰為止，當時戰事的恐怖正好碰上更

有準備瞭解這個現象的現代精神醫學。

砲彈恐懼，這個大約在一九一五年啟用的詞彙，描述了爆炸的砲彈對士兵的影響。英國士兵抱怨耳鳴、失憶、頭痛、暈眩、顫抖，以及對噪音過度敏感，這些症狀的起因，被認定是爆炸震波造成的腦傷。然而狀況漸漸變得很明朗：許多有症狀的士兵，事實上並沒有暴露在砲火或爆炸之下，也沒有任何頭部受傷的生理跡象，這個理論因此受到質疑。在更仔細的檢視後，發現大多數這樣的病例有情緒上的源頭，砲彈恐懼會繼續變成第一次世界大戰的代表性心理傷害。[2]

精神科醫師亞布蘭·卡丁納（Abram Kardiner）博士是整合種種創傷反應解釋的第一人。卡丁納的研究以第一次世界大戰退伍軍人為基礎，堅持主張創傷反應**同時兼具**心理與生理的部分。儘管有卡丁納的貢獻，在兩次世界大戰後，創傷後壓力研究仍有數十年後繼無力。精神科醫師與創傷後壓力症專家——巴塞爾·范德寇博士，把這種狀況部分歸咎於這個事實：「精神醫學的專業與『現實能夠深刻而永久地改變人的心理與生物狀態』這種觀念，有著複雜的關係。」[3]

一九七〇年代起，大家對創傷研究重新產生興趣，激發了追蹤受創個人長期發展的科學研究，研究人員開始有方法地記錄他們觀察到的狀況。此外，在戰爭之外，也有許多針對其他創傷所做的研究——天然災害、強暴、家暴與兒童虐待，而這些創傷之間的關鍵相似性也被凸顯出來。人類對創傷的反應似乎是共通的。漸漸地，愈來愈多的分類標籤出現，像是強暴創傷症候群、被毆婦女症候群與受虐兒童症候群。

創傷後壓力症在一九八〇年正式得到精神醫學建制的認可，這個疾病第一次在當時最新修訂版的《精神疾病診斷與統計手冊》（*Diagnostic and Statistical Manual of Mental Disorders*，簡稱ＤＳＭ）中得到承認。創傷後壓力症被分類成其中一種焦慮症，確認診斷前，必須符合四個關鍵判準（包括暴露在創傷事件下，以及三個因此導致的症狀）。這些判準適用於所有創傷後壓力症病例，而不限於跟戰爭有關的創傷後壓力症。不同於其他的精神疾患，把創傷後壓力症包括到ＤＳＭ裡的決定，要高度歸功於許多醫療領域之外的力量，像是越戰退伍軍人機構、女權倡議團體還有立法上的進步，不僅承認了創傷受害者的權益，也認可有需要保護他們。[4]面對這些外來的疑慮，意味著相較之下更廣大的科學界要花些時間才能接受創傷後壓力症，並且隨後出現了大量的補償性研究，以驗證這個疾病分類的正當性。[5]儘管如此，創傷後壓力症在正式被接納為醫學疾病之後二十年，精神醫學領域仍將它絕於千里之外，有些論證認為，是社會力量與政治串通起來「發明」了這種病症。[6]

讓我們先將爭議放在一邊，ＤＳＭ上對創傷後壓力症的定義提供了一套標準，可以照做研究並達成治療上的進步。在科學界，為創傷後壓力症命名鞏固了受創者與後續人類思維、情緒及行為變化之間的連結。在隨後的數十年裡，照亮這條路徑讓我們進一步瞭解了心理壓力對許多層面（包括細胞、荷爾蒙、基因、行為、精神與社會）的根本衝擊。創傷後壓力症被包括在DSM中最有價值的或許是表示心理衛生專業人士可以讓他們病患的經驗有個「正式」的名字，這有助於提供正當性與認可，甚至讓他們跟其他受苦的同伴產生共感。創傷後壓力症患者可能曾有過難以理解的「發瘋」經驗，對他們來說，這個標籤本身就能夠給他們安心的感受。

自從創傷後壓力症得到正式承認以後，數量龐大的橫斷面研究與追蹤研究就已經一再確立創傷後壓力症這個病症確實存在。到了今天，臨床醫師們手邊已經有各式各樣有效且結構井然的面談方法，可以增進診斷的精確度。流行病學、臨床上與生物學的指標都支持創傷後壓力症的診斷，這些指標都跟用來支持其他心理健康疾病存在的指標一樣強而有力。[7]

如今，在最新的DSM裡，創傷後壓力症的核心定義仍然與原來的描述相同，只是它不再被分類成一種焦慮症，而是在一個稱為「創傷與壓力相關疾病」的範疇裡贏得一席之地。[8]*對創傷後壓力症做出正確診斷的核心重點在於：病患從往往會威脅生命的創傷性事件中倖存，要不是親身經歷，就是見證此事發生在別人身上。患者在事後苦於四種症狀：與該事

* 原註：壓力相關疾病是由暴露於某一特定事件所導致，焦慮症則是與一個人生活中實際發生的事件不成比例的恐懼、擔憂跟焦慮。

件相關的侵入性（不請自來又擾人的）記憶、避開與事件有關的人或地方、負面的情緒改變，以及持續感覺處於險境的激動狀態。發生的時機很重要，因為要被診斷為創傷後壓力症，症狀必須延續一個月以上，並且症狀導致的痛苦得大到足以擾亂個人生活、工作，還有跟世界的互動。此外，只有在臨床醫師確定全部症狀都無法用其他醫學或精神病症來解釋的時候，才能診斷為創傷後壓力症。

困難重重之路：過度診斷與認知不足

很不幸地，創傷後壓力症幾乎可以完全模仿精神醫學裡的任何病症。

——強納森．沙伊，《阿奇里斯在越南：戰鬥創傷與人格的毀滅》

創傷後壓力症在一九八〇年得到承認大約四十年後，仍然深陷在爭議中，有些怨言說社會過度強調這種疾病，醫院也過度診斷了。[1]然而，人們對人性面臨創傷後的自然反應的廣泛誤解，可以部分解釋為何會出現這樣的怨言。

在遭遇創傷後不久，倖存者通常會體驗到跟創傷後壓力症相關的症狀。關鍵是，我們要理解這種情況通常代表大腦的自然痊癒過程。就以常見的經驗，不請自來的侵入性創傷記憶為例，大腦藉著不斷重演創傷，讓原本跟創傷相關的情緒（像是恐懼、憤怒或恐怖）變得遲鈍。隨著時間流逝，倖存者對於跟這些記憶有關的焦慮情緒，會產生耐受性。此外，重演創傷提醒我們要從經驗中學習，也許是相應地改造我們的生活型態，或者激發態度上的改變。

對大多數人來說，當緊接著創傷後的那段時期過去，創傷記憶就不會比其他記憶更有侵入性，或更難忘。時間真的可以治癒人心。

與創傷相關的夢魘——讓你在睡夢中驚叫出聲，或者在沒來由的恐慌中醒來，全身是汗，心臟跳到喉嚨的嚇人夢境——也適用同樣的道理。許多創傷倖存者即使沒有創傷後壓力症，也報告曾經歷這些夢魘。[2]這樣的夢也可以讓大腦自然痊癒，隨著時間過去，夢魘終會消逝。

做噩夢，感覺心驚肉跳或不安，或者被有關創傷的提示物所困擾，這些經驗通常會在幾天或幾週內自動解除。*我們必須聊以自慰的事實是，人類的大腦有了不起的自癒能力。的確，在正常療癒過程之外，倖存者甚至可能發現他們在情緒或性靈上有所成長，這種現象被稱為**創傷後成長**（post-traumatic growth）。[3]患者表示他們有了新的人生優先順序，意義感加深了，還跟他人或者更高的力量有了更強的聯結。把這種過程病理化並稱之為創傷後壓力症，不只言之過早，還不精確。只有在症狀的強度與擾亂程度一直維持下去，並且超過一個月時，才要考慮創傷後壓力症的診斷。

另一個與過度診斷在某種程度上相關，卻同樣不正確信念是：認為凡在戰區服過役，曾被強暴或者從天災中生還，**必然**會使這名戰士、性侵倖存者或洪水受災戶得到創傷後壓力症。即使有一個又一個的研究顯示並非如此，這種誤導人的信念仍然很盛行。紐約大學的精神科醫師兼創傷後壓力症專家查爾斯・瑪瑪爾博士告訴我他在二〇一五年全國越戰退伍軍人追蹤研究的結果：「大約四分之三曾在戰區服役的越戰退伍軍人，**從來沒有**發展出與服役有關，且程度顯著的壓力、焦慮或憂鬱。」[4]換句話說，大多數越戰前線的退伍軍人從來沒有罹患與戰爭相關的創傷後壓力症。

暴露於創傷事件之後發展出創傷後壓力症的整體風險中，基因因素可能占了其中三分之一。[5]研究也指出以下這些額外的易罹病指標：創傷的嚴重程度、女性、年紀較輕、有童年受虐歷史、有其他的精神疾病、屬於少數族群、社經地位較低與教育水準較低。雖然這些指標暗示著暴露於創傷後可能發展出創傷後壓力症的倖存者的模樣，卻無法完全反映現實。[6]

另外一個錯誤概念是，以為一個人從創傷中倖存之後，唯一可能產生的心理健康問題只有創傷後壓力症。就像抽菸不只導致肺癌，也會造成心臟病還有一大堆其他疾病，創傷事件也可能觸發各式各樣的精神問題[7]，像是憂鬱症、恐慌症、物質濫用，對於某些容易罹病的個體來說，創傷還會觸發精神崩潰或狂躁發作。問題在於有許多病症跟創傷後壓力症共享一樣的特徵，所以要分辨這些疾病，需要具備專業技能。做出精準判斷非常關鍵，因為要提供

---

* 原註：急性壓力疾患（acute stress disorder）是PTSD類症狀的一種症候群，在暴露於創傷後延續三天到一個月。這通常是一種暫時性的壓力反應，在一個月內會自動緩和。話雖如此，大約一半發展出PTSD的創傷倖存者會先呈現出急性壓力疾患。

病患正確的治療，首先必須做出正確的診斷。

現有的篩檢問卷跟檢核表，毫無疑問增加了發現與診斷創傷後壓力症的科學精確度。這些篩檢通常能量化症狀的嚴重性，還有追蹤對治療的反應。儘管如此，達特茅斯大學蓋索醫學院（Geisel School of Medicine at Dartmouth University）的精神科醫師兼創傷後壓力症專家馬修・佛利曼（Matthew Friedman）醫師曾經告訴我過度仰賴這些篩檢工具的危險：「許多人不瞭解，這些篩檢被設計成偽陽性結果偏多。我們對於篩檢的預期是，許多被篩檢為陽性結果的人並不會得到這種診斷，但你不會想要遺漏任何可能有這種問題的人。」[8]

因此我們仍舊需要訓練良好，能體察人類行為細微表現的臨床醫師，來詮釋測驗出來的資料。

♥ ♥ ♥

臨床醫師還要面對另一個兩難：我們遇到某個人，在經歷創傷事件後可能沒有抱怨起教科書上典型的創傷後壓力症症狀，卻顯然還是承受著多於其他未受創者的苦難。這些人被卡在某種三不管地帶，病況模稜兩可，被稱為創傷後壓力症亞症候群（partial PTSD）。[9]

我的病人阿豐索是一位墨西哥移民，將近三十年來都替一家威斯康辛州的運輸公司開長途卡車。他是由他的基層醫療醫師轉介過來的，那位醫師告訴我，幾年前阿豐索在一次輕微交通意外中背部受傷了。在兩次脊椎手術跟幾回物理治療之後，阿豐索表示進步不大，並且被迫提早退休。儘管服用了大量的奧施康定（oxycodone）、曲馬多（tramadol）跟加巴噴丁（gabapentin），他的背痛還是很難控制。在被要求按照有數字編號的卡通臉譜量尺，從零（微笑而且不痛）到十（痛苦地哭泣）來評定他的疼痛等級時，阿豐索總是勾選十。在這種僵持狀態下，他的醫師想知道憂鬱是否以某種方式加劇了他的痛楚。

阿豐索肯定看起來很憂鬱。這個男人身形瘦小，很隨意地穿著皮夾克跟牛仔褲，在我們握手的時候他的力道很虛弱，不怎麼與人眼神接觸。他用一種羞怯、口音濃重的聲音說著他的故事。他的表情茫然，似乎盯著我的後方看，而且眼眶泛淚發紅。他聞起來有香菸跟麝香味鬍後水的味道，呈現出一種陰鬱的氛圍，就好像我不可能幫上他什麼忙。

他告訴我，他一輩子有多麼努力工作，總是在路上奔波，常常自願加班，連續數日幾乎沒有闔眼。他是家中唯一的經濟支柱，不只要養他的太太跟五個孩子，還要扶養他在墨西哥家鄉的大家庭，他們仰賴他補貼學校用品、婚禮開銷、醫療帳單跟葬禮費用。

在我們初次見面時，我問了幾個篩檢創傷暴露的標準問題，而他的回應是聳聳肩說：「不，醫師，什麼都沒有。我向來過著相當普通的生活。」

他告訴我，退休之後，他大多數時候感覺悲傷，他在生活中找不到多少樂趣，對性愛與食物都失去興致，又睡得不好。後來他為了對付憂鬱，花了好幾個月開始使用抗憂鬱藥物，最終衝到最高劑量，再加上談話治療。但這一切對於他的慘況沒帶來多少改變。有一天早上，當我在診療時間表上讀到他的名字時，我發現自己深深嘆了一口氣。我對他即將到來的約診感到很消沉，我很確定在看診中他不會有任何正面的事情可說。然而那天他看起來不一樣了，他平常的淡漠被憤怒所取代。

一個隱藏著的故事浮現出來，開始釐清他的治療為何到目前為止還這麼沒有效果。阿豐索告訴我他悟到的真相：他這輩子這麼努力工作，是因為比起享受家庭生活，他更樂於在路上奔馳，一次獨處好幾週。現在他退休了，他發現自己很難時時刻刻都待在妻兒身邊。

「醫師，我總是很難表達我的情緒……，我不認為我感受過愛。」

原來，工作一直幫助他分散注意力，讓他不必承認這令人震驚的事實，但現在他退休了，沒有多少選擇，只能面對。我本來就知道在阿豐索年紀還小的時候就失去父親了，但他現在揭露的是，他父親在他五歲時死於肇事逃逸車禍。包括小孩在內的整個大家族都趕往當地的社區醫院，阿豐索那時從慌亂的家人之間的縫隙偷看，匆匆瞥見他父親扭曲變形的身體。在葬禮上，他叔叔把他帶到一邊去，然後在葬禮的啜泣與哭嚎之間，在他耳朵旁悄聲說道：「阿豐索，你現在是你們家的領袖了……你是一家之主。別忘記這件事。」不久之後，阿豐索就開始工作，幫助家計，後來就是供養者的這個角色定義了他。

他告訴我，在出車禍以後，他對自己的駕駛能力失去信心，在此之前他從來沒向任何人揭露過這個事實。他發現自己愈來愈常想到他父親的車禍，而且會有很長時間忘乎所以，凝視著半空，想像他父親在肇逃車禍之前與之後可能體驗到什麼。他承認他很常想到自己的死亡，當他每次坐進車裡，他就會把車子幻想成武器，加速他的死亡。

對於像阿豐索這樣不符合創傷後壓力症教科書判準的病患，我們能做什麼？他對於父親之死的記憶雖然早已模糊，但他扭曲了自己大半的人生，試圖逃避早年創傷的情緒之痛。然而，就算教科書沒有提供明確的指引，臨床醫師還是有責任提供協助與療癒。為了治療阿豐索，我需要能夠自如地處理這個模稜兩可的病徵，並且對他的治療採取折衷方法。

精神科醫師跟其他醫療專業的醫師不一樣。我們鮮少穿白袍，而且我們傾向避免跟病患肢體接觸。我們不聽呼吸跟心音，反而精通聆聽（真正的聆聽）病患說什麼的技巧，如果夠熟練於傾聽，就可以得到大量的重要資訊。在精神科醫師的養成訓練中，我學到病患**如何**分享他們的故事，幾乎就跟他們分享了**什麼**一樣重要。這場對話以什麼方式展開，在哪裡暫停，什麼讓他們流淚或皺眉，是否出現時機不當的笑聲，短暫的猶豫或惱怒，說話聲音在哪裡變得柔和，以及在哪些方面敘述得很流暢，全都是重大線索，提供我要從哪裡發掘創傷後壓力症標準特徵的暗示。

利用這些技巧，我可以深究我那些病患回答問題時透露的細節，仔細篩檢並挑除對我們的真相追尋之路沒有太大助益的事物。聆聽的時候，我的大腦會自動組織並登錄病人的敘述，把它編織成融貫的概述。額外的用心總是需要的：一點點推論，把他或她的故事放到社會性的觀點下看，不僅對患者說出來與**沒有說出口**的事情都付出同樣多的注意力，同時也要在提供給我的原始資料中搜尋模式與線索。我即使鮮少從我的問題裡得到完整答案，但成為一位精神科醫師促使我的大腦在搜尋故事根本真相的同時，能夠對未定之事保有耐心。

診斷創傷後壓力症的其中一個挫折，在於我們無法仰賴血液或尿液檢查、超音波或成熟的造影技術，來確認我們的懷疑。比起醫學的其他領域，精神醫學的診斷體系雖然可能看似少了什麼，卻不表示精神醫學在使用得當下仍然無效。我的理解是，精神醫學正處於一場革命之中，朝著一個將會用血液檢驗與腦部掃描來診斷，並且提供個人化治療的時代前進。但我仍會負起我的職責：為**今日**苦於古代就有紀錄之病的患者，療癒他們的痛苦。我腦中時時記著兩個相反的事實：創傷後壓力症在某些人身上被過度診斷了，**同時**對其他人來說卻是診斷不足。我提出創傷後壓力症的診斷時便已心知肚明，某個人可能會覺得這個診斷很有意義，並且充滿釋懷之感，同時卻可能有其他人心存懷疑，因此排斥我。

做出創傷後壓力症的診斷是第一步。在做出診斷以後，並沒有靈丹妙藥可以開給病人，也沒有神奇子彈可以在數日之內根除所有症狀。唯有在專業關係下，病人才能獲得治療，而且治療若要有效，我就必須贏得病患的信任，並讓他們保持信心。正如我還在受訓、設法精通精神診斷的技巧時，我的其中一個老闆曾告訴我的話：「診斷訪談的終極目標不該只是診斷性的，它也應該是治療性的。」所以當一位技巧熟練的臨床醫師對病患下完診斷的時候，病患也應該從這個經驗裡獲得些什麼。可能情感得到宣洩，感覺被理解而如釋重負，或者可能得到一點希望，相信他們自己離折磨人的環境裡解放出來的那天可能不遠了。無論是什麼，病患都應該或多或少感覺到面談本身就有療癒效果，就算程度可能很小。

這些年來，我開始重視良好開始的重要性，因為這樣總是有助於讓前方的旅程順遂些。好的開始首先包含運用同情心來照護患者，即使他們的病理狀態通常會讓他們不信任人，精於逃避，甚至帶有敵意。再者，在處理他們面對治療的心理矛盾，或者直接拒絕時，要加以容忍。第三，就算在急躁怒罵，挑戰個人底線的時候，要有繼續堅持的韌性，且要隨時注意維持自己與患者之間的健康距離，卻又保持彈性，以適應病患的個人偏好。最後，則是付出有同理心的承諾，在這種鮮少能治癒，卻肯定能改善並控制良好的疾病造成的顛簸之路上，做個忠實的伴侶。

第二部　大腦

一種記憶失調

過去從來不死。它甚至不曾離開過。

——威廉·福克納（William Faulkner），《修女安魂曲》（*Requiem for a Nun*）

在櫃檯接待員按鈴通知我，新病患已經到了的時候，我注意到她早到了幾乎一小時。看診時段能圈出整個問診過程的隱形邊界，所以對此的任何破壞，我都要注意，這種破壞可以提供我瞭解病患精神狀態的寶貴資訊。早到是她個人的習慣嗎？跟公車時間表有關嗎？為什麼她無法自行開車？車禍，或者被控酒駕？是因為經濟上有困難嗎？或者她很難記得診所寄給她的預約信件內容？如果是這樣，又是為什麼？是神經上的問題，還是學習障礙？經驗教導我，最有可能的解釋是：她的抵達時間反映了她的感受，她急切且焦慮地想得到幫助。

我走到外面忙碌的候診室裡，只叫她的名而不叫姓以便保密。瑪莉亞是個中年人，矮小而豐滿，穿著俐落的裙子與襯衫。她的衣服燙得極為平整，而在她走向我的時候，我注意到她珊瑚色調的指甲油、珠寶、還有那只名牌皮包。瑪莉亞有一對棕色大眼，用眼影與眼線很有技巧地強調出來。她橄欖色的皮膚毫無瑕疵，還有一頭烏黑亮麗的長髮，讓她有一副青春的外表。她在我辦公室裡落坐的時候，我注意到她的臉部很緊繃，幾乎沒有表情，而她的眼睛看起來很驚恐，這種眼神我以前看過數百次。這是人被情緒海嘯與難以理解的想法席捲之後，臉上會出現的神情。我在心裡記著，準備仔細聆聽她故事裡的任何創傷暗示，並且用她敘述裡的這些開場白來挖掘更深的真相。

我掃視我的桌子尋找一盒面紙，然後從這個常見的前導開始引領她思考：她是什麼人？她是做什麼的？還有她來見我可以期待什麼？

「瑪莉亞，請用妳自己的話告訴我，妳認為今天我或許能幫妳什麼？」

「嗯，這個嘛……我需要某樣東西來幫助我入睡。」

她開始熱淚盈眶。我給她一張面紙，她沉默地接受了，輕拭著她的眼角。

「請妳照自己的節奏來，繼續說下去……」

她嘗試控制住她的眼淚，我們在沉默中坐了一分鐘。「妳知道，我發生了很多事情，家務事。我承受著壓力，而且睡得不好。問題在於這些影響到了我的工作；我很疲倦，白天無法專心。我老闆是我們部門的主管，所以我不能搞砸事情。我愛我的工作，不想失去它。有個祕書建議我來找妳，拿安眠藥。」

「瑪莉亞，妳說妳現在過得很辛苦，我很遺憾。妳可以跟我多說一點妳睡覺時發生什麼事嗎？」

眼淚開始迅速滾落，使她要說話變得更加困難。「過去幾週我一直在做噩夢，一個禮拜或許會有兩次，或三次。在夢中，我待在一個漆黑的房間裡，躺在一張床上，我覺得自己被困住了，而且呼吸困難。然後我就醒過來了，因為我不能呼吸……我坐起身來拼命吸氣。我不記得任何其他的細節，但我開始害怕去睡覺。」

「能不能告訴我，妳以前有做過這些夢嗎？」

「可以……好幾年前，我二十幾歲的時候就曾做過。我當時相當沮喪，所以我去見一位我們教堂的輔導員。那有幫助，我的狀況因此好轉了。接著我開始一份新工作，結了婚，還生了小孩，過往的一切似乎都離我很遙遠了。」

「所以請告訴我，最近妳生活中還發生了什麼別的事？」

瑪莉亞告訴我，她超過二十五年的婚姻剛剛以離婚告終。她生長於一個保守的天主教家庭，因此離婚對她來說是重大打擊。她跟前夫曾有過許多年的幸福時光，在她長大的社區裡一起扶養他們的兩個孩子，一男一女。瑪莉亞是個很優秀的主婦，她對此很自豪。就算她一直都有全職工作，但她從來沒讓她的小孩或丈夫動過一根指頭。每天都準備晚餐，假日她還會花好幾小時煮菜、打掃，並且為整個大家庭精心安排種種活動。

在過去十年裡，她丈夫一直背著她外遇。瑪莉亞痛心至極，他們有過許多爭吵，卻沒有因此解決任何事。她本來決定「睜一隻眼閉一隻眼」，姑且讓不忠行為繼續下去。然而某一天，她丈夫終於要求跟她離婚，因為他的女朋友懷孕了，他想娶她。瑪莉亞答應如他所願，不過這整個痛苦經驗非常磨人。

「妳瞧，醫師，在我的人生中，家庭是我的第一、第二跟第三順位。家庭是我唯一真正重要的事。」

面談繼續下去，我問了和精神評估基本部分相關的各種問題：妳的心情如何？胃口如何？行為動力如何？專心度？性慾？妳的生理期如何？妳有任何疾病嗎？像是糖尿病、癲癇或者任何心臟問題嗎？妳曾經在精神病院裡住院過嗎？妳曾經企圖自殺嗎？妳會喝酒嗎？妳使用毒品嗎？妳小時候曾經受過任何形式的虐待嗎？身體上的？情緒上的？性方面的？

我在最後一個問題上停頓了，從我的檢核表上抬起頭來，看著瑪莉亞。

「有，我曾被我阿姨的丈夫性虐待過，就在我進中學之前兩年。」

她的臉上毫無表情，陳述這個事實時毫無情緒。

「其實，那個姨丈在幾週前死了。我去了他的葬禮。」

「喔，當時你很痛苦嗎？」

「嗯，不，其實不會，我對他的死沒什麼感覺。我去那裡比較像是為了支持我阿姨跟表親們，妳懂嗎？但現在既然妳提到了，我在葬禮結束後坐在車子裡，經歷了一次古怪的體驗。我無法克制地發抖，心跳加速。我感覺我快要窒息了。我坐在那裡過了十五分鐘，才有辦法開車回家。」

厚重醫學文獻裡出現的文字閃進我的腦海：**對於象徵創傷的線索有生理反應**。[1]

「瑪莉亞，有任何人知道這個虐待事件嗎？妳有告訴過任何人嗎？」

「在我小時候嗎？沒有。但後來在我二十幾歲的時候，我剛才告訴過妳我那時候很憂鬱，我跟神父談話時這個虐待事件浮上檯面，所以我告訴我媽……」

「她當時說了什麼？」

「沒說什麼……，她說：『瑪莉亞，妳確定發生過嗎？後來停止了嗎？』我回答說對，在我上中學的時候停止了，她便不再追究這件事：『把事情留在過去吧，瑪莉亞，現在提起這種事沒有意義。』」

「她的回應讓妳有什麼感覺？」

瑪莉亞聳聳肩膀。「當然不是很好，但就像我告訴過妳的，珍恩醫師，對於我家族裡的女人來說，她們永遠不會做任何分裂家庭的事。我媽跟她妹妹非常親近，因此在這麼久以後才把這件事掀出來，會導致太多問題。我確實讓自己跟那位姨丈保持距離，只在非得如此的時候才見他，像是感恩節、聖誕節那類的活動。在我女兒還小的時候，我總是確保她絕對不會跟他獨處。」

眼淚乾了，瑪莉亞恢復鎮定，然後用一種好奇的表情注視著我。「你認為我的睡眠問題跟這個受虐經驗有關嗎？」

「這很有可能。妳最近承受很多的壓力，或許在妳的離婚跟這位姨丈的葬禮之間，有些未解決的問題重新被震盪出來了。」

「嗯，不過問題是，就算我**知道**他虐待我，我對於那段童年也記不起太多事。」

忽然，又一本創傷後壓力症教科書裡的片段字句閃現：**對創傷事件的失憶很常見**。[2]

當我結束這一節的治療時，我開給瑪莉亞短期的睡眠藥物，並且把她的下次預約排定在下週的十一點。

一週後，牆上的時鐘顯示十一點過十分，瑪莉亞卻沒有來。我們第一節治療滋生出的問題比我能回答的還要多，而這一點，再加上瑪莉亞的缺席，讓我很困擾。我不確定她第一次來看診時發生了什麼狀況，所以我只能持續「觀望」。我很納悶，是不是我對她的痛苦缺乏可靠的反應，讓她感到不滿足。或許她不會再回來見我，或者她往別處求援了。忽然，我的反省被櫃檯接待員打斷，她告訴我，瑪莉亞剛剛來報到。我瞥了一眼時鐘，現在是十一點二十分了。

我往外走到候診室跟她打招呼，被她的外表嚇了一跳。她穿著牛仔褲、沾有汙漬的T

恤，並戴著深色墨鏡，想來是為了掩飾她哭過的事實。她一頭凌亂的頭髮隨手綁成鬆散的髮髻。我們還沒進到辦公室，她就滔滔不絕地講出她所有的憂慮：她為什麼請了病假，夢魘如何變糟，窒息感變得更真實了，而她變得害怕吃藥，因為她唯恐自己會在睡夢中停止呼吸。她告訴我，性虐待的回憶會在白天時重現。她可能在做一些最單純的事情，像是洗碗，買日常用品，或者在桌前回電話，卻在這種時候想起那個受虐記憶。

「我無法控制。那些記憶來到我腦中！我感覺好像要發瘋了！我出了什麼事？我到底是做了什麼要得到這種報應？」

她告訴我，她想起了自己小時候到公園去玩，家庭的慶生派對，感恩節的晚餐，還有到別人家過夜的事，這些事都被她姨丈的侵犯行為汙染了。她說話結結巴巴，敘述沒有條理。就算她在講述她的故事，看起來也不像是在對我說話，只是凝視著半空。我設法介入，給她一些安慰，但瑪莉亞的眼睛洩露出真相：她的心思把她拉向別處。她大腦的網絡失調了，荒腔走板又筋疲力竭。

一週之後，瑪莉亞錯過了她的預約。在接待員打電話給她的時候，瑪莉亞說她完全恍神，忘了她的預約時間。我擔憂她的狀況急遽惡化，於是把她排定成我門診之外的附加病人。時段的限制徹底被破壞了，而我認為這種破壞反映出瑪莉亞內在的混亂與糾結。看診時，她難以克制地痛哭流涕，告訴我她為何請了病假，疏於理家，她母親變得很擔心，甚至搬來跟她同住了。這就是所有我能得知的事情了，因為要瑪莉亞回答直接的問題得費上一番力氣。她心神不寧，而且在她開口說話的時候，她覺得很難克制自己不去描述她被性虐待的細節。她將手放在身體的某些部位，就像要保護自己避開某個她幻想出來的攻擊者，同時用膽怯的聲音喃喃自語：「請別碰我。」在其他時候，她似乎很憤怒，哭喊著：「不，不，別那樣做！」

這種狀態很令人驚恐。當瑪莉亞淹沒在創傷記憶的洪流中時，我幾乎失去她了。她的過去看來是如此逼人，以至於我與此時此刻的其他一切，就像不存在一樣。

我腦中出現強納森．沙伊的作品，《阿奇里斯在越南》裡的一句話：「只要創傷時刻的夢魘能夠一再重溫，意識就會繼續執著於它。現實生活中的經驗從此時此地流失殆盡。過去比現在更真實。」

♥
♥
♥

由讓人想起創傷的提示物觸發的精神壓力、顯著的生理反應（像是流汗、呼吸困難或者心悸）、侵入性記憶、夢魘與情境再現，是創傷後壓力症的五項典型侵入性特徵。這些現象的出名之處在於，它們會隨時在病人清醒的時候硬是出現，或者在做噩夢的狀況下，在睡眠中出現。某些患者只會體驗到其中一種症狀，某些則是五種都有。和創傷相關的侵入性症狀通常會在創傷後的第一個月開始，但就像瑪莉亞的例子，有百分之十五的案例可能會延遲好幾天、好幾週、好幾個月，甚至好幾年之後，這些症狀才登場。[3]這種延遲進一步讓已經很不舒服的經驗變得更加混亂，而且還可能讓做出正確診斷變得更困難。

這些侵入性症狀都有不同的表現。最令人震驚的是侵入性記憶、夢魘與情境再現。這三個症狀有如一場暴風雨裡的暴雨、打雷跟閃電，很嚇人又極具破壞性。剩下的侵入症狀就像持續不停的豪雨，日復一日地降下，以比較不明顯的方式壓抑著生命。無論它們如何呈現，全都阻礙著病人當下的生活。

要理解當大腦體驗到侵入性症狀時到底發生了什麼事，關鍵在於覺察人類在記起與忘卻創傷事件時發生什麼事。換句話說，我們需要瞭解記憶。的確，創傷後壓力症通常被描述成一種記憶失調。[4]

創傷後壓力症中的記憶有兩種，彼此在性質與形式上有根本的不同。第一種是不由自主的侵入性記憶，是不請自來且鮮明的，它帶有情緒，並且和再次歷經創傷的感覺有關。人腦其中一個根本功能是固化我們的記憶，這個過程牽涉到穩定記憶，並且讓記憶發展成熟。在創傷事件之後，固化過程會進入超載狀態。過度固化會導致創傷記憶產生侵入性，並讓人難以忘卻，這解釋了記憶如何能夠以一種高度視覺化的方式，連續數週、數月、數年入侵倖存者的生活。瑪莉亞童年遭到性虐待的記憶闖入了她的工作時間，就是一個例子。這些不由自主的侵入思維可能極端強烈，以至於有人將之描述為無法抹滅的影像。[5]

第二種創傷後壓力症記憶是自主回溯的創傷敘事。這些記憶在情緒上並不像非自主的侵入性記憶那般強烈，其中的內容也明顯缺乏組織。這種記憶支離破碎並不能歸咎於回憶能力不佳，而是由於創傷記憶的本質即是如此。基本上，創傷事件最情緒性的部分是無法訴諸語言文字的，回溯時間的長度從幾秒鐘到幾小時都有可能。這解釋了瑪莉亞為什麼會**知道**自己童年時被性虐待，對於那段時期能自主想起的記憶卻非常少。

兩種創傷後壓力症記憶立即產生了矛盾：非自主且鮮明的侵入性記憶是創傷後壓力症的典型特徵，但創傷後壓力症患者也自陳，當他們自主回憶他們的創傷敘事時，記憶卻是模糊的，在某些情況下甚至完全失憶。這項矛盾一直以來處於創傷後壓力症的爭議核心。如果患者對於事件的記憶模模糊糊，倖存者的故事又能有多可靠？我們要怎麼衡量遺忘的程度？創傷的種種事實可能支配一個人的人生，然而特定的創傷記憶卻能夠被排除在意識之外。這怎麼可能？根據我們最近對於正常記憶的神經心理學理解，終於能對這項矛盾做出部分解釋。

神經心理學把正常記憶分類成外顯（explicit）與內隱（implicit）記憶。[6]外顯記憶是由自傳性事實組成。在瑪莉亞的例子裡，這些事實包括她頭一個孩子的出生日期，或者她工作地點的電話號碼。這樣的記憶是刻意提取而來的。相對來說，內隱記憶是被環境或者內在線索激發，而不是刻意提取的。開車是其中一個例子，這個行為並不需要刻意回憶，而且通常是在自動導航模式下完成。創傷記憶跟這些內隱記憶的相似性，在於它們不需要刻意回想，而且可以由環境線索觸發。

創傷期間體驗到的感官訊息也會跟創傷記憶一起儲存在大腦裡。[7]當瑪莉亞在表親家過夜，經歷她姨丈的性虐待時，被編碼進腦袋裡的不只是她所見的事物，還有她聞到（他的鬍後水）、碰到（她握緊拳頭，直到指甲在掌心留下印痕為止）、嚐到（她還未消化的晚餐，起司通心粉反胃嘔到她嘴裡），以及聽到（鄰居收音機播放的至上女聲三重唱歌曲）的一切。

這些資訊都一起被編碼到相互連結的神經網絡裡。在心理學家彼德・J・藍恩（Peter J. Lang）調查焦慮症患者大腦中發生什麼事的先驅之作裡，他創造了一個詞彙，**恐懼結構**（fear structure）[8]，來描述這些神經網絡。賓州大學的心理學家愛德娜・福艾（Edna Foa）博士，進一步發展了這個概念，把它應用在創傷後壓力症的神經心理學上。[9]她注意到創傷後壓力症中編碼的恐懼結構特別大，而且這些神經網絡之間的相互連結很強。如果一個元素被觸發，所有相關的創傷記憶都會被激發，這就解釋了為什麼創傷後壓力症患者會覺得自己好像在重新經歷創傷。正是這些恐懼結構的力道與大小，導致與創傷後壓力症共存的人會在生活中面對這麼多的問題。

因為這些恐懼結構中有許多感官元素是在日常生活裡會經常碰到的，而使這些元素在無意中扮演了觸發點的角色。[10]對瑪莉亞來說，向一位長得像她姨丈的店員買日常雜貨，坐在一個用相同鬍後水的同事旁邊，看到起司通心粉，在她每天通勤時聽到至上女生三重唱在電臺播放，全都是感官線索，可能觸發當初性虐待事件發生時的思考、情緒與身體經驗。真正悲慘的是，創傷倖存者鮮少能自發地把這些觸發點與觸發點所導致的侵入性記憶串連起來。瑪莉亞可能甚至沒注意到雜貨店店員跟她姨丈之間的相似性，反而只是在離開店舖時，感覺到使她無法招架的恐懼與噁心感。任意就被觸發讓這些症狀可能突然發生。要治療創傷後壓力症意味著必須幫助倖存者變得更能察覺到這些記憶的開關，好讓隨之而來的侵入性症狀感覺沒那麼擾人。

這些記憶是在大腦的哪裡製造的？位於顳葉的海馬迴[11]，它能儲存與提取我們的長期記憶。[12]我們知道有創傷後壓力症的人海馬迴較小，但為什麼會這樣，原因仍然成謎。某些理論認為創傷壓力導致身體的壓力荷爾蒙製造過量，從而導致海馬迴裡的神經細胞死亡，海馬迴因此縮小了。其他發現則暗示一種反向的關係：較小的海馬迴會讓人在暴露於創傷後更容易發展出創傷後壓力症。換句話說，這是個風險因子，只是在大腦受創之前一直保持潛伏狀態。

記憶是由哪些分子構成的？[13]不像做血液、唾液或者骨髓檢查，要取得活人身上的腦部組織並不簡單。基於這個理由，神經科學家仰賴動物模型，還有艾瑞克・肯德爾（Eric R. Kandel）博士的研究成果，來建立我們對於記憶如何形成的大多數理解基礎。肯德爾因為他的開創性研究——探究一種海蛞蝓「海兔」（*Aplysia*）的神經細胞突觸連結——得到了二○○○年的諾貝爾生醫獎。[14]突觸位於神經細胞跟其他神經細胞連結的地方，是腦部功能的關鍵，對記憶尤其重要。海兔是海蛞蝓的一種，有簡單的神經解剖構造與很大的神經細胞，讓牠成為理想的科學研究對象。海兔在面對嫌惡或者「創傷性」的刺激時，也會以退縮反射做回應，而事實證明，要理解記憶與學習如何彼此交織，擁有這種特質是很根本的。[15]肯德爾跟他的同僚能夠證明，海兔暴露在嫌惡的刺激下會形成記憶，而且那些記憶以蛋白質的形式，在突觸裡留下生理上的痕跡。

在更近期，肯德爾跟他在哥倫比亞大學的同僚識別出一種普里昂蛋白（prion protein），稱為胞質性多腺苷酸化序列結合蛋白（cytoplasmic polyadenylation element-binding protein，簡稱CPEB），在維持小鼠的長期記憶上扮演了關鍵性的角色。在一項二○一五年的研究裡，這個團隊訓練小鼠記憶一條穿越迷宮的路。接著，他們讓小鼠的CPEB基因失去功能。少了這個基因，小鼠就忘記怎麼穿越迷宮了。關於這種普里昂蛋白在創傷後壓力症中扮演的特殊角色，肯德爾告訴我：「創傷後壓力症很有可能有普里昂機制。[16]我們到目前為止，識別出了第二個似乎在創傷後壓力症裡扮演保護因子的普里昂。」對於這種普里昂在創傷後壓力症中確切扮演什麼角色，肯德爾跟他的團隊雖然還只是處於初步學習階段，這樣的發現卻對創傷後壓力症的分子基礎提供了非常吸引人的洞見。

時針就快要走到十一點的時候，櫃檯接待員按鈴讓我知道我的下個病人到了，正好準時。我到外面的候診室見瑪莉亞，當她一聽到自己的名字，她就把正在讀的雜誌放到一邊，起身和我打招呼。在我們走進辦公室的時候，我們閒聊了交通跟天氣，還有我們上次見面以後已經過了多久。在我的辦公室裡，瑪莉亞告訴我她最近狀況不錯，生活終於「回歸正軌」。她的臉頰因為興奮發熱而有點泛紅，她的聲音因為增添的自信與快樂，聽起來比平常還要響亮。

她透露了一些細節，提及顫抖跟窒息感幾乎都消失了。她現在睡得很熟，而且不需要我替她開助眠藥物。她更能察覺到她的創傷觸發點，而這些觸發點也不再能把她推進情緒的洪流中了。這些觸發點會激起某些焦慮、悲傷，還有異常的憤怒浪潮或深沉的遺憾，但她已能夠接受這些情緒並與之共存。她的記憶再度由她掌控。她告訴我，她一直在吃創傷後壓力症的藥物，而且那些藥對她沒有副作用。她現在想要繼續吃，不過也許在幾個月之後，如果狀況仍然很好，她就會停藥。她得到一個升遷機會，每個星期上尊巴健身課，還加入了一個本地的讀書俱樂部。

在我聆聽瑪莉亞說話的時候，讓我想到一年可以造就出如此巨大的差別。在剛開始的幾節治療裡，她幾乎無法對治療做出一些基本的決定。於是，我們循序漸進：做出診斷，讓她理解到底發生什麼事，開始讓她吃創傷後壓力症藥物，並鼓勵她定期服藥，然後慢慢把劑量增加到有效為止。直到那以後，她才變得夠穩定，讓我能夠把她介紹給一位專門治療童年性虐待倖存者的心理治療師。在好幾節治療以後，瑪莉亞才能夠自在地談論性虐待，這有一部分是因為這個主題本身就令人痛苦，還有一部分是因為瑪莉亞緘默謹慎的人格特質。

六個月以後，狀況有了顯著的好轉。她的症狀減少了，而且一天天變得更健康。她的進步意味著我們每次的治療可以間隔久一點。我們一開始每週見面，然後是每個月一次，再來是每三個月一次，今天我們是相隔四個月後再見面。瑪莉亞對時間的覺察，再度向我提供寶貴的資料。我們會面的穩定節奏與可預測性，代表了她身心健康正逐漸進步。

今天我對瑪莉亞的進步感到驚嘆，我問她認為是什麼幫助了她。

「我不知道……談話治療幫助很大。我把這麼多事情埋在心裡這麼久，但在我開始談論以前，我根本不知道埋了多少東西。藥物也有幫助。一旦我能夠得到些許睡眠，我就可以開始正常思考，而且創傷後壓力症藥物的作用就像某種膠水，它讓我不再崩潰，好讓我能夠熬過談話治療裡某些比較艱難的事情。」

瑪莉亞稍早開始理解到，她過去的整個人生都認為，其他人要用任何方式對待她都沒關係。這種信念起於她的童年時代，也就是在她受虐之後，但這種信念卻滲透進她成年後的許多關係裡，最顯著的就是她跟她前夫的關係。她現在已經理解那並不是她所相信的理想婚姻。那只是個以其中一方為中心的關係，她在其中奮力移山倒海討他歡心，而他還刻意揶揄嘲弄她。

「我們離婚可能是最好的。我現在看出來了……」

今天的面談跟早期的約診成了很大的對比，當初瑪莉亞看起來像是要溺斃在她的創傷記憶洪流裡。我溫和地探問她是否記得那一節治療。

她注視著我，皺著眉間，看似很困惑。「珍恩醫師，我老實說，那整段時間感覺起來都有點模糊。我當時一團亂。我現在真的很慶幸，我又討回我的生活了。」

瑪莉亞對於那次約診近乎沒有的記憶。但對我來說，她在我辦公室裡重新經歷受虐情況的記憶，卻在我心頭留下清楚的印記。

「別介意，我只是好奇。忘了我問過的話吧。」我迅速地說道。「我百分之百同意妳，瑪莉亞。妳現在討回妳的生活了，這真的是唯一重要的事。」

夢魘

我睡得並不安穩。我感覺自己像從一個黑暗的世界，一個我獨自奔行，魅影出沒的地方，浮了出來。

——蘇珊．柯林斯（Suzanne Collins），《飢餓遊戲：自由幻夢》（*Mockingjay*）＊

其中一項典型的創傷後壓力症夢魘是創傷的反覆重演，連同相關的情緒、身體反應與動作都全數再現。[1]許多創傷後壓力症退伍軍人的配偶，經常提到自己會在熟睡中被重擊拍打的聲響，或者讓人血液凝結的尖叫驚醒，因為她們的配偶在夢魘中再次經歷了戰鬥場面。創傷後壓力症夢魘的發生頻率可能高達每個星期六次，也可能在原始創傷發生後持續長達五十年。長期受到干擾的睡眠導致了憂鬱與焦慮問題。某些人因而轉向酒精或非法藥物來「逃避」，或者就只是某些功能不佳——例如失業，面對心愛的人敏感易怒，或是缺乏精力與熱情。

夢魘也有可能讓人猝不及防，就像我的病患麥可的狀況。身為精神科住院醫師，我需要在一間郡立診所的各單位裡輪調，我在先前負責麥可的住院醫師畢業之後，承接了他的案子。離開的那位醫師仔細寫下的病歷內容，概述了麥可到目前為止的治療，並且指出他的治療是個真正的成功故事。此時，年近六十的麥可苦於創傷後壓力症，在他二十、三十跟四十多歲的時候都習慣濫用酒精。他的人生一直很混亂，他失去了一個又一個工作，他的婚姻以離婚收場，而他在孩子們還小的時候，就從他們的生命中缺席了。

然而在過去十年裡，他持續接受創傷後壓力症治療，現在戒酒了，工作狀態也比較穩定。在我第一次見到他的時候，他只需要最低程度的治療：每兩三個月跟我約診一次，檢查用藥狀況，還有每週參加匿名戒酒會。他現在是半退休狀態，花更多時間與他的外孫們相處，也很享受園藝和觀看歷史節目。我們的會面通常簡短而愉快。他會沉思現在的狀態、玫瑰生長的狀況，還有讓他煩惱的事情，像是跟他女兒還有她同居人之間的關係：「如果他真的愛她，就會娶她，妳不覺得嗎，醫師？」

我很樂意聽他閒聊。他的興趣之廣以及他對事物關心的深度，全都是令人鼓舞的跡象，顯示他的恢復非常顯著。因為他大半時候沒有症狀，我偶爾會開始和他討論是否逐漸停藥。

＊ 譯註：中譯本p. 184，郭嘉宛譯，大塊文化（2011）。

他停頓了一下，然後說：「不了，醫師，我想我們應該維持現狀。」

但有一天，當他跟他女兒還有外孫們在當地的貝克斯廣場餐廳吃飯時，麥可偶然遇見一名服務生，跟他超過四十年前死於非命的摯友長得很像。在此之前，麥可從沒有多談他特殊的創傷歷史，他從來不覺得有這個需要。但現在他沒多少選擇了。

「那個服務生簡直可能是他的雙胞胎，」他悄聲說道。他的喉嚨似乎鎖死了，導致他很難說話，豆大的淚珠從他臉頰上滾落。

在看到那名服務生以後，他立刻對面前的巧克力慕斯派失去胃口。他的胃翻騰著，覺得自己就要吐了。有幾秒鐘，他覺得他回到了那個寒冷的威斯康辛冬夜，當時他最要好的朋友在車禍裡死去。這場悲劇發生在他高中最後一年，麥可當時開著車，而在恐怖的對撞以後，他設法替自己止血，卻發現朋友死了。那了無生氣的眼睛在麥可的腦海留下難以磨滅的畫面，直到現在，這幅畫面仍在麥可的夢中糾纏著他。

「醫師，我在想，或許我自以為能擺脫這件事，只不過是在愚弄自己。」

麥可說，自從見到那位服務生開始，他每天晚上都做噩夢。他會在汗水浸濕的床單上醒來，心跳如雷。他會下床去玩填字遊戲，讓自己分心不去想夢魘。當他再度想睡的時候，他會回到床上，但他一晚上仍舊會醒來三四次，整晚只睡大約兩小時。在貝克斯廣場的事件之後，我所認識的麥可幾乎變得讓人認不出了。戒菸長達十年的他，恢復了抽菸的習慣。他的衣服有縐褶，眼睛有黑眼圈，前額有很深的皺紋。夢魘讓他變得不穩定，必須盡快採取行動恢復他的平衡。很不幸的是，在他恢復平衡以前，他又開始嚴重酗酒了。他不再去拿藥，開始錯過約診。

有一天，我接到麥可的女兒克萊兒的訊息，她想跟我談談。在我撥了她的號碼時，我讓自己為這通電話做好心理準備，我知道這會很艱難。毫無疑問地，麥可的生活正在分崩離析，而我知道，對他心愛的人來說，眼睜睜看著這種事發生著實讓人心碎。很自然地，他們期待身為醫師的我會做點什麼設法介入，但現實狀況是，我不能逼麥可來看診、停止喝酒或繼續吃藥。

克萊兒的聲音聽起來很恐慌，當我聆聽她的擔憂時，我仔細檢視有沒有任何事情暗示麥可會危害自己，或者威脅他人，因為只有在這種狀況下，我才可能考慮採取法律步驟，要求治療。在我確信沒有這樣的狀況後，我深吸一口氣，向克萊兒解釋我們在此刻做不了什麼。克萊兒安靜下來，吸收、理解我所說的話。一會以後，她開口了，而這次她的聲音變得很尖銳。「珍恩醫師，基本上我的成長過程裡根本沒有爸爸，妳知道嗎？在我還小的時候，他是個酒鬼，在我生命裡來來去去。過去十年裡，我終於能夠認識我父親，我兒子也得以有個外公。但妳現在是在告訴我，我又要失去他了嗎？」

「我很抱歉，克萊兒。我不知道要說什麼。我不能逼妳爸做治療。我們能做的，就是在他準備好回歸的時候，在那裡支持他……請務必打電話到診所來告知近況……我們想知道妳父親怎麼樣了。」

短暫的沉默懸在我的回答跟她的回應之間，讓我不自在地挪動身體。我聽到克萊兒發出一聲大大的嘆息。「好吧，如果狀況變糟我會打電話來。」說完，她用力掛斷電話。

當我準備繼續輪調到下一個單位時，我在麥可的病歷裡，替下一位分配到他的住院醫師寫了一份概述。麥可的例子不再夠格稱為成功的故事了。

在我擔任麥可的精神科醫師的那段時間裡，臨床上的知識建議用治療他的創傷後壓力症來處理夢魘。我當時並不知道，在科學期刊的頁面上，還有國際醫學會議裡，都有人仔細討論種種論證，試圖改變這種治療方法。基本上全世界的睡眠專家都主張，睡眠受到干擾應該被視為創傷後壓力症的核心特徵。

在二十一世紀的前十年，睡眠研究學者在創傷後壓力症患者身上發現許多睡眠相關問題。[2]除了夢魘會造成讓人身體衰弱的困擾以外，對於幾乎百分之五十的患者來說，失眠症是特別明顯的問題。在睡眠中的創傷後壓力症患者身上，也可以看到睡眠呼吸障礙與肢體抽動。此外，創傷後壓力症患者並不像健康的人睡得那麼沉。[3]舉例來說，一位被突襲強暴後罹患創傷後壓力症的女士，在二十年後有可能輕鬆入睡，但比起一般人，任何噪音——車子在街上緊急煞車的尖銳響聲，孩子起床上廁所的聲音，暖氣系統的啟動聲——更容易驚醒她。一旦醒來，她可能會覺得有必要再度確認門窗是否上鎖，或者拿著剁刀巡查整棟房子，尋找入侵者。

這些發現引起了某些令人好奇的問題：受到干擾的睡眠會導致，或促進創傷後壓力症的發展嗎？睡眠障礙是創傷後壓力症的風險因子嗎？二十年來的研究已經綜合出下面的結論：在有創傷後壓力症的成人身上，睡眠困擾通常會發展成獨立的睡眠問題。這些睡眠障礙讓創傷後壓力症的症狀加劇，讓患者需要針對這類障礙本身接受治療。[4]

如果麥可現在是我的病人，除了治療他的創傷後壓力症之外，我還會提供他意象排演療法（imagery rehearsal therapy，簡稱IRT），這是一種特別針對夢魘的談話治療。[5]這種療法包括回想夢魘，把夢魘寫下來，然後把主題改成一個比較正向的故事。病患排演重寫過的夢境場景，好讓他們可以在夢境再度發生時，替代掉創傷性的內容（他們會在白天練習十到二十分鐘）。麥可可以排演另一種結果來取代死亡車禍的夢魘，在故事中，車子撞上的其實是用紙做的大樹。麥可跟他最要好的朋友會繼續過他們的生活，毫髮無傷，幸福快樂。IRT已被證明可以藉著提供思維上的關鍵性轉變，挑戰夢魘的根源，以抑制原本的夢魘。

脫離現行主宰精神病治療的一體適用模型，並且找到新的方式，或許會是個提供實質救濟，讓麥可這類病患擺脫症狀的關鍵，尤其是那些專門針對夢魘量身打造的創傷後壓力症治療法。

情境再現

在創傷的世界中，事物的基本法則是不確定的：風扇可以是直升機，汽車廢氣可以是芥子氣。

——大衛．J．摩里斯（David J. Morris），《凝視創傷：不是每一種傷痛都能被看見》（*The Evil Hours: A Biography of Post-traumatic Stress Disorder*）＊

道格坐在我辦公室裡。加州正午的陽光透過窗戶直瀉而下，落在他裸露的前臂上，他的前臂晒得黝黑，還有很多刺青。他的頭髮從他伊拉克戰爭海軍陸戰隊的帽子底下探出來，這讓我突然想到，記憶中他總是戴著那頂帽子。他告訴我幾天前發生的事，當時他坐在自家沙發上看電視。

「我聽到房子上方有直升機的聲音，我暗自想著：保持冷靜，那只是從醫院那裡傳來的急救醫療直升機。」

他的聲音緩慢沙啞，正常平靜的態度被嚴重扭曲的表情取代。「妳知道，我有時候會聽到那些直升機，因為我住得離醫院很近，但基於某種理由，這次那聲音聽起來很大聲。我暗自想著：見鬼了，到底發生什麼事？就在這時候我犯下了那個錯誤——我走向窗戶，然後**『轟！』**當我一看到那些明亮的燈光，我忽然回到了伊拉克。」

道格停頓了。他的上半身向前彎，頭垂得低低的，前臂則放在兩條大腿上。這讓我只能看見他的側影：被太陽晒老，像皮革一樣的皮膚，尖鼻子，還有過長的鬢角。帽緣遮住了他的眼睛，他繼續對著他兩腿之間的地板說話。「我看到爆炸後趕來救我們的直升機。我可以聞到人肉燒焦的味道，聽到尖叫，並感覺到如太陽般的熱度，在我眼前到處都是血。我看著我跟你說過的那兩個孩子的屍體。幾秒鐘前，他們還在玩在一起，就在我面前。然後就爆炸了，結果就是那樣。」

道格的聲音哽咽，他抬起頭，凝視著遠方，有片刻出神。「我一定昏迷了一會，因為我所知的下一件事，就是我正在看的電視節目已經結束了。在那之後我嚇壞了，心跳狂飆，汗流浹背。接下來幾天我也覺得很敏感易怒。就連我可以跟孩子相聚的週末，也因我心情惡劣，讓我覺得跟他們相處沒有意義。我打電話給我前妻，告訴她我不會去接他們……」

＊譯註：中譯本p. 4，吳張彰譯，三采文化（2018）。

某個瞭然的片刻，道格的臉突然變了，就好像他瞥見自己的未來。「我不想變成一個滿腹苦水的老頭。我真的不想，珍恩醫師。」

♥ ♥ ♥

情境再現由創傷線索所觸發，在本質上就支離破碎，而且當下會強烈鮮明地重新經歷創傷事件。情境再現時，人可能感覺到像是熱或者痛等感受，也會重新經歷伴隨著原始創傷而生的懼怕或恐怖情緒。身體上也可能出現生理改變，血壓可能上升，脈搏可能加速到失控。人可能會發現自己在反抗或逃跑，就像他們在原始創傷事件中的反應。創傷後壓力症引發的情境再現是**無法自主控制的**，而且與重溫記憶截然不同，因為重溫記憶理當包括了刻意回想的過程。對道格來說，一旦情境再現開始，他就重新體驗到炸彈撕裂一條擁擠街道，殺死傷害數十名平民的那天，就算事實上他站在位於加州的公寓客廳，也無法讓他的大腦在現實裡扎根。

情境再現的過程中，道格的大腦發生了什麼事？最近一項功能性核磁共振造影（functional magnetic resonance imaging，簡稱 fMRI）研究，提供了某些看來很有希望的洞見。[1] fMRI 測量大腦中的血流變化，以便偵測活動區域。產生的電腦影像能幫助解碼創傷後壓力症的大腦發生了什麼事。研究人員比對三十九位受試者的掃描結果；十位參與者為創傷後壓力症患者，十四名有憂鬱症，還有十五名是控制組（他們有創傷暴露史，但沒有創傷後壓力症，因此被認為是健康的）。在參與者們被要求執行種種會激發創傷相關記憶的任務時，研究人員掃描他們的腦。當有創傷後壓力症的研究參與者情境再現的時候，他們的腦顯示出背側流（dorsal stream）區域的活動有增加，這裡是腦部的一條通道，穿越了枕葉、主要運動皮質還有運動輔助區。枕葉在頭蓋骨後方，是處理所有視覺的地方。主要運動皮質是大腦額葉的一部分，跟運動輔助區一起負責執行人類的身體動作。這些區域在情境再現時被活化，解釋了情境再現鮮明的視覺性質，還有一個人如何能夠模擬受創時的身體行為。

研究人員也發現，較小的顳葉與海馬旁迴活動降低了，這兩個地方涉及處理空間知覺，我們就是這樣連結直接面對的周遭環境，還有物理空間裡的其他物體。顳葉與海馬旁迴的活動減少，可能有助於解釋情境再現期間的感受——我們跟身邊直接接觸的物理環境失去連結了。

沒有活過的人生：逃避的隱藏代價

你愈覺得生活沒有意義，你的死亡焦慮就愈深。你生活過得愈不充實，你就愈怕死。

——歐文．亞隆，《凝視太陽：面對死亡恐懼》（*Staring at the Sun*）*

我想，在我叫出新病人的名字以前，我就已經瞥見他了。在候診室裡，約翰坐在他那張椅子的邊緣，椅子幾乎快要支撐不住他寬大的腰圍，而每隔幾秒鐘，他就將兩隻手心抹在膝蓋破洞又有汙漬的褪色藍色牛仔褲上。他上了年紀，戴著一頂黑色棒球帽，前方繡著幾個紅、黃、綠等亮色調的字：「韓國退伍軍人」。約翰瞪著他前方的牆壁，他的凝視不像做白日夢般空泛，而比較像是隧道一般直直瞪視，就像他在挑戰自己絕不往左或往右看。他用眼角餘光瞥見我，而在我喊出他的名字時，他瞬間起身。他匆促地向我點頭，以此交換我打的招呼，並且低聲嘟噥：「來吧，咱們把這件事搞定。」

約翰是在他基層醫療醫師的堅持下才來見我的。他告訴我，幾個月前他有過一次小中風跟輕微的心臟病發作，而他的復原過程又因為發炎到需要動手術的褥瘡而變得更加艱難。他的醫師要求他做電腦斷層掃描，但約翰一直取消放射科的預約。

「我的神經失控了。」約翰告訴我，他無法忍受要躺在掃描儀器裡。他告訴我，數十年來他一直痛恨任何一種封閉空間，包括候診室，人擠人的地方尤其討厭。他在二十年前退休，在此之前他在建築工地工作，因為這表示他可以待在戶外。為了避開人群，他自願做夜班，修理沒有人車的公路。他要求他的基層醫療醫師替他開二氮平（diazepam），幫助他應付對掃描的焦慮。許多年來，他定期服用二氮平，這種藥在他身上一直效果良好。

「退役以後，我變得習慣喝酒，而且可能遠超過我應該喝的量。在我第一次心臟病發的時候，我戒酒了，但我仍需要某種東西來安撫我的神經。我以前的醫師給我二氮平，這藥有效。不過這個新的醫師必須遵守某條退伍軍人管理規定。他告訴我，在我去見心理醫師以前，他不會開二氮平給我！」約翰不屑地說道。

「先生，在今天以前，您去看過精神科醫師或者其他心理衛生專業人士嗎？」

「不，從來沒有。我的醫師以前試過，妳懂吧，他推薦我去看某個像妳這樣的人，可是

* 譯註：中譯本p. 81，廖婉如、陳耿雄譯，心靈工坊（2017）。

我告訴你，二氮平就有效了。我真不敢相信，我必須忍受這種屁事才能拿到處方！」

我向約翰解釋，我需要問他幾個問題，以便瞭解他對掃描的焦慮是否有更多值得注意之處。他問我他是否可能有某種潛藏的問題，而我可以給他更好的治療？我告訴他，有醫學研究顯示像二氮平這樣的藥物作用比較像是OK繃，能提供暫時的緩解，卻沒有辦法處理真正發生的問題，長期來說，也可能有嚴重的副作用。

「好吧，隨便，那咱們繼續吧！」他怒氣沖沖地說道，同時從褲口袋裡掏出一條手帕，抹掉前額的汗水。

約翰告訴我，他一直都很獨立，但他最近的健康問題在挑戰他的自主性。我問起有哪些親友可以來幫忙他，得到的答覆卻是簡短的：「不。沒有人。」

我設法找出他第一次發生焦慮的確切時間，他臉上的表情頓時繃緊。「我不知道……也許是在退伍後……一個男人能忍受的就只有那麼多。」眼淚在他眼眶裡打轉，而他開始拼命用手帕擦乾眼睛。「像這樣回想過去有什麼意義？妳為什麼硬要把這一切挖出來？」

由於感覺到他的不自在，我撤退了，轉向比較溫和的主題。你的家族有精神疾病病史嗎？你使用尼古丁嗎？使用咖啡因嗎？同時，我設法想像我這位病人防衛性的反應背後藏著什麼。他在韓國見證到什麼恐怖的事情嗎？也許他的生命受到威脅？或許他曾被困在某處？在一個封閉空間裡嗎？

約翰繼續頑強抵抗，用簡短的句子跟單字來回應我連珠砲般的問題。我感覺得到他不是刻意阻撓，比較精確地說，他是非常努力地要逃避內心的感受。在我們相處的六十分鐘裡，約翰的臉上不曾出現笑容或者發出笑聲，他變得熱淚盈眶（卻沒有哭出來），暴躁卻從未發怒。簡而言之，他的情緒變化範圍有限。在我結束訪談的時候，我忍不住納悶，他的焦慮底下潛藏的是不是一種恐懼？他是否害怕如果他讓自己感覺到難熬的情緒，這些情緒就可能會淹沒他？他是否害怕如果他開始哭，就沒辦法停下來？或者如果他容許自己表達內在的憤怒，他可能就會爆炸？

我的直覺是，約翰這些年來受了不必要的苦，可能還付出了沉重的代價，因為他沒理會醫師們給他的建議，去看心理衛生專業人士。他的故事中處處顯露出逃避的特徵，這是創傷後壓力症其中一項核心症狀。[1]但想要幫助一個有嚴重逃避症狀的創傷後壓力症病患，可能就像要把一朵雲捉進罐子裡一般艱難。

♥ ♥ ♥

「忘了這件事曾經發生過」、「這種事情讓人無法再想下去」還有「別淨想著過去」，這些全都是大家會給那些經歷過創傷的人的建議。在創傷之後採取逃避策略是人類的內建機制。避免想到傷心或悲劇性的事件以便逃避強烈的情緒不但很自然，還可以讓暫時因為創傷脫軌的生命恢復常態。但如果這種因應策略延續太久，就會變成問題。這會誘使倖存者產生一種虛假的安全感，以為只要逃避想這件事或者避免做那件事，一切就沒問題了。但事實不是這樣的。就像約翰的例子，逃避開始微妙地形塑了他存在的狀態，讓他變成過去自我的縮小版。逃避因此變成一種創傷後壓力症的次級症狀，在創傷事件後數月或數年內浮現。

針對戰區居民、強暴倖存者到道路意外受害者等不同群體的種種追蹤研究，全都指出創傷後壓力症侵入性症狀與逃避現象逆相關。逃避發生在兩種層次。[2]在第一個層次上，所有關於創傷而讓人難過的回憶、思緒與感受，都會帶來**情緒上**的逃避。在第二個層次，對於和創傷回憶、思緒或感受相關的人、地、對話、活動、物件與情境，會產生**行為上**的逃避。這兩種層次的逃避，可能如同心圓般包裹、限縮這個生命，以至於讓這個受創的人與療癒的大道絕緣。逃避能讓人失能，這讓它在創傷後壓力症診斷中奪得一席之地：要診斷某人是否罹患創傷後壓力症，逃避是此人必須有的症狀之一。

逃避是構成創傷後壓力症病理學中不可或缺的一部分，然而它製造出一個難題。不像創傷後壓力症註冊商標式的其他特徵——夢魘、情境再現與過度警惕——逃避以更陰險的方式留下它的印記，這使我鮮少碰到像約翰這樣苦於嚴重逃避的人。然而，我確實遇過在由內心封閉的創傷倖存者組成的家庭中成長的成年人。逃避損害了他們父母感受情緒與展現愛意的能力，這讓他們深受衝擊。「我覺得我好像從來不認識我父親。」「我母親**從來**不談**那件**

事。」「他總是這麼疏遠，跟我們切割開來，就好像跟我們在一起會讓他很痛苦似的。」

對於逃避，神經科學能告訴我們什麼？在創傷倖存者身上，情緒跟記憶、注意力、計畫與解決問題能力等技巧之間，有著動態的相互影響力。在一篇二〇一二年的學術文章裡，神經科學家回顧了好幾項研究，其中顯示創傷後壓力症患者的自傳性記憶，通常比健康的控制組更模糊一些。[3]創傷後壓力症患者回想個人記憶時通常細節極少，神經科學家稱這樣的記憶是「過度概化記憶」（overgeneral memory）。一般認為這種記憶之所以出現，是因為這個人在被要求回憶自己的過往細節時，會逃避徹底搜尋記憶。這很近似跳到熱炭上的人，他們不會在任何一點停留太久，因為怕被燙傷。

♥ ♥ ♥

在我第一次遇到約翰以後，我懷疑他對於「神經問題」的抱怨，其實是他靠著緊握拳頭，奮力硬撐所處理的創傷後壓力症。在我看來，「緊握拳頭」是約翰在從軍之後，度過這些年的方法——充滿了焦慮與恐懼，完全靠意志力讓自己繼續過日子。就算他沒有向我洩露他的創傷歷史，引起我注意的事情是：從韓國歸來後超過半世紀的時間裡，他怎麼組織自己的生活？他在候診室那種目不斜視的凝視，讓我納悶他是不是在避免看到牆上兩臺開著的電視機，節目正在報導中東再興的暴力？士兵穿著戰鬥服裝的影像，以某種方式觸發了約翰的回憶嗎？

另一面向我示警的紅旗是他約略提到的長年酗酒史。他用酒精跟二氮平來替自己治療創傷後壓力症的侵入性症狀嗎？還有，一輩子做夜班工作，偏好在世界其餘部分入睡時醒著，是因為他覺得在其他人身邊不安全嗎？他是覺得永遠處於緊張狀態太累人了，所以最好完全避開人群嗎？

我假設約翰是設法在他的人生裡創造出一種能夠完全控制的幻覺：如果他能夠避開這件事或那件事，他就可以保持安全。當然，在某些方面他很成功，但他對控制的需求，剝奪了他人生中某些不可或缺的事物，像是愛、激情、笑聲與喜悅。在這個過程裡，他離了婚，與子女關係疏離，孤立且缺乏朋友。隨著老年的挑戰來臨，他小心翼翼建立起的幻象逐漸崩塌。他近期的健康問題迫使他要更常看醫生，經歷更多醫療處置與檢查。他愈來愈無法控制他要怎樣過日子，跟多少人互動。他舊有的心魔追上了他，而他沒多少選擇，只能面對。

在第一節治療結束時，我沒有照他的要求開二氮平給他。我反而告訴他，長期下來其實會讓他的焦慮症狀更嚴重，而且這種藥的副作用對年長的病人來說特別有害。他對於考慮其他選擇抱著開放態度，所以我建議舍曲林（sertraline），這種藥可以幫忙處理他的症狀，而且不會跟他治療心臟病的其他處方藥物產生交互作用。我警告約翰，舍曲林跟二氮平不同，要花點時間才能在他的身體系統裡產生效果，這種藥不會徹底打消焦慮感，只會讓焦慮感比較容易控制。

在我們接下來的治療過程裡，約翰開始敞開心胸談起他的過去。我們開始能夠談些痛苦的主題，如果不是正面迎擊，至少也是從邊緣掠過。在約翰上中學的時候，他所崇拜的哥哥死於一場腳踏車車禍，而多年後在韓國，他親眼見到一個親近的軍隊同袍死去。在那之後不久，約翰決定最好不要跟任何人走太近。他披上帶刺的偽裝，把其他人隔絕在外。他在孤寂中找到安慰，大半是因為他對失去所愛的恐懼，遠遠超過他覺得投資在這種關係上可能得到的收穫。

隨著時間過去，約翰能夠去做電腦斷層掃描了，他不再時時刻刻覺得焦慮，還能夠應付所有的醫院看診。他覺得身體更強健了，這當然也有幫助。他在吃幫助發炎傷口痊癒的抗生素，他也終於能夠回歸日常的作息了。

有一天他告訴我，他有失眠症。他輾轉反側，想著他如何篤定認為自己會死於心臟病發。不過讓他夜夜恐慌的是：「要花多長時間才會有人找到我的遺體？」

史丹佛大學的精神科醫師歐文．亞隆在他的著作《凝視太陽》裡寫道*，他常問他的病人下面這個問題：「是什麼令你害怕死亡？」在亞隆的經驗裡，知道我們自己終有一死，影

* 譯註：《凝視太陽》中譯本p. 81。

響了所有人的潛意識，而這個問題的答案，通常切中許多議題的關鍵，也加速了治療工作。在他治療病人時，經常遭遇到的共同主題，就是「害怕死亡和認為生活沒有意義，兩者之間呈正相關。」[4]

令我納悶的是，約翰對於可能要過多久才有人發現他屍體的恐懼，會不會其實是在表達他懊悔自己遠離了他所愛的人。

有一天早上，在忙碌的通勤途中，我突然想到我好一陣子沒見到約翰了。後來我登入了電子醫療紀錄，搜尋他的名字，結果只看到螢幕跳出一則沉鬱的警告訊息：「這位病患已死。妳希望繼續嗎？」

我心裡一沉，哀傷向我席捲而來。我瀏覽了病歷內容，得知約翰碰到一次嚴重的心臟病發。我按下顯示他最近親屬的標籤，看到上面列出有一個女兒，所以撥了電話，表達我的弔唁之意。她告訴我，她父親拒絕帶手機，還常常不接家裡的電話，為此，她跟他的鄰居們維持緊密聯繫，是他們告訴她，他們看到有兩天份的報紙堆在他的車道上。她立刻開車過去，在廚房地板上發現他的屍體。

約翰一部分的預感成真了：他死於心臟病發，但他低估了女兒的關注程度。創傷壓力的野蠻，讓他跟女兒之間保持著不必要的距離。

「多謝妳打電話來，醫師。可是妳知道的，我父親現在去一個比較好的地方了。他受了這麼久的苦，現在與神同在了。這一切是更好的安排。」

表達敬意之後，我掛上電話，這整個狀況讓我感到悔恨。約翰八十出頭，而且有嚴重的心臟病，所以他的死訊幾乎不能說是令人意外。但我還是忍不住覺得，他身後依然留下了未竟的重要大事，像是跟他的子女或朋友重建連結。逃避用拘束、限制人生等種種陰險的方式，再加上約翰早期創傷經驗所造成的衝擊，竟讓他到最後無法完整實現他的人生。

否認之島：深深埋藏創傷記憶

在否認之島這個地方，一切都完全健康又正常。

——吉姆．布契（Jim Butcher），《寒冷的日子》（*Cold Days*）

當你逃避到最極致，得到的就是否認——將創傷深埋到底。我們大多數人可以不假思索地就回憶起否認是什麼感覺。想想你某次聽到壞消息的時候，好比在例行檢查中發現異常，被重要的人背叛，或者心愛的人突然死去。會有一會兒，你拒絕接受眼睛耳朵回饋給你的資訊。你的大腦為這個噩耗迅速地搜尋出其他解釋：「醫師肯定搞錯了」或者「這不是外遇，他只是在辦公室裡工作到很晚」或者「我昨天晚上才跟她講過話，他們一定在講別人」。大腦透過否認的過程，讓我們漸漸地適應自己面臨到的新現實。一般來說，在接下來的幾分鐘、幾小時或幾天內，否認會消散，我們會開始吸收降臨到我們身上的事情所造成的衝擊。不過對於那些體驗過難以啟齒之事的人來說，極端的否認會連續好幾個月、好幾年，甚至好幾十年都固定不變，而且無法擺脫。[1]

在我結束住院實習之後不久，我遇到了因為嚴重憂鬱入院治療的丹尼爾。他的精神科門診醫師送他入院，因為他提供給丹尼爾的治療沒有效果。丹尼爾是當地大學的一位教授，而直到這次發作之前，他沒有任何心理健康問題可言。他母親死在那年年初，之後他陷入深刻的憂鬱。他幾乎不吃不喝，而且滿腦子自殺念頭。他那時五十來歲接近六十歲，白人，已經離婚，這所有事實都跟較高的自殺死亡率密切相關，所以在他開始計畫用獵槍尋短的時候，他立刻被送進醫院。住院病人必須接受二十四小時的觀察，也可以選擇更積極的治療。住院治療團隊推薦電療（electroconvulsive therapy），而我第一次見到他的時候，我是負責週末值班的醫師，正在巡房，那是他某一回電療後的第二天。

丹尼爾是有著溫柔臉孔的高個子男性，大半張臉覆蓋在濃密的鬍鬚之下。他隨意地穿著工作褲，還有一件密爾瓦基釀酒人隊T恤。我們兩個都坐在舒適的扶手椅上，這椅子很貼心地放在一扇大拱形窗旁，往外可以眺望廣闊的花園。斑斕色彩捉住了丹尼爾的視線，他開口評論它們的美。「我很愛一年中的這個時節，所有秋季的花卉——紅的、橘的、黃的和棕的。不知怎麼地，感覺很安慰人心……」

這樣自發性的閒聊讓我心存希望，覺得電療生效了，我接著問他上一次治療時的副作用。你會頭痛嗎？你的記憶如何？你覺得意識朦朧或者迷失方向嗎？你會怎麼評估你的憂鬱程度？你想自殺嗎？他的答案指出狀況正在改善，我不需要做任何進一步的改變。他已經準備好度過週末了，而他的主要治療團隊也可以在星期一恢復對他的照護。

當我準備結束這一次面談的時候，丹尼爾靠近我，用近乎耳語的聲音對我說：「醫師，在此之前我從沒跟任何人講過這件事。自從第二次電療療程以後，我就一直想著一個我無法拋諸腦後的記憶。那是在我十二或十三歲的時候，我媽摸我下面，還按摩我的私處。」

丹尼爾的話語讓我完全措手不及。

「這事情發生過，妳知道的。現在全都回到我腦中了，真是糟透了。」

在一位醫師的職涯中，有些事會要求妳拋下最周全的計畫。當這種時刻來臨時，繁忙的工作日就必須對這個特別重要的時刻讓步。丹尼爾揭露的就是這樣的事，但不幸的是，當時的我沒有意識到這一點。

「呃……好。嗯，這是非常重要的訊息。我肯定會傳達給你的主要醫療團隊。」我設法在站起來結束我們這節療程時，吐出這段話。

幸運的是，丹尼爾並沒有因為我在那個關鍵時刻的笨拙反應而受苦。直到那一刻，被他母親性侵的記憶都深深埋藏著。她的死亡觸發了一種深沉的憂鬱，而他的預設應付策略——否認——崩塌了，那些記憶終於浮上檯面。事實證明，承認受過虐待是他邁向完全康復的第一步，而在接下來的那個星期，他與一位治療師密切合作。他發現可以用新的方式來因應他對於虐待的想法跟感受，而不是害怕或者拒絕它們。漸漸地，他的心情改善了，自殺意念的強度也減退了。幾個月後，他恢復了正常的生活。

我很懊悔自己對丹尼爾在揭露那件事後竟做出那樣的反應，當我把這點分享給一位資深的精神科醫師時，他告訴我：「對於我們的病患承受過，並分享給我們的那些真正難受的事情，要我們控制自己的反應，真的很困難……我想，醫師們都低估了這到底有多難。」

回顧當時比較年輕的自己，我領悟到我的大腦也在否認丹尼爾說的話。我聽說過由繼父、叔叔、祖父、父親或家庭男性友人做出的性虐待故事，但我無法接受一位母親竟能性虐待自己的小孩。這種場面有某種太觸犯禁忌的東西，以至於我像丹尼爾一樣，只是否認這種事情發生的可能性，所以我突然地結束了我們那一節的面談。而現在我會這麼想：我會留下來，聆聽丹尼爾說話，他需要說多久就說多久，而且至少做個比較好的見證人，見證他經歷過的痛苦，讓否認的迷霧散去，讓他承受過的現實從黑暗中浮現。

哀傷在血液中傳承[1]：皮質醇、表觀遺傳學與世代創傷

創傷後壓力症是一種全體性的悲劇，一個整體性的人類事件，有極大的比例會有重大的後果。

——蘇珊．皮斯．班尼特（Susan Pease Banitt）

在我是總醫師的時候，我花了好幾個月在一所地方大學的學生健康中心輪調。我的病人利瑪是個大一新生，她因為焦慮惡化，又難以適應大學生活，她的基層醫療醫師於是把她轉介過來。利瑪是個黑髮小個子，一綹綹黑髮染成了不同層次的紫色。她總是穿著黑色衣服跟厚重的軍靴，鼻子上穿了環，還化了偏黑的濃妝，讓她的綠眼睛在鬼魂似的蒼白皮膚襯托下，顯得很突出。她的外表總是讓我覺得很沉鬱，使我分心而沒有注意到這個事實：在所有化妝品和層層服裝之下，是個年輕的女孩。

利瑪早熟而聰慧，十六歲就高中畢業了，所以她比其他新鮮人同儕年輕得多。她告訴我，她感覺像個局外人，而且她發現自己很難跟其他同學建立連結。她的學業表現也因此被拖累，這造成她很大的焦慮。她苦於失眠，失去胃口，而且恐懼一星期會發作兩三次。

利瑪把大學裡的所有人——老師、行政人員跟學生——都看成無能的原始人。她會把整段療程的時間都耗在尖銳批評她碰到的每一個人。令人有些困擾的是，我很快地發現，她其實沒有真的跟這些人往來，她是隔著一段距離批評他們。她對於周遭世界的普遍不信任，讓她幾乎對校園裡的每個人都保持情緒上的距離。

利瑪也花了很多時間談論她跟她母親的關係。他們是正統猶太人，在一九八〇年代晚期，她父母為了逃離共產蘇聯的宗教迫害，從蘇聯來到美國。利瑪出生在美國，從沒去過俄羅斯，而從我能蒐集到的資訊來看，她父母也鮮少回去。利瑪常常生動描述她跟母親之間激烈的爭執。她輕蔑地嘲弄她母親的俄國口音，並且抱怨「她從來不講任何**真正**重要的事情」還有「她住在她自己的世界裡，最小的事情就能讓她抓狂」。

利瑪起初很慶幸離家去上了大學，而且很享受有機會獨立生活，但她適應校園生活的掙扎，再加上她父母對於大學未成年飲酒問題的擔憂，迫使她從此搬回家裡，必須通勤上學。

在當時，我把這看成是典型的青少年叛逆。在認知上，利瑪成熟了，但情緒上她還是個青少年，苦苦掙扎著應付分離與身分認同的典型議題。但現在，在超過十年之後，我才想到我沒考慮過一種可能性：她父母有意義非常重大的創傷史。她的猶太人父母在共產主義下的蘇聯發生了什麼事？在一個必須對自身信仰保密的環境下成長是什麼感覺？在這種狀況下，會不會使人對這個世界基本上缺乏信任與信心，就這樣過日子？這樣會不會損害這些人對心愛之人的熱情與承諾？還有最重要的問題：利瑪的症狀是否跟她父母的創傷經驗直接相關？

好幾個世紀的病例報告，造就出這種傳統智慧：帶著創傷壓力過活的父母，比較有可能養出苦於憂鬱、焦慮或創傷壓力的孩子。數十年來這種「精神損害」被歸咎於父母教養孩童的方式。根據這個邏輯，利瑪在家庭環境中學到的行為，導致她在面對更大的世界時，以充滿恐懼、情緒反覆無常又疏離的方式回應。

另一種可能的解釋是，這樣的心理問題就只是「家族遺傳」，利瑪從她父母那裡繼承到的遺傳輪廓（genetic profile），讓她更容易受制於這樣的問題。的確，雖然創傷後壓力症從定義上來看，是跟創傷事件連結在一起，種種研究卻一致顯示創傷後壓力症就像憂鬱症一樣，有高度遺傳性。對於人在倖存下來以後是否容易發展出創傷後壓力症，基因影響也提供了相當大一部分的解釋。[2]

在二十一世紀早期，西奈山醫學院（Mount Sinai School of Medicine）的神經科學家瑞秋．耶胡達（Rachel Yehuda）博士，提出了一個引人入勝的新想法：受創父母的子女之所以有發生相同問題的風險，是因為他們受創的雙親在生物層面上發生了表觀遺傳改變。表觀遺傳學指出創傷後壓力症為何可能改變創傷倖存者身上的基因表現，還有這樣的改變如何能夠在細胞層次上由子女繼承，並且改變他們的神經元、腦部化學分子、神經解剖構造與基因。[3]這些表觀遺傳學改變，是透過一種稱為「代間傳遞」（intergenerational transmission）的過程傳遞給子女，這種過程對父母的精子或卵子品質有負面影響，或者會影響到懷孕時的母親。

我們如何能夠把環境的影響，跟基因還有分子層面的影響拆開來呢？尤其父母跟子女通常分享相同的生活環境，又暴露在同樣的社會與精神壓力因子之下。藉由鑽研壓力荷爾蒙皮質醇（cortisol），研究人員冒險進入這個混濁的水域，從中帶出了誘人深刻的新見解。

在創傷之後，大腦中掌管我們壓力反應的中樞協調者，下視丘－腦垂體－腎上腺軸（hypothalamic-pituitary-adrenal axis，簡稱HPA軸）發動了一波化學與荷爾蒙反應。[4]HPA軸指揮一連串複雜的化學反應，其中一個最終產物皮質醇，看來是幫助受創大腦恢復的關鍵。[5]科學界預測創傷後壓力症患者的皮質醇濃度會很高，然而在過去二十年裡，一個又一個的研究已經顯示，比起受過創傷卻沒有創傷後壓力症的人跟健康的控制組，創傷後壓力症患者實際上的皮質醇濃度低於平均。的確，皮質醇跟創傷後壓力症之間的故事到頭來是很複雜的，在皮質醇之外，還有皮質醇的代謝物、腦中的糖皮質素受器（glucocorticoid receptor），以及涉及調節這些受器活性與敏感度的基因與蛋白質。

為了研究創傷後壓力症的表觀遺傳學，耶胡達檢視了暴露於創傷下對於懷孕女性唾液中的皮質醇濃度有何影響。[6]研究人員找到三十八位在九一一當天從世貿大樓撤出時有孕在身的母親，還有她們一歲大的寶寶，從他們口腔蒐集唾液皮質醇樣本。在比較之後發現，比起九一一之後沒有發展出創傷後壓力症的母親們，九一一事件後有創傷後壓力症的母親跟她們的小孩皮質醇濃度都比較低。在九一一時處於第三孕期的母親們，皮質醇濃度是最低的。

這類對孕期的影響，可能是跟創傷壓力改變了胎盤中某個特定酵素的表現有關。這種只有在第二孕期尾聲才會在胎盤中活化的酵素，理應把皮質醇分解成沒有活性的形式。如果這種酵素的活性被改變，高濃度的母體皮質醇荷爾蒙在胎盤內循環，可能對胎兒的皮質醇荷爾蒙產生負面影響。

我問耶胡達，這個研究傳達的主要訊息是什麼，她說：

> 這訊息很簡單：在懷孕期間受創的母親們，可能會把缺陷傳遞給她們還未出生的後代，因為這些後代以某種方式適應了壓力荷爾蒙的濃度……這些後代的人生中不需要有真實的（創傷）經驗就得到了這樣的結果。我們並沒有把懷孕看成非常重要的發展事件，而它實際上非常關鍵的。若能意識到這點，我們會比現在更妥善照顧受創的懷孕婦女。[7]

其他的研究顯示有創傷後壓力症的懷孕婦女，有較高的機率發生子宮動脈血流阻力上升、新生兒體重偏低或誕下早產兒的情形，強調了當子宮內暴露於創傷後壓力症之下，對於發展中嬰兒的生物結構很有關聯。[8]

現在，當我每次碰到有集體創傷倖存者相處背景的病患時，就會想起把創傷壓力、表觀遺傳學跟代間傳遞串連起來的這些新穎觀念。我忍不住疑惑，這些患者現在的苦難有多少是根植於歷史事件？[9]而我眼前見證的事情，是否有一部分來自於某個更廣、更深的傷口造成的衝擊？針對整個族群的大規模壓迫、強迫遷徙或政治迫害的創傷回響，還縈繞在這個房間裡嗎？這些集體的哀傷[10]，現在存在於未來世世代代的血液之中嗎？如果未來的世代沒有認出這些集體哀傷的實相，這些傷痛會變成永遠傷害他們靈魂的詛咒嗎？

雖然表觀遺傳學的科學仍然處於發展階段，乍看很清楚的是：人類是我們自己創傷經驗的累積，每個創傷都對我們的生物構造有影響，而這種生物構造在某種程度上，決定了我們在生命中出現進一步的創傷事件後，會如何回應。

深入骨髓的荒野：敏銳的覺察與隱蔽的情緒

有過創傷經驗後，人類求生保命的自衛體系似乎整個啟動，並一直保持在高度警戒的狀態，就好像危險隨時會再出現一般。

——茱蒂絲．赫曼，《從創傷到復原：性侵與家暴倖存者的絕望與重生》＊

我的病患葛瑞格是個資深業務主管，他的工作需要經常開車旅行。有一天一個大學生衝過一道紅燈，撞上葛瑞格的SUV休旅車後方。葛瑞格被撞得不醒人事，多處骨折因此需要接受外科手術與大範圍的復健。在他準備好返回工作崗位的時候，一想到要坐在方向盤前面就滿心驚慌，每次嘗試開車都會激發車禍的情境再現。他無法應工作要求出差，到頭來提早退休。隨著時間流逝，他再度開始開車，通常是走熟悉路線的在地行程，但開車上路仍然造成挑戰。

有一天，他在高速公路上開車。他不計代價避開交通尖峰，所以當他發現道路比平常還繁忙的時候很吃驚，而且在他看到一輛卡車看起來太靠近他後面的時候，他心生警覺。「我可以感覺到自己變得汗流浹背，我的心臟跳得很快。然後我覺得好生氣！他怎麼敢這麼逼近我！我開始對著後照鏡裡的他大吼！」

葛瑞格接著描述那輛卡車怎麼樣試圖超車，還有他如何讓他的SUV突然轉向，好擋住那個司機。「我不知道自己是著了什麼魔。我只是很確信我不會讓他超我車。不知怎地，他從右邊超越我，然後從一個出口下了高速公路。我跟在他後面下了公路，追著他上了出口坡道。我一路跟到一家加油站，然後下車走到他面前。我朝他大吼，他就只是瞪著我看。他叫我下地獄去，然後轉身背對我。感謝上帝我終於恢復理智，回到我車上。」

問題是，那天下午葛瑞格不是一個人在車上。他太太就在旁邊，他們兩歲大的外孫女在後座。他們準備帶她去公園，然後去吃冰淇淋，這是葛瑞格一星期裡最重要的事。後來，在他太太向他們的女兒轉達了下午發生的事件以後，他女兒打電話告訴他，她再也不會讓他每星期帶外孫女出去了。

雖然有創傷後壓力症的人過著情緒受限的生活，他們的身體卻繼續對所處的環境做出反應，就好像他們正處於會帶來徹底毀滅的威脅之下。罹患創傷後壓力症的大腦假定危險就在

＊譯註：中譯本p. 79。

眼前，而且困在過度自我保護的模式裡。這種苦況解釋了創傷後壓力症最具破壞性的一面：情緒暴怒、行為魯莽、過度警覺，還有過度驚嚇反應。

葛瑞格的大腦失衡了，控制激發與放鬆的神經迴路不再同步工作。他腦部系統之間的脆弱平衡——正常發揮功能的先決條件——意味著他的神經系統對於感知危險與做出相應反應的門檻很低。

在最近這次路怒事件中，葛瑞格的大腦過度反應，進入了戰鬥模式。當他回到自己車裡以後，花了超過三十分鐘才冷靜下來。這種升高的激動狀態考驗著他的大腦資源，這些資源被捲入不正常的過度活動裡。他的大腦當機了，需要時間重新開機。

創傷後壓力症患者有異常高濃度的正腎上腺素（noradrenaline）。在身體的交感神經系統中，正腎上腺素是主要的神經傳導物質，必須要有它，才能在身體面對威脅時發動「戰或逃」反應。[1]正腎上腺素由一群特化細胞製造，這些細胞不只出現在腦部，也出現在脊髓、腸與腎上腺裡。在面對威脅時，大腦釋出正腎上腺素，其作用是增加焦慮，提升對環境的警醒度，強化記憶的形成與提取，並且讓大腦的注意力完全聚焦在威脅來源上。在身體的其他部分，正腎上腺素增加了心律與血壓，觸發從儲備能量中釋出葡萄糖的過程，並增加流入肌肉中的血液流量。所有這些行動都是為了讓人體準備好從威脅中生存下來。然而在創傷後壓力症的大腦中，這個過程出了問題，變得反應過度。不只更容易被激起「戰或逃」反應，還會讓這種反應變得更加明顯。這一切導致了創傷後壓力症的標準特徵：過度警覺以及過度恐懼狀態。

位於大腦顳葉，呈杏仁狀的神經細胞群杏仁核，在處理像是恐懼與愉悅這樣的情緒時，扮演了關鍵性的角色。[2]有一個指標性的研究，使用功能性核磁共振造影（fMRI）技術來探究杏仁核對威脅的反應。當將大腦血流與神經元活動重疊在一起的時候，fMRI偵測到大腦血流的改變，並且用這些測量值描繪出杏仁核活動的圖像。在這個研究中，史考特．勞奇（Scott Rauch）醫師跟他在哈佛大學的同僚研究了八位罹患創傷後壓力症的男性，而另外八位曾遭遇創傷卻保持健康的男性作為控制組。[3]研究人員測量了受試者杏仁核對有威脅性的視覺影像（一張讓人望而生畏的人類臉孔）會有什麼反應。在fMRI影像的比較中，可以發現相較於控制組，有創傷後壓力症的男性面對威脅性視覺影像有過度誇張的杏仁核反應。

與杏仁核過度反應相關的，是因為創傷後壓力症患者腦部前額葉缺乏活動，前額葉這個區域對於我們做決定、計畫行動、控制衝動與下判斷的能力而言，是不可或缺的。一項二〇〇四年刊登在《普通精神醫學檔案》（*Archives of General Psychiatry*）上的研究中，塔夫茲大學（Tufts University）的麗莎．辛（Lisa Shin）醫師及其同僚，用正子斷層造影（positron emission tomography，簡稱PET）掃描來檢查罹患創傷後壓力症的研究受試者的前額葉。[4]PET掃描會偵測靠著生物活性分子導入體內的追蹤劑所放射出的伽瑪射線。用特殊的攝影機與電腦，研究人員就能夠藉著監看大腦的代謝過程，產出受試者大腦發揮功能時的影像。在小心翼翼觸發受試者的某些創傷後壓力症症狀後，研究人員設法看到他們大腦的杏仁核與前額葉區域發生什麼事。結果確認了先前的研究發現所暗示的事情：在創傷後壓力症患者身上，前額葉的活躍程度低於應有表現，因此無法控制過度活躍的杏仁核。這表示創傷後壓力症大腦對於危險的威脅反應過度，甚至可能想像出不存在的危險。

♥　♥　♥

憤怒。罪惡感。恐怖。畏懼。這些情緒狀態宰制著創傷後壓力症患者的日常生活。驅策這些情緒狀態的，是跟創傷事件糾纏在一起的自我詆毀：「這全都是我的錯。」「要是我做了這個而不是那個就好了。」「我不配活著。」這些詆毀非常強勁有力，以至於開始影響患者的世界觀，使他們變得很悲觀：「我不能信任任何人。」「這世界非常危險。」這些心情與思緒會滲透到患者所有的人際關係裡，悶死了熱情，也遏制了雄心壯志。

倖存者感覺到自己在情緒上跟心愛的人疏離，他們透過創傷濾鏡看待整個世界。像這樣對世界失去信任與自信，甚至可能導致倖存者帶著來日無多的感覺過日子。他們活著，卻不期待達成某些一般定義下的成就，或者活到平均的壽命。

這樣的心情變化，在我的病人蕾提莎身上很明顯。蕾提莎跟她年幼的雙胞胎兒子住在一個環境不佳的社區裡。在她的男友，也就是她孩子們的父親，因為竊盜罪被捕之後，她決定回去念大學，打算成為一位醫療助理。她會在雙生子去托兒所時去上課，然後接他們回家，早早開始做晚餐，然後把他們送到她母親家。她會從那裡去一家在地購物中心上班，做零售人員。有一天晚上，她自願工作得晚一點，想多賺點現金買聖誕節禮物給她的孩子們。然而，當她值班結束，走進安靜的停車場，她在那裡被兩個持槍的陌生人攻擊並強暴。

我第一次見到蕾提莎是事發的好幾個月以後。她背靠著牆壁坐著，掃視著候診室，同時緊抓著膝蓋上的手提包。她看起來準備拔腿就跑。蕾提莎告訴我，自從強暴事件以後，她覺得處處都有危險，甚至在雜貨店裡也是。光是在擁擠的走道上，從農產品區走到烘焙食品區就足以讓她滿身大汗，焦慮到心跳如雷。蕾提莎的大腦跟血管被過量的正腎上腺素淹沒了，這種物質把她嬌小的身軀擄為人質，讓她永遠處於戰或逃的狀態。甚至在她通勤到大學的路上，她都把迎面露出微笑的陌生人或聚集在街角的人群視為潛在的強姦犯。最後她輟學了。

當人類大腦被調節到會去注意潛在的危險來源時，確實提供了很重要的生存優勢。但如果大腦無法妥當調節這個過程，就會發生問題，導致一大堆假警報。在蕾提莎的例子裡，她常常會毫無理由地「反應過度」。

有一天在工作時，有位滿腦子只想著自己要買什麼東西的顧客，由於太快轉身，以至於撞上了蕾提莎。蕾提莎勃然大怒，對那個女人滔滔不絕地說出各種言語威脅。她失去了工作，因為她的行為完全稱不上是良好的顧客服務。

「我被困住了！我想要我的人生有更多可能性，但我現在甚至不敢再抱任何希望了。」

她搖著頭，再度熱淚盈眶。

蕾提莎的憤怒與強烈的過度敏感讓我震驚，這使我忍不住認為她的大腦迴路與血清素濃度出了問題。[5]血清素是一種神經傳導物質，由色胺酸（tryptophan）這種胺基酸構成，色胺酸在整個大腦裡到處都有，包括創傷後壓力症會牽連到的神經生物結構，像是海馬迴、前額葉跟杏仁核。有創傷後壓力症的人血液中的血清素濃度較低，而且因為目前未知的理由，他們的中樞神經系統在受到刺激，需要製造這種傳導物質的時候，無法激發足夠強烈的反應。血清素傳導異常很可能導致在創傷後壓力症患者身上極為常見的憂鬱、憤怒跟攻擊性，也可能在蕾提莎向我描述的症狀中扮演了某種角色。

不幸的是，蕾提莎只來看過我幾次。就像我許多患有嚴重創傷後壓力症的病人，她在我們能夠完成治療以前就消失了。我最後一次見到她的時候，因為她的症狀沒有像她希望的那樣迅速恢復，讓她很挫折，而且她很懷疑我是否能減輕她的痛苦。

理解杏仁核跟前額葉到底是怎麼溝通的，顯然對於幫助像葛瑞格跟蕾提莎這樣的患者而言非常重要。一項二〇一六年的研究就嘗試這麼做，使用了一種稱為腦磁波儀（magnetoencephalography，簡稱MEG）的先進技術。[6]MEG測量腦細胞活動產生的磁場，所以是一種直接測量腦部功能的技術。而像MRI、fMRI跟PET掃描這樣的腦部造影技術，提供的是腦部結構與功能的間接測量，這表示當我們要解釋在這種掃描中看到的變化時，必須納入一大堆其他的可能性。[7] MEG其中一項巨大的優勢，就在於它對於人腦中發生的事提供了準確的即時資料。

研究人員比較了罹患創傷後壓力症的參與者看到各種影像時，杏仁核與前額葉的活動。他們發現在參與者看有威脅性的影像時，有很多腦區看起來變得連結過度，因此對於認知到的威脅產生了誇張的反應。這個最新研究最迷人的地方，或許在於這種能夠一瞥實時腦部功能的新科技所帶來的展望。隨著這個展望而來的，是一個未來的希望：醫師們將來能夠為葛瑞格和蕾提莎這樣的病患提供更有效的辦法，不只是診斷出創傷後壓力症，還能加以治療。

解離：千里凝視

創傷製造出的破壞性影響，與創傷的強度、持續時間與重複頻率成正比。

——皮耶．賈內

當我還在實習的時候，認識了美樂蒂，一個有嚴重衝動要把迴紋針、指甲跟縫衣針塞進身體孔竅與皮膚裡的年輕女子。她在醫院裡很出名，因為半數的醫療人員都在她無數次急診室之旅中，碰過她一兩趟，因而從熟睡中被叫醒，要評估她的狀況。美樂蒂坐在醫院病床上，栗棕色頭髮披散在她寬闊的肩膀上，當戲劇性場面在她周遭展開時，她卻剔著指甲縫裡的汙垢。她在治療的過程中出現一些難以理解的併發症，她對此的反應卻不尋常地漠不關心，這通常會延長她的留院時間。她的病況需要許多專家共同關注：一個或一個以上的泌尿科、耳鼻喉科，還有腸胃科醫師，這要看她塞進的是哪個（或哪些）孔竅；整型外科，為了處理她反覆戳刺皮膚導致的傷口；感染疾病專家，為了仔細考慮該用哪種抗生素來治療在她皮膚深層定居的超級細菌；當然，還有精神科。

在填滿美樂蒂病歷表的許多診斷裡，孟喬森症候群（Munchausen syndrome），身體化（somatization）跟邊緣型人格疾患（borderline personality disorder）只是其中幾項。我那時候身為實習醫師還不知道的是，我們錯失了一個關鍵診斷。現在，在幾乎二十年後，我領悟到美樂蒂的失常行為，那種「魂飛天外」的表情，以及她缺乏情緒，似乎對於許多身體部位被戳刺做測試毫不敏感，全都暗示著嚴重童年創傷史的可能性。她可能將這種創傷的記憶埋藏得很深，而她或許對此渾然不覺，她的心靈已經讓自己從這些早年的恐怖經驗中解離。她承受難以啟齒之事的衝擊，反而表現在這種擾人的自殘，還有她從醫院這種戲劇化環境裡感受到的扭曲慰藉之中。

♥ ♥ ♥

現實感喪失（derealization，感覺周圍的世界好像不是真的）跟人格解體（depersonalization，感覺你好像不是真的）都是解離的症狀。這些古怪的症狀讓人毛骨悚然。現實感喪失讓其他人跟物體顯得不真實、沒有生氣，或者出現視覺上的扭曲。在人格解體狀態下，個人會體驗到自己跟世界其餘部分脫節，或者感覺自己像是自身身體、思緒與行動的旁觀者。他們失去感覺情緒、體會身體感官知覺的能力。他們覺得不在自己體內，而且失去所有時間感。健康的人在有壓力的時期，像是痛失親人或睡眠被剝奪時，偶爾會感受到這種經驗，但如果像美樂蒂這樣，解離體驗經常重現，甚至主宰日常生活的時候，就變成病理性的了。[1]

自從皮耶·賈內在一九〇〇年代早期寫到解離現象以後，創傷後壓力症與解離之間的關係確切來說是什麼，就持續引起辯論。在最近二十年裡，逐漸匯聚的多線經驗證據，已經在最新版的DSM把創傷後壓力症的一種解離亞型（dissociative subtype）納入。[2]根據馬修·佛利曼博士，達特茅斯大學蓋索醫學院精神科醫師兼創傷後壓力症專家的說法：「功能性腦部造影研究顯示，相對於非解離性創傷後壓力症患者，解離亞型患者的腦部活動有獨特且不同的模式。到目前為止的研究指出，在創傷後壓力症患者中有百分之十五到三十是解離亞型。」[3]

在面對恐怖的事件，或者讓人想起這種創傷的提示物時，某些人會從這個世界脫離，融入喪失現實感與人格解體這些解離症狀中，這個過程被神經科學家稱為**情緒過度調節**（emotional overmodulation）。所以在創傷經驗之後，除了廣為人知的戰或逃反應以外，還有第三種反應——解離，代表倖存者這方的「凍結」反應。

是什麼決定一個人在面對創傷之後會解離？有好幾個理論認為，從現實解離，代表在身體無法選擇逃避時的一種心理逃避方法。在童年時被主要照護者嚴重虐待的倖存者身上，常常見到這種反應。有一個理論稱做背叛創傷理論（betrayal trauma theory）提到，解離讓依賴施虐照護者提供食物、飲水、衣服跟住處的受害者，找到一種方式維持對身體存活來說必要的依附關係。[5]解離也介入創傷記憶的編碼、儲存與提取，所以創傷倖存者可能無法承認他們有創傷，因為相關的資訊被隔離在他們有意識的覺知之外。

雖然解離可能有某種立即的保護效果，卻有嚴重的長期後果。倖存者發現自己日復一日更難發揮正常功能，可能有自殺傾向，也可能有其他的精神問題。除此之外，解離的創傷受害者更難治療，因為他們在處理自己的創傷過往時整個人封閉起來，導致許多談話治療毫無作用。

除了西方的研究，世界衛生組織的世界衛生調查在十六個國家訪談了超過兩萬五千人，資料顯示這種解離亞型創傷後壓力症，在有創傷後壓力症的受訪者中占了百分之十四。在童年就苦於創傷後壓力症，曾經歷過顯著童年逆境的人身上，解離亞型更為常見。[6]

現在我回想起美樂蒂跟她失魂落魄的表情、自殘跟淡漠的情緒時，會覺得她顯然有人格解體跟喪失現實感的症狀。她的表現裡沒有多少地方符合傳統的創傷後壓力症案例，不曾提及創傷史，沒有抱怨夢魘、情境再現與過度警覺。相反地，她看起來跟自己脫鉤了，神魂離體，只能粗略地意識到周遭環境。她的病歷表上缺少了創傷後壓力症解離亞型的診斷。

第三部　身體

身體上的傷口

創傷可能是導致嚴重公共衛生隱憂的根本起因之一——既是可能導致疾病的行為風險因子，也是疾病本身。

——寶拉・詩納（Paula Schnurr）

每個初出茅廬的醫師，都會花上極其勞累的一年當實習醫師。二十年前的實習，我是在一間大學醫院裡瘋狂輪調。到了那年結束時，我已經熟悉怎麼診斷衰竭的心臟、肝臟、腎臟與肺臟了。我的鼻子老是被滿是膿汁的傷口氣味淹沒，已經變得不敏感，所以有泡泡的尿液、血便樣本，或夾帶膽汁的嘔吐物惡臭已經不再讓我作嘔了。一連好幾個晚上，我在夜間時時刻刻醒著，推高我那些病人過低的血鉀和血鎂濃度，插導尿管到他們頑固的膀胱裡，培養導致高燒的細菌，並且替癌症病患設置嗎啡幫浦，替糖尿病患者安排胰島素注射。

在進行所有這類任務的時候，我的心思盤桓在某些病人比較難以捉摸的背景故事上，要理解他們的疾病，這些故事似乎很關鍵。有一個這樣的病人叫做亞倫，他每隔幾週會來醫院一趟，替他無法再排除多餘液體的衰竭肝臟抽水。我在肝臟部門待的一個月，使我現在對於酒精的毒害影響實在太熟悉了。有個保險業務員，在跟客戶們狂飲一晚之後正要回家，卻嘔血在他新買的 BMW 米黃色皮革上。那次經驗的震撼與他的消化性潰瘍診斷，足以讓他大幅削減每週的酒精攝取量。還有一位家庭主婦，在她的子女出門上學，丈夫出門上班以後，養成了在做家事時，喝掉半瓶伏特加的習慣。痛苦的胰臟炎發作，讓她徹底戒酒，並且參加匿名戒酒會。這兩個人都是遊走在死亡邊緣的人，但他們只要體驗過一次健康危機，就能夠讓自己懸崖勒馬。

亞倫卻不是。他的皮膚是黃疸造成的水仙黃，雙手掌心是紅寶石色，他的腹部因為積水腫脹得厲害，讓他看起來像懷孕七個月。我納悶地想，對他來說貝爾蘇格蘭威士忌怎麼會變得這麼不可抗拒，甚至讓他選擇威士忌而非他的婚姻、小孩與工作。為什麼他沒有像我的其他病人一樣，嚇得趕緊改變生活方式？為什麼他選擇在這條自毀的滑坡上繼續往下溜？

臉頰凹陷、表情緊繃的亞倫平躺著，衣服脫光到腰部，耐心地等我插入引流管。我整理好器械托盤裡的東西：無菌手套、殺菌液、裝了五毫升局部麻醉劑的針筒、要蓋住他腹部以外其他部位的手術洞巾、大口徑引流導管，還有一個大到可以裝得下抽出液體的腹水收集袋。在我感覺到針頭戳穿他肚皮後的拉力，並注視著稻草色的液體湧出時，我納悶地想，琥珀色的酒精到底為什麼這麼讓人不能抗拒，使他年復一年愈喝愈多，直到肝臟無可逆轉地壞死？

另一個病人達特怕死冬天了，因為冬天會帶來流感的威脅，而這對有慢性心臟衰竭的人來說很危險。衰竭的心臟使她的肺臟會有過多液體，所以她每次吸氣，都覺得自己要溺斃了。在狀況好的日子，就算微微使力都會讓她需要喘著吸氣，但感染才是真正的壞消息，通常會讓她回到醫院，因為她需要積極的氧氣跟抗生素治療。在一個特別難熬的夜晚，手指上沾著尼古丁汙漬，臉上表情因為擔憂而緊繃的她，用沙啞的聲音對我悄聲說道：「珍恩醫師，我不怕死，但因為**窒息**而死的念頭嚇壞我了。」

不幸的是，那些淒慘的住院經歷並沒有遏阻亞倫每天喝威士忌，也沒有讓達特不再是菸槍。不知怎麼回事，他們兩個都不得不維持這些致命的習慣，儘管他們的身體以劇烈的方式發出訊號，警告他們真是夠了。同樣令人迷惑的是醫院醫療人員的反應，有兩種情形，要不是對這種無可救藥的情境投降，就是把病人當成淘氣的小孩警告他們。

有一次巡病房的時候，主治的肝臟專科醫師在細讀亞倫的病歷表時，用食指劃過一頁肝功能檢查結果。他的手指暫停在丙麩胺酸轉移酶（gamma-glutamyltransferase）檢驗結果上，數字極高，於是在檢驗報告上面打了個星號。這數字是洩露內情的跡象，指出亞倫在被送進醫院以前一直大量飲酒。主治醫師抬頭看著整個團隊，並且確認我們全都知道這個結果。我們全都在那裡站了一會，挑起眉毛，低聲嘟噥，或者輕輕搖頭。然後，在一瞬間，主治醫師轉向亞倫，用一種活潑的聲調告訴他，他完全準備好要出院了。以一種超現實的串謀方式，他完全不覺得有必要提到那個又大又麻煩的問題。

但達特沒有這麼輕鬆就解套，胸腔科醫師出現時，站在床邊高踞在她上方，針對抽菸的危害發表了一篇勸世談話。他比出戲劇化的手勢，告訴她要是她不戒菸，她就活不過下一個冬天，說到底這就是個意志力的問題。達特只是恭順地點點頭，然後在恰當的時間點上表示肯定：「是的，醫師。」還有「當然了，醫師。」讓我震驚的是，在巡房結束（主治醫師離開病房）的幾分鐘內，她就摘下了連結她跟氧氣供應設備的鼻導管，步履蹣跚地走向吸菸室，加入其他穿著薄透醫院袍坐在那裡的病人，開始吞雲吐霧。

身為實習醫師，在我看來事情似乎很明顯，像亞倫還有達特這樣的病人，他們的大腦驅策著他們的行為跟信念，而這些全都跟他們的疾病結果錯綜複雜地交織在一起。大腦背後的故事，暗示著他們的問題有個未經界定，卻其實是根源的起因，它遠超過意志力與性格這種表層的概念，而且肯定很值得認真檢視。但在二十年前，這樣的問診路線會被掃到一邊去，因為「太軟性」，或者被認為跟手邊的問題只有擦邊的相關性。這種事被牢牢困在屬於精神科醫師跟其他心理衛生執業者的領域裡，歸類到通常被視為病患「私人事務」的主題之下，其他醫師對這些主題通常沒有興趣、沒有動機，也沒有技巧可以做後續調查。

♥ ♥ ♥

現在的狀況往一個值得贊同的方向改變了。除了與腹痛、排便習慣、呼吸急促和胸痛有關的一系列問題，病患也會被問到關於上癮症狀、創傷壓力、憂鬱與焦慮的問題。在入院期間，當他們受到醫師、護理師、物理治療師、呼吸治療師、營養師跟抽血人員照料的同時，也會被要求接受心理衛生專家的諮商。

二十年的科學研究已經顯示創傷後壓力症與糟糕的身體健康之間有明確的連結。[1] 對許多醫師來說一度引起歧義的直覺，現在已經被勾勒出來了。創傷後壓力症**會**增加患者使用醫療照護的頻率，就算考慮過像是共病憂鬱（comorbid depression）、慢性心理疾病跟精神痛苦這些因素也一樣。的確，比起其他的心理疾病，例如憂鬱和焦慮，罹患創傷後壓力症跟最大幅增加的醫療花費相關。[2]

在二〇〇四年，寶拉・詩納跟她在國家創傷後壓力症中心的團隊，向科學界提出了一個精緻的模型。他們指出，暴露於創傷跟罹患創傷後壓力症會以三種方式（生物上、精神上與行為上）衝擊一個人的身體健康、慢性病進程（心臟病、糖尿病、高血壓等），甚至導致死亡。[3]

在生物上，創傷後壓力症間接導致了對荷爾蒙分泌、神經化學與免疫系統功能的破壞，這全都會導致細胞、器官跟其他身體系統生病。染色體研究已經顯示，創傷後壓力症患者的端粒——端粒是染色體末端的部分，是一種細胞年齡的衡量標準——比健康對照組來得短，[4]這指出創傷後壓力症跟加速老化之間的關聯，而老化會導致許多身體疾病。[5]的確，對美國成人的全國性調查顯示，罹患創傷後壓力症增加了發生神經、消化、自體免疫與關節等一連串問題的機率。[6,7]

詩納模型裡的精神層面，強調了像是憂鬱症這類因素的凸顯性。關於憂鬱症會增加心臟病這類疾病的罹患率，醫療科學界已經知道一段時間了。在我們考慮到憂鬱症通常跟創傷後壓力症並行的事實時，就不難想像兩者相加可能對一個人的心臟健康造成多大的影響。[8]

最後，詩納模型裡的行為層面，[9]指出濫用酒精、香菸、非法藥物與食物（在創傷後壓力症患者中這更常見），要不是讓原本已經很糟糕的健康狀況更惡化，就是直接導致疾病。在這些明顯的罪魁禍首之外，創傷後壓力症還會以其他更細微的方式衝擊患者對生活型態的選擇與身體健康。有創傷後壓力症，表示你更不會對你的健康採取預防措施（例如規律運動、健康飲食，或者採取安全性行為），且在得到醫療建議的時候，你更不可能聽從。[10]

一份在《美國流行病學雜誌》（*American Journal of Epidemiology*）上發表的近期研究，報導了創傷經驗對於長期健康影響的重大發現，讓我們看見創傷後壓力症與死亡之間直接的關係。[11]研究人員追蹤了超過兩千名越戰退伍軍人，並且蒐集這些人的疾病與死亡風險因子資料。他們發現，就算已經把種族、教育水準、收入與婚姻狀態的影響納入考慮，比起作戰過卻沒有創傷後壓力症的退伍軍人，患有創傷後壓力症的退伍軍人有將近雙倍的可能性在研究期間去世。

研究人員已經察覺，作戰退伍軍人在退伍後的前五年內有較高的死亡風險（通常是因為自殺、謀殺與意外），但這些結果令人擔憂的地方，在於這些創傷後壓力症患者在接下來數十年裡都會維持較高的死亡風險。癌症（尤其是肺部與呼吸器官）以及心臟病是最常見的死因，暗示著罹患創傷後壓力症加上抽菸習慣可能傷害極大。

從我還只是實習醫師到現在的二十年裡，我們對於心理疾病與身體疾病之間的關係，在想法上已經有了急遽的轉變。一度被視為不同且不相干的事物，已經被揭露其實是彼此糾纏又依賴的。尤其是創傷後壓力症，現在的訊息很清楚：評估創傷經驗跟精神上的後果，應該是**任何**醫療評估慣例的一部分。的確，現在有日益增加的支持力量，讓健康照護在所有面向上變得更注意與創傷相關的資訊。利用這種的方法，健康照護團隊會注意到他們的許多病患曾經歷過精神創傷，而那個創傷可能影響他們對於健康照護的體驗。我們的目標在於確保病患們感覺安全，不至於再度受創，而且使他們的內在力量得到鼓舞。

戰士之心：創傷後壓力症與心臟疾病

他太老了。不是年紀大的那種老……他老在其他方面，因為活過太多而蒼老，因為看見太多而蒼老，因為知道太多而蒼老。他疲憊而心碎，拿著拐杖走路，還拉出血液，他知道自己時日無多了。

——蓋瑞．伯森（Gary Paulsen），《戰士之心》（*Soldier's Heart*）

在一個清爽的秋季夜晚，我的病人理查要求他太太載他到他們那裡的退伍軍人醫院急診室，因為他心悸，而且感覺胸口有壓力。理查六十餘歲，有高血壓又抽菸，所以一如預期，急診室人員直接要求做心電圖、胸部X光、立即血液檢測，並且緊急照會心臟科。理查的心電圖顯示心房顫動，他的心跳節奏並不穩定，而且狂亂的搏動，他的心肌幫浦效率不佳。他有中風或者徹底心臟衰竭的危險。急診室人員開始用藥放慢他的心跳，而他很快就覺得好些了。在他的脈搏、血壓、血氧濃度跟種種檢驗報告中，埋著一張來自急診室主治醫師的病歷紀錄，上頭寫著理查看起來高度焦慮。

我第一次見到理查是在幾週之前。他的身形高而苗條，只有腰際周圍多了幾磅肉，穿著一件米黃色卡其褲跟藍色T恤。他的臉圓而蒼白，被設計師品牌眼鏡框住的眼睛，看起來含著淚水。坐定以後，他的手指像打鼓一樣敲著椅子的木頭扶手。他承認他覺得自己完全脫離舒適圈了。

「我其實不確定我是否需要出現在**這裡**。」他說著，不安地笑了一聲。

我要求他再多說明一下，他就告訴我，去年是「他人生中最糟的一年」。他的小生意失敗之後，他破產了。他太太也在最近失去工作，這不只讓他們的經濟困難雪上加霜，還導致他們三十年的婚姻出現摩擦。

生平第一次失業，理查發現自己迷失在和越南有關的回憶中。三十多年前，在他退伍之後，他讓自己完全投入企業家的職業生涯中，用創意滿點的構想創造出有利可圖的事業。由於離開越南之後的人生太繁忙了，讓他有辦法避免想起戰爭。他承認他把人生都耗在辦公室裡，微觀管理每個細枝末節，在當地業界以他火爆的長篇痛罵與強硬的談判策略而聞名。他也態度溫順地勇敢承認，自己曾有過狂飲威士忌，抽菸抽不停，還猛灌濃黑咖啡的年代。

他的人生因為他的事業告終而停擺。他每晚在冷汗中醒來，夢魘大肆破壞他的睡眠，就好像越南記憶的洪流還不足以將他淹沒似的。他的性慾驟降，而且他發現自己很難專心。他覺得他的身體好像被抽光了精力，但又敏感急躁，毫無理由就感覺「心驚肉跳」。這不是他第一次由於以為心臟病發而進來急診室，卻又因「只是焦慮」，而被放出院回家。他惡化的財務狀況迫使他把他的健康照護從私人醫師那裡，轉到一位退伍軍人醫院內科醫師手上。在這位內科醫師聽聞這些急診的狀況以後，她立刻把他轉介給一位精神科醫師。

這位精神科醫師診斷出理查有創傷後壓力症，建議他做團體治療，但在其他人分享他們的故事時，理查發現自己被焦慮撂倒了。「我本來是個領導者，總是告訴別人該做什麼，」他說：「我從來不必聽這麼多話，或者讓人家告訴我要做什麼。」他的治療師把理查轉介到我的診所來做藥物評估，而我也同意他的症狀嚴重到足以批准給藥。

值得感謝的是，在那年秋天被送進急診室以後，理查只需要短時間住院，好讓他的心臟恢復規律的節奏。醫療團隊替他做了更多檢驗，設法要弄清楚他的心臟為什麼會突然進入心房顫動狀態。然而除了嚴重的焦慮以外，找不到其他明顯的罪魁禍首。好幾個月以後，在理查的創傷後壓力症隨著使用帕羅西汀（paroxetine）跟安眠藥曲唑酮（trazodone）而穩定下來以後，他向我揭露，那年秋天送急診的時候，是他生平第一次體驗到，在越南的戰鬥經驗完整地在他眼前再現。隨後的好幾個小時，他覺得全身僵硬，就在那時候，心房顫動開始了。真正讓人心頭一涼的是，可能是因為理查沒有接受過創傷後壓力症的治療，導致他的心臟進入混亂狀態。[1]

♥ ♥ ♥

有好幾個堪稱里程碑的研究，都強調創傷後壓力症跟發展出心臟病風險之間有微妙的關係。[2]理查的創傷後壓力症遲遲沒有被控制，表示他身體的戰或逃反應一直都處於觸發狀態。一波波正腎上腺素湧入他的血管中，導致他的脈搏加速，血壓也一飛沖天。不正常的高濃度正腎上腺素，會改變血小板，這種碟形細胞是血塊成形過程中的關鍵因素。這些不正常變化，容易使動脈血塊產生，可能導致心臟病或中風。

創傷後壓力症導致的壓力荷爾蒙改變還使理查容易體重增加，或者發展出糖尿病，這兩者都更進一步提高了發展出心臟病的風險。最後，他的創傷後壓力症可能導致他身體免疫功能的改變，並且增加他血液中發炎性化學物質的濃度。這些物質的增加更刺激了心臟重要血管裡的斑塊增長，導致心臟病。雖然對於創傷後壓力症患者免疫系統功能的研究仍處於早期階段，但有許多創傷科學家相信，這是創傷後壓力症研究下一個關鍵性的分界。

加州大學舊金山分校的醫師，貝絲·柯恩（Beth Cohen）博士領導的研究團隊，挖掘了阿富汗與伊拉克戰爭中超過三十萬退伍軍人的大數據，企圖研究心臟病風險因子（抽菸、高血壓、高膽固醇、肥胖與糖尿病）與創傷後壓力症之間的相關性。[3]雖然醫學界先前已經意識到，針對老退伍軍人的研究指出了創傷後壓力症與心臟健康之間存在不健康的相關性，柯恩的研究卻是在較年輕的退伍軍人人口中檢驗這層關係的第一批研究之一。刊登在《美國醫學會雜誌》上的研究結果讓人震驚。對於這個研究中的男性來說，如果他們有創傷後壓力症，他們身為吸菸者、肥胖、有高血壓或者有高膽固醇的機率也會增加。研究參與者的平均年齡就只有三十一歲。

而在平民人口中也可以找到同樣的模式。哈佛與哥倫比亞大學在二〇一四年的聯合研究，分析了十六年來追蹤超過五萬名女性的資料，發現有創傷後壓力症的女性更容易變得過重或者肥胖。[4]後續研究發現創傷後壓力症症狀比較嚴重的女性，發展出糖尿病的風險幾乎加倍[5]，而且比沒有創傷後壓力症的女性更有可能心臟病發或者中風。[6]

這樣的研究對於闡明創傷後壓力症與心臟病之間的相關性很有幫助，卻沒有證明創傷後壓力症導致心臟病。但有個迷人的前瞻性雙胞胎研究克服了這種限制，二〇一三年發表在《美國心臟病學會雜誌》（*Journal of the American College of Cardiology*）上。[7]研究人員追蹤男性雙胞胎十三年（研究雙胞胎讓研究人員更能掌握基因與環境的影響），並且探究出現創傷後壓力症是否會增加他們得到冠狀動脈心臟病的風險。共有兩百八十一對雙胞胎被選出，其中每一對都有一個人有創傷後壓力症病史。研究人員想要找尋的資料包括參與者是否曾經心臟病發，因為心臟問題住院，或者需要做心導管檢查。他們發現，在有創傷後壓力症的雙胞胎身上，心臟病發生率超過兩倍。研究結果再經過進一步校準，以便解釋對心臟不健康的習慣（像是抽菸或者運動不足），還有其他與心臟健康相關的心理健康問題（像是憂鬱症）所造成的影響。藉著剔除其他對研究發現可能的解釋，他們找出了某個驚人的事實：創傷後壓力症看來是心臟病其中一項獨立的風險因子。[8]

隨著新生代科學家致力於推動創傷後壓力症概念重構，讓它超越了心理疾病範疇，而被看成一種影響人體每個細胞、器官與系統的疾病。[9]理解這種病如何影響身體的疾病與苦難是一種迫切的需求，我們在未來將更難視而不見。

俄羅斯輪盤：創傷壓力與成癮之間的危險羈絆

美國對止痛劑上癮所帶來的威脅，就跟恐怖主義一樣大。

——巴拉克．歐巴馬

我結束住院醫師實習後的第一份工作，是在一家有百年歷史的精神病院，這家醫院藏在密爾瓦基郊區中心一個森林般的環境裡。我的工作是對送進住院病房的病人提供二十四小時照護，在開始工作後不久，我就被指派為長假週末的待命醫師。

譚米入院過好幾次。她厚厚的病歷表說明了這個複雜的故事：輕鬱症、廣泛性焦慮症與躁鬱症。這些年來，她接受過團體治療、個人與伴侶治療，還有幾次的日間門診。她大量服用抗憂鬱劑、鎮定劑、精神安定劑跟安眠藥。在一份舊的出院病歷摘要裡，提到她是嚴重性虐待的倖存者，是個遭遇過父女亂倫的悲劇性案例。

當時的我正在巡房，一路巡過所有我需要探視的病人，卻哪裡都找不到譚米。我檢查了幾個有可能的地方——日間娛樂室、露臺區、電話亭跟廚房——但一無所獲。最後，我發現她在她個人的房間裡熟睡。我說我進門了，接著她身體震了一下，在枕頭底下含糊地說了一些聽不清楚的話。譚米才剛四十歲，是個皮膚蒼白，留著墨黑色鮑伯頭的大個子女人，穿著皺巴巴的紅色法蘭絨襯衫跟褪色藍牛仔褲。她醒過來一段短時間，不久就又飄回夢鄉了。

儘管譚米勇敢地嘗試跟我交流，她卻幾乎連眼睛都睜不開。這種嗜睡程度超過正常的小睡了，她處於用藥後的木僵（stupor）狀態。我堅持了幾分鐘，然後就放棄了，並在我的清單上做了個註記，準備巡房結束後再回來，我希望到時候她會比較清醒一點。在我起身要離開的時候，我跟一位護理師錯身而過，她正要進入譚米的房間，手裡拿著一個裝滿藥丸、膠囊跟藥片的塑膠杯。

我回到辦公室裡，回顧了譚米的病歷，搜尋她為什麼會用藥過度到這程度。我看到最近這兩年裡，她的家庭醫師開了奧施康定給她，這是一種類鴉片處方用止痛藥，化學性質類似海洛因。他用這種藥來治療譚米因為纖維肌痛症導致的慢性疼痛，這種症候群會有廣泛性的疲倦與肌肉、骨頭疼痛。我翻閱她的出院病歷摘要，裡面註記說她的奧施康定劑量隨著時間愈竄愈高。她現在的劑量遠超過海洛因上癮者一天可能用的分量了。類鴉片處方藥物可以讓一個人的呼吸心跳放慢，甚至讓用藥者永遠醒不過來。我感覺到自己的臉熱得發紅。在我的監看之下，譚米正在服用劑量高到令我緊張的止痛藥丸。

我對譚米的護理師提出我的憂慮，她聳聳肩。「我以前照顧過譚米，她看起來一直都是那樣。是憂鬱症，憂鬱症讓她沒有行動力。除此之外，如果她很痛，我們就必須幫她，我們不能不給她止痛藥。」

我把我的不安告訴病房的內科醫師，他負責巡查所有的住院病人。在我提出我對譚米可能對止痛藥上癮的看法時，他看起來不太自在。他不認為踩同僚一腳是專業人士該有的行為，他解釋道：「她的家庭醫師開這些處方一定有理由。我不認為干涉這件事情是我的工作，再說病患也沒有抱怨。」

受挫的我回到辦公室，看著譚米的病歷，然後清查了她平常看的精神科醫師開給她的其他藥物清單，圈出了二氮平、喹硫平（quetiapine）跟米氮平（mirtazapine），這些全都是有鎮靜副作用的藥物。我深吸一口氣，開始在我能進行的安全範圍內刪除或減少劑量。護理師對於我的醫囑不怎麼高興。很明顯地，她覺得我做的事超過了身為暫時代班的精神科醫師的職責。

第二天，稍微清醒一點的譚米下了床，坐在娛樂室裡。對於關乎她心情、焦慮程度與胃口的問題，她能提供簡短的答案，而且能聆聽我解釋我的憂慮，以及我為什麼要削減她某些精神科用藥。她對這些改變表達支持，但隨後補充道：「醫師，請別改變我的止痛藥物劑量。我非常努力地跟我的家庭醫師合作來控制疼痛。」

後來，我在護理站做了一些病歷紀錄，從這裡我可以清楚看到娛樂室。現在是探訪時間，我看著譚米的年幼女兒們，在父親陪同之下來探視。她的孩子們蹦蹦跳跳進來，喊著：「媽咪，媽咪。」小的那個爬上她膝頭，大的那個從背後環抱著她，親吻她的臉，還緊緊地擁抱她。譚米坐在那裡幾乎昏過去，幾乎無法體會她們毫無保留展現出來的愛意。

我抽出譚米的醫療紀錄，看到在我稍早跟她會談過後的幾分鐘之內，她就要求吃止痛藥物。在給藥之前，護理師要求譚米評估她的疼痛時，譚米評估是達到「九分」——錐心刺骨之痛。我感覺心裡一陣惱怒，因為幾分鐘前我跟譚米面談時，她**並沒有**九分程度的疼痛。我呼叫病房的內科醫師，為打斷他的晚餐向他致歉，然後分享了我的觀察，並且問他是否可以緩和地對譚米的止痛藥減量。他不情願地同意了，並且告訴我他會改變，並且在當天巡房時跟譚米討論這件事。

在我第二天晚上抵達病房的時候，譚米剛好從我身邊走向電話亭，我多看她了一眼。我注視著她，發覺她很機敏，衣服沒有縐褶，頭髮也很有型。她的動作不再拖拖拉拉，眼神也不再睡意昏沉。她坐著，語氣活躍地講電話，而在我們視線交會時，她用嘴巴無聲地說了句哈囉，有點猶豫地向我揮揮手。一會以後，我進入護理站，護理師向我打招呼。「珍恩醫師，我本來對於妳改變譚米的藥量很懷疑，但不管妳做了什麼，效果就跟魔法一樣！她現在完全變了個人。就好像我終於見到真正的譚米！」

♥
♥
♥

在一九八〇年代早期，美國醫學界對於疼痛的態度開始經歷一番巨變。更早以前的主流學術是，醫師若要開立有潛在上癮性的強效止痛藥物，應該要非常謹慎。毫無疑問，這番巨變助長了對患者體驗的忽視，也助長了一股大規模的補償性轉移，要求醫師要更有憐憫之心。直到那時為止，全國的醫學院學生都學過四大生命徵象：體溫、心律、呼吸速率跟血壓。而這時美國疼痛學會導入了「第五大生命徵象：疼痛」，這個詞彙暗示了沒有認真看待病患疼痛的醫師是怠忽職守。所以如果你的病患跟你說他們很痛，他們就是很痛，而對此做些處理是你身為醫師的責任。

思維上的轉變讓醫師現在開始大方地開立類鴉片止痛藥，尤其是針對與癌症無關的慢性疼痛。那正是譚米的例子裡發生的事。到了二十一世紀之交，像譚米的家庭醫師這樣為她的纖維肌痛症開立奧施康定，是完全可以被接受的做法。專對醫師的藥物行銷，又進一步對這種大方開立處方的做法火上加油。的確，一九九六年普度製藥公司把奧施康定引入市場的時候，做了很積極的行銷，銷售成果在四年內從四千八百萬美元增加到將近十一億元。[1]全國各地的健康照護專業人員，包括護理師、醫院內科醫師還有我，都被逼著隨波逐流：某種政治正確的思維要求我們承認病患有正當理由抱怨疼痛，專業壓力也要求我們不要質疑同僚怎麼開處方，然而還是有種讓人不安的感覺，告訴我們有某些事情不太對。

不幸的是，美國醫學界疼痛文化的變遷，在接下來數十年裡變成了一場公共衛生悲劇。奧施康定的容易取得，與這種藥的濫用、娛樂用途與上癮增加呈現正相關，到了二〇〇四年，它變成了美國主要被濫用的藥物之一。使得耗盡處方用藥的人轉而尋求街頭的海洛因。類鴉片藥物造成的死亡，不管是因為止痛藥還是海洛因，從二〇〇〇年到二〇一四年躍升了百分之三百七十二，光是二〇一四年就殺死兩萬八千個美國人。到了二〇一六年，歐巴馬總統敦促全國「承認今天在我們眼前死於類鴉片藥物過量的人，比車禍死者還多」。

安娜．蘭克（Anna Lembke）博士是史丹佛大學的精神科醫師，專長是成癮醫學。她告訴我，像是奧施康定這樣的處方止痛藥特別有成癮性，是因為每一劑藥物裡面含有的類鴉片稱量與效價。[2]每一顆奧施康定包含了四小時的疼痛緩解成分，藥物外面包著一層硬外殼，這層外殼本來應該逐漸溶解，在一天之中慢慢釋出止痛藥效。她說：「但大家發現，如果他們咀嚼奧施康定，把硬外殼咬破，他們就能夠一次嚐到一天份的藥效，如此得到像海洛因上癮者所說的那種典型快感。」

譚米的故事暗示著這個悲劇性的全國敘事中有個重要的隱藏情節：創傷壓力、慢性疼痛與類鴉片藥物上癮的危險羈絆。[3]在我第一次遇到譚米的多年以後，有件事情逐漸變得很明顯：譚米是慢性疼痛與創傷後壓力症**兩者**的顯著交集。[4]的確，在所有慢性疼痛患者之中，有百分之十五到三十五的患者也有創傷後壓力症。而關於纖維肌痛症，這裡的情節更複雜了，因為有個研究報告說，將近百分之六十的纖維肌痛症患者有程度顯著的創傷後壓力症症狀。[5]就像其他常見的例子一樣，譚米從來沒有因為她承受過的童年性虐待接受創傷後壓力症篩檢，更別說是得到治療了。現在統計數字顯示她的創傷史、纖維肌痛症跟後續的類鴉片藥物上癮，全都彼此環環相扣。

在全國的層級上，譚米的故事終究會反映在一個二〇一二年的大數據發現中，這個研究是由加州大學舊金山分校的醫師，凱倫・席爾（Karen Seal）博士所領導，在《美國醫學會雜誌》上發表。[6]這個研究追蹤了超過十四萬一千名被診斷出非癌症疼痛超過五年的阿富汗戰爭與伊拉克戰爭退伍軍人。這個群體中的創傷後壓力症盛行率是百分之三十二。在全國，有百分之十一的人曾被開立類鴉片處方止痛藥，不過對於有創傷後壓力症的退伍軍人來說，開立類鴉片止痛藥的百分比躍升到百分之十八，顯然高得許多。研究人員也發現，服用類鴉片處方藥物會導致像是跌倒、發生意外、服藥過量、捲入鬥毆或者企圖自殺之類的副作用，而這些負面影響在有創傷後壓力症的退伍軍人身上更為顯著。那是有史以來第一次，醫學界得以用鳥瞰的觀點，看出創傷壓力與處方止痛藥誤用之間的不祥連結。

這些連結確切的本質是什麼？在這些事情還有待徹底闡明的時候，觀察創傷後壓力症與上癮之間比較大範圍的關係，可以替我們擷取到更多線索。上癮被認為是「上癮－創傷後壓力症連結」這座冰山的一角，有些研究指出，超過百分之六十的上癮者也有創傷後壓力症。[7]不幸的是，就像譚米的例子一樣，上癮通常掩蓋了創傷後壓力症的症狀，導致診斷與治療上的延遲。心理衛生專業人士還沒有徹底搞清楚如何同時治療這座冰山的兩個部分，以至於狀況又變得更複雜了。

除了處方止痛藥，我也一直監督我的創傷後壓力症病人對於從酒精、街頭毒品、賭博到性愛、食物與尼古丁在內的任何物品，有沒有誤用、濫用或者逐漸上癮。[8]酒精跟藥物濫用，與創傷壓力之間存在雙向的關係。一方面，有創傷後壓力症會增加病患在創傷後發展出酒精或藥物問題的機率。另一方面，某些創傷後壓力症患者在發展出創傷後壓力症**以前**，就已經有藥物跟酒精問題了。有上癮問題本來就會增加一個人受創的機率。舉例來說，酒駕會增加讓你捲入嚴重交通意外的可能性，藥物上癮則可能讓你發現自己處於不安全的情境下，你可能會因此被性侵或者遭遇身體攻擊。

要看出易上癮傾向為何會跟創傷壓力攜手並進其實並不困難。當信任與信念受到動搖，尤其是在一個人承受過人為創傷之後，接踵而至的可能就是對他人普遍不信任。比起尋求專業人士照料創傷症狀（這需要患者對他人有信心），病人寧願選擇用各種物質和活動來麻木情緒痛苦、緩和焦慮或消除夢魘，藉此「自我藥療」（self-medicate）。[9]

然而長期而言，自我藥療的故事鮮少有美好結局。[10]這樣的沉溺通常會逐步加重，到達問題重重的程度。酒駕、失業、退休存款戶頭透支、婚姻崩壞，另外像是肥胖跟糖尿病這樣的身體健康問題，也會開始加重原有的創傷壓力問題，將之轉化成讓當事人更虛弱乏力的版本。綜合來說，這些問題似乎難以跨越，讓人更容易產生絕望感。的確，治療創傷後壓力症患者時，帶給我最大挫折感的問題之一，就是當上癮進駐到他們生活中的時候。

自我藥療也有副作用。人體通常會對酒精跟藥物發展出耐受性，因此需要更大劑量才能達到相同效果。藥物跟酒精削弱了睡眠的整體品質，加重了過度警覺、憤怒跟易受刺激，使從中得來的任何舒緩效果通常很短暫，而且長期來講，會損害一個人的生產力，還有完整享受人生的能力。

自我藥療的另一個問題是，這樣做直接助長了逃避循環，這是創傷後壓力症的核心症狀之一。藉著喝醉或者嗑藥嗑到嗨，患者逃避了侵入性記憶與夢魘，但這種逃避唯一的用處就是苟且拖延，而在患者清醒的時候，潛藏的創傷症狀仍舊荼毒著他們。所以雖然創傷後壓力症患者可能對於晚上來一點威士忌，多吃一顆止痛藥信心滿滿，因為這樣能做幫助他們睡得好些，或者把他們每天賭博的行為合理化，說成是他們面對深沉焦慮時理所當然的逃避手段。然而現實是，這樣的行為可能會助長他們的創傷後壓力症，長期來說還會讓病情更惡化。

最後一點是，在我的病人們用酒精跟藥物自我藥療的時候，也限制了我能提供給他們的治療方法。[11]要是我知道我的病人可能隨後會回家讓自己喝到爛醉，我就不願意在一節治療裡探問他們的創傷史了。對於那些使用酒精跟街頭藥物超過健康攝取量的病人，我總是告訴他們，我不放心開安眠藥或創傷後壓力症藥物給他們。沒有節制的癮頭會同時帶來衝動與糟糕的判斷力，這些元素再加上處方藥物，並不是很好的組合。我提醒他們，檢測處方藥物安全性的藥物測試，通常都會排除有物質濫用問題的研究受試者。

基於這些理由，我通常堅持要他們處理自己的上癮問題，不是自己來，就是做正式的上癮治療。雖然我真心希望能幫助他們，但把精神科處方藥物跟酒精或街頭藥物混合在一起的危險性太高了。就如同我告訴他們的話：「這就像是玩俄羅斯輪盤，我根本沒有辦法預測可能會發生什麼事，而結果可能是致命的。」

破碎的微笑：童年逆境的毒害

如果要用全村的力量才能扶養一個孩子，要虐待一個孩子也要用上全村的力量。

——米契爾．加拉貝迪恩（Mitchell Garabedian），
電影《驚爆焦點》（*Spotlight*）中的角色臺詞*

在我受訓成為精神科醫師的時候，我花了好幾個月在一個心理健康園區跟住院的孩童相處。這是個形狀不規則的一層樓園區，裡面包含危機急診服務中心、門診病人計畫，還有幾個給小孩、大人與老人患者的住院單位。在建造這裡的時候，曾經有過一陣政治風向，是要對最弱勢者的心理健康投資。當時社會有過一股慷慨的精神，大家接受這樣的努力很重要，

* 譯註：《驚爆焦點》（2015）是根據《波士頓環球報》團隊在2001至2002年間奮力揭發天主教神父性侵兒童醜聞的真實事件改編，米契爾．加拉貝迪恩是真有其人，是當時代表性侵受害者的律師。

也投注了納稅人的金錢來支持。

然而在最近二十年，郡經費遭到相當大幅的削減。從缺角的地磚，需要重新上漆的牆壁，以及老舊的一九八〇年代風格皮革家具中，便可以明顯看到經費削減的證據。表面之下的故事更令人心神不寧。跟那裡的醫師、護理師與社工談話時，我得知每年都有人要求他們以更少的資源做更多的事。這一切都威脅到他們設法提供給郡內病患的照護品質，這些人的需要卻只增不減。

艾薇是個七歲大的女孩，住院是因為她的行為逐漸變得危險。艾薇的母親在十五歲的時候懷了她，而艾薇從沒見過她父親。艾維的母親對快克古柯鹼上癮，她有用藥的時候，會長時間離家。有一次，艾薇的母親把她留在遊戲圍欄中，一放就是好幾小時。鄰居打電話叫了警察，抱怨他們聽到有個嬰兒哭個不停。警方發現艾薇穿著髒尿布，餓得大聲哭嚎。她母親被送去勒戒所，艾薇則被送去寄養，兒童保護服務變成她們生活中的常項。

艾薇在寄養家庭中度過的時光帶來高昂的代價，因為她被一個寄養家庭的手足性侵。最近兩年，她母親戒掉了藥癮，但她是個壞脾氣又毒舌的女人，不會錯過任何嚴厲斥責女兒的機會。她也幾度跟行為粗暴的人發展伴侶關係，艾薇頻繁地見證到因此產生的家庭紛擾。在學校裡，經常性的打架跟辱罵是艾薇的慣有行為，但在她帶刀到學校去威脅另一個學生的時候，學校的心理學家、艾薇的母親，還有她的兒童保護服務社工師，都堅持要艾薇住院去評估，並且調整開立給她的藥物。

我對於帶領兒童住院部門的主治兒童精神科醫師敬畏有加。這位盡心盡力的郡立醫院醫師，投入他整個職業生涯，去照料得不到完整服務，又沒有投保的兒童。他不知怎麼地找到了辦法，承受住削減的預算、郡內的政治，還有工作人員短缺的長期問題。在我還是兒童精神醫學的新手時，他建議我觀摩他跟艾薇的會談，以便稍微瞭解他的會談跟針對大人的常規精神科會談有何差別。

我跟著他走進午餐室，艾薇獨自坐在那裡，吃著用全麥餅乾跟蘋果醬做的零食。我注視著他跪坐下來，好讓自己的臉跟她在同一水平線上，然後低聲要求她允許他拉把椅子過來「聊聊」，還有，如果她覺得可以接受我，就讓我這個「醫師練習生」也坐進來聽。艾薇默默地點頭同意。主治醫師很和藹，不帶批判，而且他整個人的態度毫無急躁匆促之處。我目不轉睛地觀察著他的肢體語言跟姿態如何天衣無縫地轉換，好讓他在那年輕女孩面前看來全無威脅性。

他跟艾薇逐漸開始對話，就像是一位慈愛的家長在家庭晚餐桌上所做的。「妳喜歡奧利奧勝過全麥餅乾嗎？」「妳還喜歡金剛戰士嗎？」「妳今天過得怎麼樣？……我聽說最近學校裡狀況不太好。」就連他的用語都在變化，他開始用七歲小孩會有共鳴的用詞。我注視著艾薇的反抗心態逐漸消失，她牢牢套在身上的防禦盔甲開始打開了。在接下來三十分鐘的過程裡，我們聽到她喜歡的老師離開了學校，操場上持續的霸凌，還有她母親最近的這位男朋友，他很容易就對艾薇的母親拳打腳踢。

後來我坐在護理站裡迅速翻閱艾薇厚厚的醫療紀錄。每讀幾頁，我就會發現自己盯著艾薇，這時她坐在沙發上，腿縮起來收在身體下方，靜靜地看著公共生活區的電視。以她的年紀來說，她是小個子，而且矮矮胖胖的。她有棕色的大眼睛，頭髮用多種顏色的珠子編成辮子，每次她移動的時候就窸窣作響。電視上的某樣東西讓她露出微笑，一個大而美的微笑，而那卻讓我感受到一股壓倒性的深沉哀傷。

艾薇的病歷上寫滿種種診斷：創傷後壓力症、對立性反抗症（oppositional defiant disorder）、情感疾患（mood disorder）、還有注意力不足過動症（attention deficit/hyperactivity disorder）。然後是種種藥物：舍曲林、理思必妥（risperidone）、丙戊酸（valproic acid）、派醋甲酯（methylphenidate）跟可尼丁（clonidine）。以艾薇背景故事中的疏於照顧、性虐待，及經常接觸家暴，讓我立刻接受了她創傷後壓力症的診斷，甚至包括開立舍曲林來治療的做法。為了幫助她承受住她年輕的大腦經歷過的創傷經驗衝擊，艾薇需要所有醫療科學可能提供的幫助。然而，使我無法甘心接受的是，這個坐在我面前靜靜看電視的小孩，還有這麼多其他的診斷（以及隨之而來的強力精神科藥物）。我覺得艾薇的許多現有行為，要歸咎於她生活在充滿傷害的環境裡。她成長的那個有問題的「村莊」該怎麼說呢？我們能夠做什麼，去治療那樣的環境？

我知道艾薇長大的那個社區。那裡因為槍枝暴力而出名，常因為搶劫、謀殺或毒品掃蕩而上了地方新聞。有一次我意外地在錯誤的出口下了高速公路，到頭來為了找地方迴轉而開車穿越那個社區的街道：噴滿塗鴉的牆壁、垃圾滿地的街道、一群群在街角閒晃的年輕男子、無人陪伴的兒童在上學時間滿街走，用木板釘起窗戶的房子一間又一間。對於任何和艾薇在同一個郵遞區長大的小孩來說，要問的不是他們**會不會**碰上創傷事件，而是**什麼時候**碰上。

當然，艾薇居住的那個郵遞區只是她種種問題的起頭。她母親的藥癮引來法律問題，她曾經因為賣淫與持有毒品而坐牢。她跟艾薇的關係也令人不快[1]，她執著於把一切都怪到孩子頭上：「她需要吃藥矯正她的態度！」「她需要長大，她再也不是小寶寶了！」以前存在，本來可能幫助她母親的服務經費被刪減，意味著她更缺乏管道取得糧票、健康照護跟教育資源。

那麼艾薇的學校呢？我從沒去拜訪過，但從我能分辨的部分來看，那間學校被預算刪減與教育不同需求兒童的要求給壓垮了。那個社區裡的學校工作人員，到底有沒有注意到艾薇去精神病院住了一個月？他們有時間關心這個嗎？

而我的專業又如何呢？我們是如何幫助艾薇的？我們有個針對艾薇的個人談話治療，通常隨後還會對她服用的藥物做一些調整，但並沒有做太多別的。我看著好幾天、好幾週以來，主治醫師所做的英勇努力，以協調不同的機構：學校、她媽媽的保釋官，還有兒童保護服務——所有支離破碎的機構，各有自己要面對的限制、高度需求跟低度資源。在我看來，不管立意有多良善，幾乎不可能讓這些機構有效地結盟，站在一個有需求的孩子背後。

♥ ♥ ♥

除了家中的創傷暴露經驗以外，世界各地有數百萬名兒童還有其他的創傷經驗，像是住在戰區，或者經歷像是颶風、地震或火災這樣的天然災難。就跟成人的創傷暴露經驗與創傷後壓力症一樣，這些小孩之中只有少數會發展出全面性的創傷後壓力症，但重要的是，我們必須注意到孩童有獨特的脆弱。在二〇〇一年九一一世貿大樓攻擊後六個月，對紐約市公立學校超過八千名兒童做的調查顯示，創傷後壓力症比率幾乎有百分之十一，這個數字是研究人員預期的兩倍以上。[2]好幾項其他研究，包括以臺灣一場嚴重地震後倖存的兒童、澳洲一場重大森林火災後倖存的兒童，還有住在黎巴嫩戰區的兒童為對象，都重複了這樣的發現。

經歷大肆破壞他們所在社區的創傷事件後，兒童的創傷後壓力症盛行率一飛沖天。父母對創傷有何反應，還有（地理上）孩童距離事件中心有多近，對於決定結果扮演了關鍵性的角色。情緒上能夠提供支持，以及自身沒有受創的父母或照護者，會產生一種保護效果，降低兒童發展出創傷後壓力症的機率。[3]

兒童精神科醫師會告訴你，跟大人相比，在小孩身上看到的創傷後壓力症表現會有很重大的差異，而且隨著小孩的年齡不同，也會有差別。舉例來說，一個低於七歲的小孩可能不瞭解死亡是某種無法逆轉的事情，所以在她的生命受到威脅的狀況下，她可能不會像較大的孩子或者成人那樣害怕。而且，因為孩童傾向於自我中心——這是一種正常的發展趨力，讓他們得到來自照護者的必要關注，這樣他們才能生存——所以如果某件壞事發生了，他們會攬下過多責任，並覺得有罪惡感。這種罪惡感，對於一個小孩會不會發展出創傷後壓力症是一種有力的指標。[4]

兒童們也更有可能相信，有跡象或者惡兆可以預測創傷事件，為了努力對抗未來的創傷發生，他們會一直尋找這種惡兆。幼童比較不可能體驗到情境再現，但他們會參與創傷遊戲，在遊戲中他們會以行動表現出創傷經驗中的某些面向。然而這樣的創傷遊戲沒有治療功能，也不怎麼能夠減輕消耗著他們創傷後人生的焦慮。

維克多·卡利昂（Victor Carrion）博士，史丹佛大學的兒童精神科醫師與創傷後壓力症專家告訴我，有創傷後壓力症的兒童會體驗到侵入、逃避、情緒問題跟過度警覺等典型症狀，不過卻比在成人身上看到的更細微些：

小孩子可能會發現自己在思考或者說關於創傷的事，雖然當時他們並不想要這麼做。他們可能正在跟朋友打棒球，然而突然之間創傷影像打亂了他們享受遊戲。他們的認知能力可能不足以談論發生什麼事，也傾向於逃避創傷相關的觸發物。如果某種創傷性事件發生在下雨天，下次碰到下雨天小孩就可能覺得焦慮。我們也會看到情緒上的麻木。小孩子說，在某種壞事發生的時候，他們不再感到難過了。他們在好事發生的時候可能會覺得快樂，但並不像過去感覺到的那麼快樂。我們在小孩身上看到的另一種症狀是過度反應，就是這一點導致許多小孩會被誤診為注意力不足過動症，尤其是那些住在暴力環伺環境裡的小孩。[5]

跟成人患者相似的是，有創傷後壓力症的孩童具有被改變的神經生物學狀態。[6]用腦部造影技術跟簡單的記憶測驗，卡利昂跟他的團隊掃描了十六個創傷後壓力症孩童，還有另一組無創傷後壓力症控制組孩童的大腦。比起進行相同任務的控制組，有創傷後壓力症的孩子們在記憶測試的回憶部分犯下比較多錯誤[7]，而且顯示出的海馬迴活動比較少。在另一個不同的研究裡，團隊發現創傷後壓力症兒童的額葉也有異常之處[8]，這個部分的大腦功能在於幫助我們做決策、徹底思考問題，並且計畫我們的一天。很容易就能看得出來，罹患創傷後壓力症會對兒童在日常生活裡學習茁壯的能力投下陰影。

在二〇一六年，卡利昂的團隊對五十九位年輕人做了MRI腦部掃描，在他們之中有三十位——十四個女孩跟十六個男孩——有創傷症狀，樣本中的其他人則是控制組。[9]研究人員在控制組男孩女孩的腦部結構上，沒看出任何差別。然而在受創的男孩跟女孩身上，研究者在稱為腦島（insula）的腦區看到了差異。腦島偵測來自身體的線索，並且處理情緒跟同理心。腦島幫忙整合人的感受與行動，在大腦隨著年紀成熟的時候，典型狀況是腦島會變得比較小。然而，在有創傷症狀的女孩身上，這一區已經變得比較小了，暗示著創傷壓力會促進老化過程加速。這些發現強調了創傷在男孩與女孩身上不同的表現方式，還有治療或許能夠如何量身打造，以配合他們的特定需求。這類神經科學方面的進展，讓我們更清楚知道，創傷後壓力症如何可能在艾薇這種發育中兒童的大腦上，留下極具破壞性的印記。

在我到兒童精神科服務工作的前幾年，凱薩醫療集團健康維護組織（Kaiser Permanente Health Maintenance Organization）的文森．費利提（Vincent Felitti）醫師，還有疾病管制預防中心（Centers for Disease Control and Prevention）的羅伯特．安達（Robert Anda）醫師，開始探究童年逆境經驗（adverse childhood experience，簡稱ACE）及其對成人後的身體與心理健康有何長期影響。[10]

在一九九〇年代晚期，他們調查了一萬七千名中產階級的中年病患，並且要他們回想身為兒童的時候，是否經歷過身體、性跟情緒上的虐待或忽略，或者親眼見到一位家長被家暴。這些調查史無前例，因為不只問患者這樣的事件是否發生過，還往下挖掘更進一步的細節。「你有多常被打？」「你被打的程度多嚴重？」「你有多常不夠吃？」「你父母有多常喝太多或嗑藥嗑太嗨，而無法照顧家庭？」接著追蹤這些患者一段時間，以便評估他們年紀增長以後的健康狀況。

ACE研究（後來的通用簡稱）之所以這麼重要，是因為這個研究的規模、嚴謹度與深度。這個研究被證實是流行病學研究的里程碑，它滋生出大量的科學文獻，向大眾重新宣告，意識到童年逆境對於人類福祉的毀滅性衝擊。

跟許多人（健康照護專業人士也包括在內）以前假定的相反，研究參與者通常回報他們隱藏了童年逆境經驗，而且這些的經驗通常一起發生，這被稱為「多重受害」（poly-victimization）。舉例來說，他們會回報說自己不但小時候被忽略，還親眼見到一位照護者身陷酒癮，又看到一位家長被家暴。最重要的發現是，隨著逆境經驗的數量增加，成人出現負面健康後果的百分比也增高了。

ACE研究顯示，暴露於逆境下的孩童在嘗試應付相關的精神痛苦時，會採取有風險的行為，像是抽菸、濫用酒精或藥物、吃不健康的食物、生活型態懶散，或者性濫交。[11]這樣的高風險行為，與肺癌、肥胖、心臟病、糖尿病與HIV等疾病密切相關。這個研究也發現，體驗童年逆境與最後英年早逝之間是有關聯的。除了這些嚴峻的結果以外，童年逆境也會因為損害到教育成就與工作經歷，而導致「人生潛能」降低。[12]

研究人員最後做出結論：「童年逆境經驗是國家健康與社會福祉的主要決定因素。」[13]隨著中低收入國家逐漸承認家暴是個公共衛生問題[14]，這個議題也延伸到了美國之外。在這些國家裡，據估計有兩億五千萬年紀小於五歲的兒童，因為早期童年逆境，而面臨沒能發揮個人潛力的風險。[15]

如果現在已是成人的艾薇，登記成為ACE研究的其中一位參與者，我確定她會在每個關於童年逆境的選項上都勾選「是」。她會被歸類成體驗過多重受害的人，而她的ACE分數會高到足以讓她在許多健康問題上都有較高的風險。雖然我永遠不會知道艾薇發生了什麼事，但現在很清楚的是，大家長期堅守的觀念——兒童只因為身為兒童，所以很有韌性——根本就不是真的。童年反而是一段有其獨特脆弱性的時期，如果這時候暴露在極端逆境與創傷事件下，可能會帶來具備潛在毀滅性[16]的長期影響。[17]

我只能期望ACE研究宣告的是一個新的，而且永久的公共承諾，去正面迎擊兒童受虐與童年逆境的巨大問題。ACE資料證明了我們整體社會需要的是什麼，為此我們不但要把極其必要的財務資源奉獻給受到影響的兒童，還要對抗那個他們所生長的有害環境。

衰老：晚年生活的創傷壓力

我繞著圓圈運動，隨著我愈來愈接近終點，我也愈來愈接近起點……我的心現在被許多沉睡已久的回憶給觸動了。

——查爾斯．狄更斯（Charles Dickens），《雙城記》（*A Tale of Two Cities*）

艾絲黛兒在她結縭近五十年的丈夫朗尼旁邊忙東忙西的時候，我注意著她。照護者正忙著，這種情景我以前見識過數百次了。即使這些病患與照護者的姓名，還有每個故事的細節都是獨特的，但基本的敘事卻大同小異。兩人組的其中一位成員（通常是女性）養成了一種習慣，認為他人的需求比她自己更優先，她活著就是為了服務，我的病人之所以還活著，有一部分是因為她，但這個原因通常被低估了。

朗尼從退休後就一直在治療憂鬱症，在過去十年裡，他也發展出失智症。在最近的看診中，我發現很難跟他溝通。他一直很安靜，還更加被動。他掙扎著要訴諸語言，但他的回答辭不達意。這讓我更常跟艾絲黛兒溝通：他睡得怎麼樣？他吃得夠嗎？他會遊蕩嗎？他忘記事情的時候會變得激動嗎？艾絲黛兒總是隨身帶著一本筆記本，並跟我分享這幾週照顧病人時在筆記本裡累積的資料。

今天，當她推著朗尼進入我辦公室時，我可以看出她氣喘吁吁。在她調整朗尼的韓戰棒球帽，並且讓他喝一口瓶裝水的時候，我注意到在我們上次見面以後，她變胖了。

「珍恩醫師，過去這幾星期非常奇怪。我發現他盯著半空，一看就是好幾小時，當我問他在想什麼，他就不停地講著某件好幾年前發生的事。」

讓我驚訝的是，朗尼此時以我已經好一陣子沒見到的堅定程度插了話：「等一下，艾絲黛兒。讓我跟珍恩醫師說話。我必須告訴她我一直在想些什麼。」

朗尼舉起他瘦弱的右臂，同時用食指的動作向我示意，要我等他喝口水。我看見他裸露的手臂上龜裂的皮膚，鬆鬆地搭在骨頭上，還有些青斑點，因為在吃抗凝血劑的人很容易有瘀傷。朗尼現在用銳利的藍眼注視著我，逼使我跟他產生連結，這種連結本來已經從我們最近的會談中消失了。在接下來十五分鐘裡，他在一陣陣憤怒與恐懼的驅策下，以生動的語氣說話，彷彿他在描述的事件就發生在昨日。但朗尼是在揭露一個發生在超過半世紀前的事件，當時他住在美國南方腹地，甚至還沒遇到艾絲黛兒。「我已經五十年沒想到那一晚了，而現在我滿腦子只有那件事。」

他告訴我，在民權運動的動盪時期，他還是個年輕男子，在農場裡工作。在一個怡人的夏夜，他跟一群同事工作結束後直接去了當地的酒吧買醉。他們全都帶著自己的工具，當他們擠在吧檯旁邊，跟當地女孩調情，隨著收音機大聲播放的音樂起舞時，就把工具丟在一個角落。他們在酒吧關門後四散到街道上，這時，朗尼的一位同事跟一個沒有同伴的年輕非裔美國人打了起來。

「我想他是故意跟那傢伙起衝突的。他的個性一直有點狠毒。」朗尼在想起他的同事時厭惡地搖頭。在他回想接下來發生什麼事的時候，他的眼睛迅速地來回掃視。

「我們全都去把他從那人身上拉開。告訴他放過這件事，別找麻煩。然後我們繼續往反方向走，但他竟然往回跑，而在他的右手上……我看到他從他的工具袋裡拿出斧頭。我記得我當時心想**這傢伙瘋了**，然後……整個人僵住了。」

朗尼看著他的同事拿著一把斧頭，衝向那個年輕人，那個人看到斧頭，發出一聲刺耳的尖叫。他跪下來開始乞求，拜託朗尼的同事大發慈悲。

朗尼開始啜泣。艾絲黛兒安撫他，就像安撫幼童。在劇烈的抽泣中，他脫口說道：「他求他發發慈悲，為什麼他不能就這麼放過他呢？」

他的同事反而拿起斧頭高舉過頭，朝著那個黑人往外伸出的手臂猛然劈落。

「我不記得後來發生什麼事了，珍恩醫師。我絞盡腦汁，在我腦袋裡一次又一次重複回想那個晚上……我想我去幫他了，但我無法確定。他死了嗎？有人去求救了嗎？第二天，我們就在不同的城鎮了，我就只知道這麼多……然而我不知道那孩子出了什麼事。」

滿心憂慮的艾絲黛兒說：「他花了好幾小時就盯著半空。他一次又一次想著這件事，就好像困在五十年前。珍恩醫師，我正在失去他。我們可以做什麼來幫助他？」

♥ ♥ ♥

醫療科技、公共衛生政策，還有生活水準數十年來的進步，導致現在活到耄耋之年的成人數量增加了。隨著這個轉變，現在我們有機會見證創傷記憶如何能在晚年初次或再度浮現。[1]

乍看之下，創傷後壓力症比率在年紀較大的成人身上似乎較低，但研究人員很謹慎地避免只從表面來理解這樣的統計數字。

瓊恩・庫克（Joan Cook）博士是耶魯大學的心理學家，而她的許多研究聚焦於較年長人口的創傷壓力。她告訴我：

> 我認為九一一恐怖攻擊、伊拉克與阿富汗戰爭，還有卡崔娜颶風等事件，有助於激起全國對於創傷的意識。不過我仍然會碰到年紀較大的成人，對於創傷經驗的潛在

影響缺乏理解，或者並沒有精確地把這些事件歸類為「創傷性的」。此外，有些認知、感官與功能上的缺損，也可能會影響創傷相關症狀的經驗、衝擊或描述。[2]

最近研究上的進步——用純熟的方法論來明確針對年長人口——強調出某些值得關注的區域。創傷後壓力症亞症候群（在這種狀況下，病人並不完全符合診斷的判準，但仍然承受痛苦）確實看來在年長成人身上很常見。而且，在他們面對身體健康狀態下滑，日常生活變得更仰賴他人的時候，年長成人變得更容易暴露於新的創傷之下，例如老人虐待。

對於有創傷史的年長成人，另一個值得擔憂的是退休現象。在我開始成為國家創傷後壓力症中心研究員之後不久，一位社工同事就跟我分享了她在職數十年來觀察到的事情：「有這麼多退伍軍人當年去作戰，回家，然後過著看起來沒什麼問題的日常生活，但等他們退休『轟！』創傷後壓力症就席捲而來，突然變成最重大的問題。」

更大範圍的的醫療文獻裡也曾經確認過退休現象。隨著年齡增長而來的生命大風暴，可以把先前控制良好（或者隱藏得當）的創傷壓力症狀推到第一線。像是退休、健康下滑，還有心愛之人死去這樣的事件，對於一個人應付創傷壓力的韌性全都是重大打擊。這樣的事件讓保護牆崩塌下來，揭露了創傷後壓力症。許多先前用來應付創傷後壓力症的策略，也無法再用了。

雅埃爾・丹尼耶利（Yael Danieli）博士是心理學家兼猶太大屠殺倖存者及子女團體計畫的主持人。她研究猶太大屠殺倖存者，並且對於從那種暴行中倖存的長期影響，做出重要的觀察。[3]許多倖存者只要持續工作，似乎就能平靜自處。「我必須讓自己保持忙碌，這樣我就不會去想。」一位倖存者說。但隨著他們年紀愈來愈大，丹尼耶利發現，創傷症狀重新浮現，而且程度加重了。她描述了在年老的大腦萎縮，倖存者還同時面對其他損失的時候，創傷如何重新恢復它的支配力。孩子離家、配偶與朋友的死亡，被當成重新經歷創傷，程度就像是戰爭期間承受的損失。

在過去十年裡，另一個從大數據研究中浮現的故事顯示，創傷後壓力症患者在年紀較大了以後，發展出失智症的機率幾乎是一般人的兩倍。[4]失智症不只能夠引出或者加劇潛藏的創傷後壓力症症狀，創傷後壓力症也可能是人生晚期發展出失智症的風險因子。

庫克告訴我，她發現這個資料很吸引人，但她強調對於創傷後壓力症與失智症之間的關係，還有許多我們不知道的地方。然而她覺得極其確定的是，比起沒有創傷後壓力症的年長成人，有創傷後壓力症的年長成人在某些記憶測驗中的表現確實較差，尤其是在處理速度、學習、記憶跟執行功能等方面。[5]

延遲發作型壓力症候群（late-onset stress symptomatology，簡稱LOSS）是一種像是創傷後壓力症表親的症候群。[6]有LOSS的年長者在整個人生中都沒有顯示出和創傷相關的症候群，但在突然之間，他或她就變得滿心都是過去某個重要創傷的相關記憶。最近的研究暗示著LOSS可能是一種心理機制，年長成人透過這種機制直接面對創傷記憶，要從中找出其生命意義，並且將創傷與他們的人生連結。[7]的確，如果這番努力成功，他們可能就會體驗到正面的個人成長，與創傷記憶相關的痛苦也會得到解決。從某方面來說，LOSS就像是照看未竟之事，趁著為時已晚之前做出彌補、撥亂反正的機會。雖然LOSS沒有創傷後壓力症這麼嚴重，但對於體驗到這種症候群的人來說，還是造成許多痛苦。

朗尼的苦境就是這樣。他飽受失智之苦的大腦，再也無法壓抑深植在神經迴路中的狂暴記憶。他想要設法處理那個夏天夜晚的殘暴事件，是完全可以理解的。起初，我把他的LOSS看成一個機會，讓他可以在失智症擊潰他所有記憶以前，做些重要的治療工作，在接下來幾週裡，我們也的確這麼做。朗尼跟我回到那天晚上，重新回想細節，問出重要的問題，並且探索他的情緒。在此同時，艾絲黛兒身為一個有耐心的觀察者，就坐在他旁邊。

治療要求朗尼掌握基本事實，重新思考當時情況，考慮各種不同結果，並且把他的認知連結到他的情緒。但他的失智症在破壞所有這些努力。艾絲黛兒告訴我，他似乎正在變糟，而且一再地重溫那個帶來創傷的夜晚。他幾乎不吃東西，拒絕做任何運動或者晚上去散步，而白天不是盯著半空，就是睡覺。艾絲黛兒告訴我，他晚上會做噩夢，她會知道是因為她可以聽到朗尼在夢中哭喊。我看得出來，她已經無計可施了。

「珍恩醫師，我也睡不好。他不做運動，所以我也不運動。我的醫師告訴我要減下二十磅，我的膽固醇指數失控了，而且我處於糖尿病前期。如果我出了什麼事，誰會照料朗尼？妳有什麼能給他嗎？讓他冷靜下來的藥丸？」

在我考慮著艾絲黛兒的要求時，我感覺胸口湧起一陣焦慮。把朗尼的記憶用藥物洗掉，能帶來什麼好處？他必須跟過去和解，我也不想奪走他的這個機會。然而他失智的大腦，使他可能不再有那樣的心理靈活性來完成治療了。朗尼已經吃下有助於他創傷壓力症候群藥物的最大劑量。我必須考慮別的做法。溫和的鎮定劑？給一個八旬老人開藥，並不是能夠輕鬆看待的事情。我遵循「少量開始，緩緩增加」的箴言，因為老人比較沒有能力把藥物從他們體內排出，也比較容易發展出副作用。

到最後我信任我對艾絲黛兒的直覺。如果有種辦法讓她可以不靠藥物幫助朗尼，她就會去做。況且朗尼的症狀也在衝擊她的生活品質。如果她出事了，朗尼**會怎麼樣**呢？於是我心軟了，開了些低劑量的喹硫平給朗尼，並且安排密集的後續追蹤。在他們準備離開的時候，我敦促艾絲黛兒要準時為自己的健康去看醫師，並且利用他們一週三次的居家協助服務來呼吸一些新鮮空氣，並且做運動。

「別擔心我，珍恩醫師，」她這麼說，對我的擔憂一笑置之。「只要我的朗尼很好，我就會很好。」

第四部　生活品質

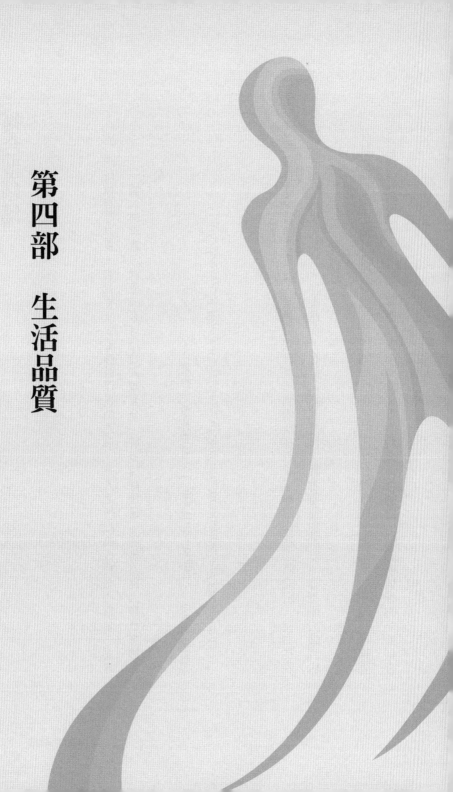

複合型創傷

這種自尊自重、自我肯定、靈魂最深處的武裝，是人之所以為人的核心價值，剝奪一個人的尊嚴，就等於否定他的人類身分，將他隔離放逐，降格為比人類低劣的存在。

——蘿拉·希林布蘭（Laura Hillenbrand），《永不屈服》（*Unbroken: A World War II Story of Survival, Resilience, and Redemption*）＊

我身為住院醫師的責任，讓我每週會有一到兩次在急診室裡值十四小時的班。待命從晚上六點開始，結束於第二天早上八點。在值班結束以後，我會離開急診室，直接回去做我白天的工作。

有天晚上像這樣待命的時候，我感覺特別可憐自己。在診所裡度過繁忙的一天，意味著我沒有機會在去急診室之前去買個晚餐。又餓又累的我沒什麼選擇，只能嚼著多力多滋跟奇寶巧克力豆餅乾，這些是匆匆忙忙從醫院破爛的自動販賣機買來的。當我在等待電梯帶我到急診室時，我幻想著另一種職涯選擇，在那種狀況下，我或許可以沉浸於人生比較精緻的事物中，那份工作會讓我可以中途上廁所休息，有正常文明的三餐，還能好好思考一件事。

一會以後，我到了熙來攘往的候診室，工作人員臉上緊繃的表情傳達的訊號是，我們正處於值班時痛苦的繁忙高峰。我直接上工，抓起下一位病人的病歷表。

夏倫，一個二十來歲接近三十歲的年輕女子，打了電話報警威脅要自殺。警方緊急留置她，並且把她帶來醫院做評估，這是數個月來的第五次。她先前入院的狀況，已經形成一個熟悉的節奏：在她跟同居男友爭吵以後，她會打電話報警，說想自殺，所以警方就會安排緊急留置她，然後帶她去急診室。在一兩小時內她會跟男友和解，撤回她的宣言，然後說服醫師讓她走。她承諾會去心理衛生診所做後續追蹤，但接著就會錯過約診時間。

當深入看她的病歷，就揭露出了一段青少年雛妓史。夏倫也是HIV陽性患者，而今天她的毒品尿液檢驗結果顯示有古柯鹼。[1]我往外走到候診室跟她碰面，但當我想起她先前的五趟急救之旅時，頓時讓我感到很棘手，而且我覺得今天應該要做更多處理。

我喊她名字的時候沒人回應，這時護理師告訴我她在講電話。夏倫骨瘦如柴，一頭鼠棕

＊譯註：中譯本p. 212，閻紀宇譯，時報文化（2015）。

色的頭髮，帶著一種青少年的情態，很親密地對著話筒說話。在我終於引起她注意的時候，她蹦蹦跳跳地到了會談小間，宣布道：「嗨，醫師。這是個很大的錯誤。我先前跟我男朋友吵架了。妳知道那是怎麼回事……我那時很生氣，就這樣。不過現在一切都很好。他要我現在回家。我可以離開這裡了嗎？」

她的聲音很刺耳，而在她說話時，我注意到她蒼白的手臂上有劃痕和幾處的瘀傷，傷處各處於不同的痊癒階段。她看起來筋疲力竭，而她漂亮的榛子色眼睛顯得很嚴厲，讓她顯得比實際年齡更老。我納悶地想，為什麼她要奪去對話的主控權，而且把時程訂得這麼緊湊。她在隱藏什麼？

我向她介紹我自己，然後重新設定整件事情會如何進行的架構。首先我會需要某些問題的答案。

夏倫很快就給我一個甜絲絲的微笑。「妳需要的一切都在病歷表上了，我以前來過這裡。」

我也回以微笑。「我知道。但我想聽妳直接說妳的故事。這樣我才能真正瞭解妳是誰，還有發生了什麼事。然後我就可以想出一個計畫，知道怎麼樣幫你最好。可以嗎？」

我看見夏倫的肢體語言放鬆下來。她變得靦腆，幾乎像個小孩，然後跟我講起她的童年。她被她繼父性虐待，而在她告訴母親的時候，母親告訴當時十二歲的夏倫，是她先前做過的事「引導他這麼做的」。到了十四歲，夏倫逃家了，以海洛因成癮的妓女身分過活。在她二十出頭，去了一間家庭計畫診所墮胎以後，她發現自己是ＨＩＶ陽性。她回溯賣淫的那些年，然後告訴我她已經想不起來有多少次被突襲或者痛打了。她現在的男朋友是她碰過最美好的事。當然，他們的日子有些起起伏伏，不過他們彼此相愛。

「夏倫，妳有在吃妳的ＨＩＶ藥物嗎？」我很擔心她沒有把那一堆抗病毒藥物視為她的第一優先事項。

夏倫的臉上閃動著憤怒。她兩手輕浮地一揮，翻了個白眼。「醫師，有那麼多藥。很難記得吃全部的藥……而且我會有副作用。」

「好。我注意到妳的尿液裡有古柯鹼……妳多常使用古柯鹼？」

這個問題引來一陣沉默。夏倫打了個大大的哈欠，把她頭靠在會談桌上，轉身避開我，她的眼睛直望著會談小間的側面牆壁。我靜靜地坐了幾秒鐘，很納悶接下來要往哪進行。

「夏倫，我很擔心妳的生活有多混亂。我想底層的心理健康問題是影響因素之一。我看到妳現在沒有接受治療。我建議我們繼續留置妳，讓妳住院，讓我們可以在這裡二十四小時觀察妳。一等到古柯鹼排出妳的身體，我們就可以看看妳的睡眠跟飲食狀況，然後監看妳的情緒狀態。如果妳的情緒狀態有問題，我們可以治療這個，讓妳去做諮商還有戒毒匿名會談。我們也可以讓妳恢復服用ＨＩＶ藥物，並且讓妳跟診所再接上線。」

我的長篇大論被她沉默地接收了。然後，在一瞬間，夏倫彈起來轉向我。我身體一縮，本能地退出她伸手可及的範圍。就在我眼前，她完全變了一個人。她的眼神燃燒著，閃耀著怒火，她吼道：「妳他媽的以為妳是誰？妳是實習醫師嗎？我要見另一個醫師，一個**真的**醫師！」

夏倫轉向候診室，開始建議其他等著看診的病人：「別來看她！她會把你鎖起來，然後把鑰匙扔掉！」

然後她對著護理站那裡大吼：「**護理師，現在我要求看真正的醫師！我有權利尋求第二個意見！**」

這個騷動引來保全人員與護理師的注意。為了逐步降低情況的嚴重程度，他們靠近夏倫，鼓勵她冷靜下來，同時跟我交換尷尬的眼神。一位資深精神科醫師從醫師辦公室裡出現。他比著手勢要我離開，並且告訴我他會從這裡開始接手控制局面。我撤退到醫師辦公室，癱坐在一張椅子裡。我筋疲力竭，眼睛刺痛，腳踝浮腫。我深吸了幾口氣，設法要降低激烈爭執帶來的惱怒。

♥ ♥ ♥

茱蒂絲．赫曼論證過，在那些長期反覆受到創傷的倖存者身上，其實看不見完整的創傷後壓力症症狀。對於那些承受多年親密關係暴力（intimate partner violence，簡稱IPV）*，在內城區的暴力中長大，曾經身為戰俘，或者熬過悲慘童年虐待的人，赫曼提供了**複合型創傷後壓力症**這個詞彙給醫學界使用。[2]就像她在《從創傷到復原》裡解釋過的：「長期受虐的倖存者會發展出獨特的性格變化，包括變形的情感關係與自我認同。」**

赫曼的診斷更能夠解釋像夏倫這種病患的行為，他們過著長期慢性受創的生活。相對於單一創傷的倖存者，對這種患者來說，並沒有一個清楚的「創傷前與創傷後」敘事，可以整合到他們的人生故事中。記得美好的創傷前人生，就算只是暫時性的，都可以在患者辛苦的時期發揮強大的船錨效應。這種記憶的功能就像希望燈塔，人可以把它當成目標，一旦現在的風暴過去了，就會回到那個地方。相形之下，我有些病患花了好幾年，甚至數十年待在造成創傷的情境裡，他們到處漂流，卻沒有這樣的船錨。創傷前與創傷後中間的邊界（如果真的存在的話）變得模糊褪色，到頭來完全消失。

在某些時候，他們沒剩下多少選擇，只能開始扭曲地適應他們糟糕透頂的環境。這種適

**譯註：中譯本p. 206。

* 原註：親密關係暴力（IPV）先前被稱為家暴（domestic violence）。使用親密關係一詞，反映出的事實是暴力可能由丈夫、前夫、男友或前男友造成。女性也可能是施虐者，不過統計數字顯示她們比較可能成為受害者，忍受著最嚴重暴力的重擊，也是IPV相關謀殺案中最大多數的受害者。

應要付出很大的代價，因為這要求他們防堵思緒，扼殺感受，解體他們的自我感，並且改變他們跟他人的互動方式。他們過著被無助、羞恥、罪惡感與絕望之雲籠罩的生活。為了活著熬過他們日常的羞辱，否認、情緒麻木與解離變成了強大（而不完美）的方法。他們過著情緒走向極端的生活，要不是被動地扼殺他們的情緒，就是爆發成一陣陣怒火。

對於類似夏倫這樣有過童年嚴重受虐史的病患，赫曼寫道：

> 在高壓控制環境裡形成的性格，使他們無法適應成年後的生活。倖存者在基本信任感、自主性和主動性等方面的能力，都有根本問題。一般人到成年期早期就得建立獨立性和親密感，但被虐者受損的自我保護機轉、知識和記憶、自我認同及建立穩定情感關係的能力，都會成為她的負擔。*

複合型創傷跟性格透過這種方式糾纏在一起，把性格一塊塊鑿落，又暗中讓它變形，直到它變成某種令人困惑的東西。

嚴重受創者的生活中，通常充滿了種種即將再度造成創傷的情境。在被掌摑，踹下樓梯以後，一位被毆妻子打電話報警，警方把她暴力的丈夫拉出去，結果她卻撤銷控訴，讓他回到家裡。一位童年被性虐待過的大學生在網路上分享自己暴露的照片，收到了陌生人傳來的性邀約。一位難民在被囚禁折磨多年以後，在新生活裡安頓下來，卻折磨他幼小的孩子，讓他們成為自己家裡的囚犯。乍看之下，這樣的情境似乎很違反直覺：如果有個男人打妳，妳當然會逃得遠遠地，永遠不回頭。如果妳小時候被虐待過，為什麼還會勾引完全的陌生人對妳產生「性」趣？或者，如果你對於被折磨的感受有切身經驗，為什麼會把這種惡劣至極的痛苦加諸於另一個靈魂之上呢？

複合型創傷後壓力症必有一種容易重複體驗傷害的易感性——包括自己造成和別人造成的傷害。赫曼描述了這種重演現象[3]，而這解釋了嚴重創傷的倖存者如何內建一套機制，讓自己暴露在讓人聯想到原始創傷的情境下（有時候還是重複暴露）。在某種層面上來說，他們開始把忽視暴力跟虐待當成一種生活方式。這樣的重演可能以多種方式表現。倖存者可能有自傷行為，像是以刀割或濫用酒精藥物的方式殘害身體。或者，他們可能認同原本的攻擊者，變成讓別人受創的加害者，藉此重演創傷情境。

或許要闡明這種重演現象，最能服人的證據來自兒童性虐待文獻。[4]曾經遭受兒童性虐待，是未來再度成為性侵害受害者的潛在風險因子。研究發現，這些倖存者成年後再經歷性侵的可能性，是沒有被性侵歷史者的十一倍。除了重複被害以外，研究也證明了兒童性虐待

* 譯註：《從創傷到復原》中譯本p. 193。

倖存者更有可能在長大後參與高風險性行為（例如無保護措施的性愛，還有性雜交或賣淫），進一步讓這個受害與重演的循環永遠繼續下去。

許多因素都讓這個循環變本加厲。舉例來說，如果倖存者來自不足以處理其困境的失能家庭，或沒有管道取得能讓她更有能力的財務或教育資源，或者如果處於一個會責怪受害者的文化，就很難打斷受害與重演的循環。而且，雖然研究顯示幾乎所有娼妓在從娼**以前**都有被性騷擾、性侵或身體虐待的歷史，反過來卻**不**成立：不是所有兒童性虐待倖存者都會進入受害循環。

複合型創傷後壓力症患者通常會以不明確的症狀來找醫師抱怨——難以解決的失眠，無法緩和的各式疼痛，或者難以對付的沮喪症狀——所以在他們的創傷與現今處境之間的連結，並不是清楚可辨識的。這樣的病患通常在尋求一位拯救者，但同時也很多疑，對任何處於權威地位的人尤其如此。在治療中，他們通常採取被動的姿態，卻會摧毀任何幫助他們的努力。他們無法控制情緒，這意味著他們比較容易開始強烈抨擊他人，這導致設法幫助他們的人會刺耳地譴責他們，質疑他們的道德品質，而且在他們的病歷表累積種種辱罵似的說法：「愛操縱人」、「裝腔作勢」或者「自以為有特權的行為」。

對我來說，這就是複合式創傷後壓力症這個概念有價值的地方，因為這幫助我理解我自己在同情方面的失誤，還有醫師在照顧夏倫這種病患時可能遭遇到的激烈反應。在有複合型創傷後壓力症的人身上，我們通常見證到的是一個被迫天天力求生存的人——毫不誇大，就是如此——而且在那過程中，這個人的核心人格變成了最大的受害者。

親密暴力：一種祕密流行病

如果一個女人無法安全待在自己家裡[1]，那麼她在任何地方都無法期待有安全感了。

——艾莎．塔莉安（Aysha Taryam）

吉塔坐在我辦公室的椅子上，緊張兮兮地一會瞥著襯托她纖細手腕的腕錶，一會又輕輕摸著她的二十二K金印度結婚項鍊，如此交替反覆。她說話時聲音很小，而且雖然她使用英語的能力很優異，她的印度口音卻洩露出她最近才移民到美國。她非常漂亮，身材纖細，二十五歲左右，但以她穿著的便裝——緊身褪色藍牛仔褲跟寬鬆的深藍綠色庫緹上衣——很容易把她看成青少女。她擺出甜美可親的態度，但有些舉止顯得很勉強，就好像她很努力要投射出一種正向的氛圍。

「所以，吉塔，妳的內科醫師把妳轉介給我。她擔心妳可能很沮喪？」

吉塔清了一下她的喉嚨，然後以一種幾乎像耳語的聲音說道：「珍恩醫師，我有很多家庭問題。」

她告訴我，她在北印度的一個小鎮上出生長大。她被安排嫁給一位叫做阿卡什的工程師，他也出生在同一個小鎮上，但現在在威斯康辛工作。她第一次跟他見面是在三年前，他某次回印度的時候。他跟他父母一起來到她童年的家，就在那裡，她第一次見到他。阿卡什長得很帥，皮膚白而且有淡褐色的眼睛，吉塔立刻被他吸引。後來，他們又見過兩次面，一次在當地的餐廳裡，另一次在他父母家，而他們兩次見面時，身邊都有一群吵吵鬧鬧的家族監護人在旁作伴。阿卡什似乎很害羞，不過她不介意這點，因為她也是個含蓄的人，而且他們有共同的興趣：熱愛寶萊塢電影、古典音樂、素描野生動物，也喜歡蘇非派詩歌。

在她父母問她是否同意結婚的時候，她說好，為何不呢？阿卡什是個有良好家世，受過良好教育的工程師，而且住在美國。她的人生將會是場多麼棒的冒險！自從五年前她的表親搬到德州去以後，她就很想赴美一遊。在他們正式訂婚後的那一年，吉塔跟阿卡什等著新德里的美國大使館處理她的簽證文件。他們定期透過Skype通話，而且在通話中她變得愈來愈喜歡他，開始幻想在國外生活的前景，還有在威斯康辛冬天第一次看到雪會是什麼樣。兩年前他們在印度結婚，不久之後她就靠依親簽證抵達威斯康辛，跟阿卡什一起住在他只有一間臥房的公寓裡。

吉塔用一種超現實的疏離口氣講她的故事，就好像她在講另一個曾經認識卻失聯了的女孩。她變得沉默，看起來像是迷失在另一個世界裡。為了鼓勵她繼續說話，我插了一句自己的故事：「吉塔，搬到一個新的國家重新開始，跟親友相隔千山萬水並不容易。我從英格蘭搬到威斯康辛的時候也做了一樣的事。我想威斯康辛一定跟印度很不一樣……」

吉塔開始痛哭。「我知道會很艱難。我只是不知道會這麼有挑戰。」

她告訴我，在週末阿卡什會猛喝酒，然後指控她趁週間他在辦公室裡的時候搞外遇。「我是要在什麼時候去搞外遇？」她這麼問我，眼神沉痛。

她跟我說，她根本碰不到錢，沒有公寓的鑰匙，也沒有手機。阿卡什每隔三十分鐘就從辦公室打到他們公寓的室內電話上，檢查她在不在那裡，在她說完哈囉以後，他就掛電話。她告訴我他怎麼樣開車載著她到每個地方，去雜貨店購物，做頭髮，買衣服，她永遠無法獨自去任何地方。在她每週打電話給她父母的時候，他會在角落徘徊著監督她，同時她在對話裡從頭到尾撒謊：「對，媽，我很快樂……對，媽，我安定下來了。」

她住在威斯康辛的兩年裡，阿卡什幾乎毀了她建立的每一段友誼。她有一個朋友，是一位鄰居，也是一位來自印度的年輕新娘，阿卡什很不情願地容許她今天載吉塔來看診。吉塔告訴我她如何費盡心機才能來看診，她要怎麼撒謊，跟他說她因為某種緊急的「女人問題」要看婦科醫師，還有她計畫怎麼樣隱瞞那些將會寄給阿卡什的健保文件。

「如果我告訴他實話，他永遠不會讓我來，」她說：「珍恩醫師，我覺得被牢牢困住。在印度，我有過非常無憂無慮的生活。我父母可能收入普通，但我是在充滿愛的家庭裡長大的。我不知道該怎麼辦！」

「吉塔，他有傷害妳的身體嗎？」我問道，對於這個問題的答案，我想我已經猜到一半。

她看起來很淒涼。「珍恩醫師，妳不能告訴任何人。我告訴妳的這件事是完全保密的。沒有別人知道。」

她告訴我，阿卡什經常打她，摑她巴掌，還用拳頭揍她。她捲起袖子來，露出手臂上的傷疤，那是他把她推向碎玻璃時留下的割傷。她那時才剛擺出晚餐，而他的回應是跟她說她是個糟糕的廚子。他把晚餐盤跟玻璃器皿摔到地上，把食物吐在她臉上，然後將她推倒在地。吉塔告訴我，他迎面而來一陣陣辱罵讓她頭暈目眩：「妳醜死了！」「妳這笨蛋！」「妳的家族很垃圾，妳的血統爛透了！」

吉塔很沮喪，睡得很糟，會在噩夢中夢見阿卡什的怒火爆發。她掉了太多體重，甚至停經，她覺得生命中的喜悅彷彿被抽乾了。她的白晝都消耗在恐懼感裡，在接近他下班回家的時候，她經常會手抖發麻，心跳加快，而且冷汗浸透全身。

我告訴吉塔，她不能忍受阿卡什的暴力，下次要是她覺得受到威脅，或者他攻擊她的時候，應該打電話報警。我給她一連串家暴庇護所，還有其他能幫助她的組織清單。讓我震驚的是，她不要那張清單。

「不，珍恩醫師，妳不瞭解。」她看起來氣急敗壞。「如果我打電話給警察，他會去坐牢。他會失去他的工作和簽證，必須很丟臉地回印度去。妳知道有多少人仰賴阿卡什的收入嗎？這筆錢付了他弟弟的大學學費、他妹妹的嫁妝，還有他父母的醫療帳單。哪個老婆會把這種不幸帶給她丈夫？我這麼做會讓他全家人受苦，也會讓我自己的父母蒙羞。不，我永遠不可能向警察告發他。」

這時，吉塔揭露了她今天來看診背後的真正意圖：「珍恩醫師，告訴我，我能怎麼讓阿卡什愛我？我能怎麼樣讓我們的婚姻美滿？」

♥ ♥ ♥

對全世界數億女性來說，強暴、毆打與其他形式的暴力，是她們日常生活的一部分。在美國，親密關係暴力（IPV）是一種公共衛生威脅。根據疾管局，將近每四名女性就有一人在有生之年成為親密關係嚴重肢體暴力的受害者。[2]儘管有這些讓人心生警覺的統計數字，直到二十一世紀之交為止，IPV大抵上還是一種祕密流行病。在二〇〇二年，伊蓮・艾伯特（Elaine Alpert），一位醫師，也是得到舉世敬重的家暴與性侵研究學者，在《一般內科醫學雜誌》（*Journal of General Internal Medicine*）的一篇社論裡寫道：

> 在人類歷史的進程中，實際上沒有其他公共衛生問題像故意傷害這麼普遍，且對人的健康與福祉造成這麼大的挑戰。在與暴力相關的人類病態和死亡之中，家暴仍舊是第一位，只略遜於戰爭一籌……。雖然在範圍上算是普及全國，但直到最近為止，家暴仍然保持祕密而未經定義。有一部分是因為在歷史上來說，並沒有共通的語言可以為這個問題命名，描述它的範圍，蒐集證據，或者採取介入或預防。[3]

IPV會導致各式各樣的症狀，從慢性疼痛、違反意願的懷孕、性病（包括HIV）到精神上的結果，像是憂鬱症、物質濫用跟自殺都包括在內。創傷後壓力症*是一種IPV的常見後果，有些研究顯示比率高達百分之六十四。[4]考慮到一個人在有生之年會罹患創傷後壓力症的估計值，一般來說是落在百分之一到百分之二這個範圍，前述的數字讓人心生警覺。

IPV是個說明社會現實能夠如何對人類生物機制造成負面衝擊的經典例子。[5]毫無疑問，吉塔的受創狀態、體重暴跌、恐慌發作跟夢魘，都是她受虐的直接結果。這會誘使人假

---

* 原註：在過往，IPV導致的精神症狀被稱為被毆婦女症候群（battered woman syndrome，簡稱BWS）。BWS先前被確認是PTSD的一個子類。

定，如果她可以脫離受虐處境，她的症狀就會減緩。但這正是故事開始變得複雜的地方：嚴重的**IPV**可能促成生物性的變化，吉塔現在的受創狀態，正在妨礙她重新掌控個人生活的能力。現實是，許多慢性**IPV**受害者需要某種形式的專業關注，幫助他們拿回自己的人生，直到做到這點以前，他們是困在惡性循環之中。

活在天災餘續或活在戰區裡，會有一種涓滴效應，累積出較高比例的**IPV**，或者其他形式的社會性暴力。換句話說，創傷滋生創傷，而這種觀察結果也延伸到其他負面的處境中。在阿卡什與吉塔的例子裡，他們是暫時合法居留的外國人，孤立生存在異國文化中，受雇機會不確定，還有許多來自家庭的財務責任，這樣的身分很可能布置好了壞事發生的環境。

在吉塔離開印度前往美國的時候，她不是來到自由之地，反而是不知不覺走進了預先設置好對她不利的情境裡。她缺乏社會資本（因為身為女性），而她仰賴阿卡什取得收入與簽證又進一步加重**IPV**的野蠻衝擊，讓她更容易因此發展出創傷後壓力症。她危險的處境讓她沒機會恢復並且重振旗鼓，她沒有管道取得社會支援，也沒有明確的逃脫辦法。

讓狀況變得更糟的是，在**IPV**倖存者揭露她們的歷史時，常常碰上別人拒絕接受她們的經驗，或搞錯發怒的對象，還有些人認為這些事與己無關，因此閃避她們。很讓人震驚的是，**IPV**帶來的負擔雖然如此沉重，我們在其中卻看不到像是對抗乳癌或心臟病防治運動那樣的熱忱與群策群力。理由可能是大環境中仍然存在對**IPV**根深柢固的社會汙名。

♥
♥
♥

我跟吉塔第一次會面之後的幾個星期裡，我們有些零散的會面：偷偷摸摸約定，在最後一刻取消，然後又緊急重新安排。在我們的會談中，她有些時候會抱著嚇人的樂觀主義，拼命地緊抓著阿卡什情深意切或展現溫柔的某些罕見時刻不放。偶爾在打過她以後，他會覺得後悔，用頭去撞牆，一再地道歉，並且答應永遠不會再這樣做。整體而言，這些事件的作用是說服她相信，只要她夠努力嘗試，她的婚姻就可以修補。

我向她強調她能在阿卡什面前做哪些有幫助的事情來保護自己，提醒她無論她可能做過或說過什麼，都沒有人該被虐待。我設法讓我的辦公室變成一個安全空間，並且創造一種能夠賦予她力量的融洽關係。我告訴她，她並沒有錯，也沒有「瘋」，反倒是她充滿虐待的婚姻在侵蝕她的身體健康，也在毀壞她的精神。同時我聆聽著種種故事：阿卡什往她頭上丟遙控器、空啤酒罐跟車鑰匙，扯她頭髮，還尖叫髒話。我咬著嘴唇，內心抗拒著懇求她打電話報警，脫離這段婚姻的衝動，就怕她不會再回來看我。但在某一刻，她必定是領悟到我不會給她某個能讓她婚姻起死回生的神奇劇本，她不再來了。

幾個月後，她要求一次緊急約診，然後再度現身。從我們上次會面之後，她變得比實際年齡老了好幾歲，也變得更瘦。她有黑眼圈，而且她現在把勉強保持樂觀的表面功夫都扔開了。在她向我說起促成她就醫的事件時，她臉上缺乏情緒。前一週，她跟她父母用Skype通話時，她母親講到她看起來有多瘦，還表示擔心她。在通話結束後，阿卡什大發雷霆，指控吉塔讓他看起來像個壞丈夫。他走向冰箱，拿出剩菜，開始硬塞到吉塔嘴巴裡。在她作嘔的時候，他硬是鉗住她的下巴，不讓她張嘴，就為了逼她吞下去。吉塔吐出了被逼著吞下的食物。阿卡什接著打了她的胃部一拳，讓她跪倒下來，痛苦地嚎叫。她在硬梆梆的油地氈地板上躺了一個小時。

那天吉塔體內有某種東西繃斷了，在那星期稍後，阿卡什去上班以後，她問她的鄰居朋友，是否能借用她的手機打長途電話。「我打電話給我岳母，」吉塔告訴我，「因為我想把我們的問題留在我們家，不要損害阿卡什的名譽。我把一切告訴她，挨拳頭，挨巴掌，大吼大叫，還有我如何努力維繫婚姻。我央求她幫忙，並且告訴她我再也受不了了。我岳母告訴我，讓阿卡什快樂是我的工作，我讓他生氣是我辜負他的期望，我必須學著適應他。」

在聽到她岳母的反應以後，我認出這種「建議」，只有一個精神曾被暴力毀滅的人才說得出口。我感覺脊椎竄過一陣寒意。就算我從來沒見過阿卡什或者他母親，我心中閃過一個畫面：在這個男孩長大的家庭裡，他時常看見母親被玷汙羞辱。家庭暴力惡性循環的重擔，讓我心中為之一沉。

吉塔告訴我，在電話之後，她的雙腿如何開始顫抖，她覺得絕望到了極點。她發現自己在計畫自殺，要不是上吊，就是衝進尖峰時間的車流裡，但就在這些念頭開始在她心裡生根的時候，她制止了自己。在那一刻，在這兩年恐怖的最低點，她領悟到她需要脫離她的婚姻。

接著是一段祕密行動的日子，我們診所的社工幫助我替吉塔擬定出一個逃亡計畫。我得知現在——吉塔計畫離開阿卡什的時間——是高風險時期。這個事實導致我自己湧現一陣陣的恐懼。要是阿卡什發現了呢？吉塔會怎麼樣？他有能耐謀害她嗎？我努力掌握吉塔這個案例裡的所有相關因素，設法計算風險，預測結果，並且為所有可能的狀況計畫。

吉塔用我辦公室的電話打給她住在德州的表親，告訴她受虐的事。她的表親把錢寄給吉塔的鄰居，好讓她可以買一支手機跟一張前往德州的機票。當地受虐婦女庇護所的據點細節，每天都用謹慎低調的訊息傳到吉塔的手機上。她選定一句安全密語，還有幾個備用計畫，開始收拾她最值錢的財產。

在逃亡計畫開始成形的時候，吉塔臨陣退縮了。我要怎麼在財務上支持自己？我要住哪裡？我不會開車。我對美國一無所知。我能信任誰？我父母會怎麼說？我的岳父母呢？阿卡什呢？他發現我走了以後，可能會做什麼？幸運的是，她打擊自己的反芻思考因為一通電話而平息下來。她在德州的表親，因為情緒壓力極大又替吉塔感到害怕，就告訴吉塔的父母他們的女兒陷入何種苦況。第二天，吉塔的父母就打電話給她。「離開吧，吉塔，立刻就走。

馬上離開。」他們敦促她。就是這樣，這就是她離開所需要的那股推力。第二天，在一個明亮清爽的威斯康辛冬日早晨，阿卡什一出去上班，她就背起一個包包，要求她鄰居載她到庇護中心去。幾天之後，她搭飛機到德州去投靠她的表親。

三個月後，我接到吉塔打來的電話。她告訴我，她在德州很安全，她母親已經從印度飛過來，正在幫助她重新站穩腳跟。她吃得比較好了，也增加了體重。她告訴我她每天對於婚姻失敗產生的憤怒、罪惡與羞恥感，一星期會做好幾次關於阿卡什的噩夢，而且真心相信她無法再信任男人了。

她父母鼓勵她回印度，雖然她很想這麼做，但她還是堅持她給自己的承諾：她絕對不允許自己像過去仰賴阿卡什提供金錢、食物、衣服與房舍那樣依賴別人。她覺得她的依賴讓她變成當時處境的人質，搬回印度會意味著她再度變得依賴。她遵照法律諮詢的建議，註冊上學，而且在校園內的一間免費診所裡看一位治療師。她的計畫是建立獨立的生活，而如果這意味著她會是孤獨一人，那就這樣吧。她結束這通電話時，表達她感激我們的支持，並且向我保證她會保持聯絡。

我後來再也沒聽說她的消息。

對他人的危險：受傷的人傷害其他人

我與公眾都知道
所有學童都學過的事，
遭受惡行之人
必作惡以報。

——W. H. 奧登（W. H. Auden），〈一九三九年九月一日〉（September 1, 1939）

「你說你車裡載著**什麼**？」馬克的最後一句話，逼得坐在旋轉椅上的我猛然一轉。在此之前，他的電子病歷吸走我大部分的注意力，但現在我轉而面對他。

「後車箱裡有支棒球棍，駕駛座下面放了一把大砍刀，喔對，置物箱裡還放了一把匕首。」他這麼回答。

我啞口無言。我舉起雙手又搖搖頭，表達我的氣餒。我的病人馬克是個罹患創傷後壓力症的伊拉克戰爭退伍軍人。他身高超過六呎，又有健美先生的體格，頭髮剃得極短，整隻手臂刺龍又刺鳳，是個寧死不屈的人物。他一路從北加州的中央谷地來到這裡見我。他的病歷上記錄了他某一天走進他居住地的退伍軍人診所，突然變得憤怒起來，然後在候診室裡扔了幾張桌椅。後來他的紀錄裡被加上了一個行為警示，表明他只能在有警察在場的退伍軍人園區接受醫療照護。

馬克病歷上的警示標記，要求他在抵達園區以後向警方報到，而且每次預約看診都要請一位警官護送他前往。接著在馬克看診的時間裡，這位警官都會全程在醫師房間外面等候。或許這些措施有助於讓馬克保持自制，因為在我跟他相處的所有時間裡，他似乎都很合作、很誠懇，甚至很迷人。不幸的是，他在我辦公室之外的行為就無法這麼形容了。他相當坦白地揭露他日常生活中的暴烈細節，因為他非常想要改變他的行為方式，而他最大的動力來自於他還是青少年的兒子們。「我想要在他們面前做更好的榜樣。」即便如此，我們的會談療程還是常常陷入困難的境地，因為馬克會企圖輕描淡寫他的暴力程度，並且說服我相信在他的特殊情況下，他的行動固然令人遺憾，卻也情有可原。

「妳有拜訪過我住的社區嗎，珍恩醫師？」我對於他在卡車裡藏匿武器感到氣急敗壞，他自顧自地的回應剛才那句話。「不，我想妳沒有……那裡有很多幫派活動。我必須時時刻刻準備好防衛自己和家人。我告訴妳，如果妳住在那裡，妳也會做一樣的事。」

「好吧，我明白你的論點，馬克，但聽我說……你承認你容易發脾氣，對吧？我怕的是你把所有武器擺在這麼容易取得的地方，這會使你到頭來做出某件讓你後悔的事。如果那種事發生了，你進了監獄，你的家人會怎麼樣？」

我刻意訴諸於他的家庭意識，因為他是個盡心盡力的父親，而且致力於提供他的孩子比起過去的他有更好的選擇。他自己是在一個充滿幫派暴力，生活艱困的社區裡生活，而他生長的家庭也問題重重。

儘管他努力過了，他的生活仍然深埋在暴力與失去之中。每隔一個月他就跟我說起有一個長年老友被謀殺、槍擊或者刀刺。他的家史充斥著有嚴重古柯鹼或甲基安非他命癮頭，曾因謀殺罪坐牢，或者死於吸毒過量或自殺的一等親。

與所有期望相反，馬克甚至還沒高中畢業就入伍從軍了。從許多方面來說，軍隊生活對他有益，他可以把他的能量都發洩到這個地方，而他在嚴謹的生活結構下表現良好。然後伊拉克戰爭來了，他暴露於戰火下。從此之後，某件事似乎幡然改變了，他持續處於戰鬥模式：過度警覺、偏執，而且隨時準備攻擊。

「我懂得妳說的重點，珍恩醫師……我會考慮把大砍刀放到我的保險箱裡，或許也把匕首放進去，因為妳是對的，我確實容易發脾氣。不過要留著球棒……」

馬克的暴躁脾氣真的相當引人注目。在我為他看診的幾個月裡，他講了好幾個激烈暴力的故事。他的某些故事太過野蠻，以至於我發現我的心思飄向某部馬丁・史柯西斯（Martin Scorsese）電影的場景。有一次在高路公路上，有個駕駛切到他前方。馬克告訴我，他如何「暴怒起來」，飛車追逐那個人，在繁忙的車流中猛衝蛇行，又是大吼又是尖叫，對那個冒犯他的駕駛揮舞著他伸出卡車車窗的左拳。馬克追上了駕駛，逼著對方下到一個出口，然後把他拖出車外，開始痛揍他。馬克的妻子把他從那個嚇壞了的駕駛身上拉開，那個人把握機會匆忙逃走。雖然他對自己的行為表達了悔恨之意，但有一部分的他仍堅信那個駕駛「是自找的」。

「我在伊拉克花了兩年時間躲避路邊的炸彈跟土製炸彈。所以如果你切進我的車道，我當然會失控！」

有時候我會有這種感覺：馬克在跟我玩遊戲。他聲稱他不想這麼暴力，而且對自己的行為引以為恥，我也盡力幫助他，卻一直卡關。在我建議他做談話治療的時候，他經常會狡猾地反駁我，並且合理化他自己的所作所為。他找藉口不吃我開給他治療創傷後壓力症跟衝動控制問題的藥物。「百憂解（Prozac）對我沒效」「丁螺環酮（Buspar）讓我很緊張」「非常小劑量的喹硫平就把我放倒了」這些還只是他其中幾個抱怨而已。

有些問題我們總是打擦邊球帶過，但這些問題事實上比馬克願意承認的更和那些衝突關係重大。其中一個例子是他的酒精使用量。「喔，就只是某個星期天我在外野炊的時候，會喝幾瓶啤酒」。但他有酒精濫用歷史跟一次酒駕紀錄。酒精可能很危險地解放他的自我克制，讓他變得話多，還讓他變得魯莽，所以我常常納悶在他的某些暴力衝突中，他是不是喝了酒。

我想多做一點事情，確保進入他人生軌道中的其他人能安全無恙，於是跟他太太聊了一下。我問她馬克在家對她或小孩是否很暴力，或者他有沒有辦法立刻取得槍枝。她回答不會，馬克或許很易怒、情緒化，而且會言語辱罵，但並不暴力，她並不會為她自己或小孩的安危感到恐懼。看來馬克的受害者，還有他的突發性暴力，是完全隨機的。他從沒有揭露他有預謀要傷害任何人，也沒有沉迷或者執著於針對不知姓名的陌生人施加暴力的念頭。我沒什麼能做的。

在最近一次看診中，馬克告訴我他如何嘗試在去接兒子們放學以前午睡一下。當時，在一位鄰人的院子裡，有些建築工人在抽菸休息的時候大聲說笑。他們干擾了馬克小睡，讓他氣得不得了，以至於衝出家門，拿著匕首威脅他們其中一人。

他閃出一個頑童似的咧嘴笑容。「這招讓他們全閉嘴了！」

我開始琢磨這個想法：或許他是在空口說白話，只是想刺激我做出反應。儘管發生過這些暴力事件，馬克卻沒有被抓去關，警方也從沒打電話來。為什麼道路糾紛的受害者沒有提起告訴？其他的建築工人怎麼反應？馬克拿出匕首抵著他們同事喉嚨的時候，他們的手機沒有發揮作用嗎？我確信我的理論站得住腳，於是我反駁這個故事，挑戰著問他為何警察沒有介入。

馬克的臉瞬間變紅了，還結結巴巴。「我不知道……或許因為那裡是中央谷地？」

我花了幾秒鐘才了解他這句話背後的含義，然後我猛然發現真相，就像臉上挨了一巴掌：馬克的受害者全都是永遠不會打電話報警、沒有身分證明文件的男人，法律資源、聲音跟權利都有限，他們都是難以捍衛或保護自己的男人。忽然，一股噁心感隱隱在胸口。我感覺有點頭暈，卻用一個創傷後壓力症專家常常脫口說出的傳統說法來穩定我自己：「創傷滋生更多創傷……受傷的人也傷害其他人。」[1]

♥ ♥ ♥

馬克危險的不穩定性格逼得我要考慮一個根本問題：有創傷後壓力症會讓人更有暴力傾向嗎？在沒有心理健康問題的美國成人之中，暴力的盛行率大約是百分之二。如果你看看有創傷後壓力症的美國成人，這個統計數字便跳到將近百分之八。乍看之下，這個數字支持了罹患創傷後壓力症會讓人比較危險的假設。不過這樣的數字需要小心詮釋。但結果竟然是，濫用酒精藥物、有其他精神問題和年紀較輕（比較年輕的人比較可能訴諸暴力），全都會助長創傷後壓力症患者的危險性。因此，**有創傷後壓力症跟暴力風險的輕微增加有關聯，但其**

實絕大多數的創傷後壓力症患者從來都不暴力。

羅傑斯大學（Rutgers University）的經濟學家，南西．沃芙（Nancy Wolff）博士所帶領的研究，對於暴力與創傷後壓力症之間的關係，提供了更細緻的觀點。沃芙跟她的同事調查了入獄男性的創傷暴露與創傷後壓力症比率。他們發現在這個群體中，暴露於至少一個嚴重創傷事件的經驗很普遍，而他們罹患創傷後壓力症的比率比一般男性人口高了十倍。這個研究調查的被監禁男性中，超過百分之五十是因為暴力而被定罪，這個發現很難讓人不去聯想創傷暴露、行為問題與暴力犯罪之間存在實際的連結。樣本中有百分之十五也回報說有過被強暴的人生經歷，這個比例比一般社群中成年男性回報的比例高了數倍。此外，回報有性創傷史的入獄男性更有可能罹患創傷後壓力症，這個發現跟其他創傷後壓力症的研究結果類似，也再度指出性暴力對人類心靈的嚴重毒害。[2]

從沃芙的研究工作中浮現的另一個發現，即監獄本身就是個有危害的地方。受刑人在獄中體驗到性暴力，而這些創傷暴露的後果，在他們從監獄釋放回歸社會以後還跟著他們。有心理健康問題歷史的受刑人，看來有更高的風險在監獄的環境下變成性暴力與肢體暴力雙方面的受害者。受害者與加害者之間的界線變得模糊，因為受害者跟加害者可能到頭來住在同一間監獄裡。這個研究強調了暴力與創傷的惡性循環。沃芙的貢獻很有說服力地證明，我們為何需要使用公共經費來治療受創者，無論他們是創傷的受害人還是加害人，或者兩者皆是。

憤怒地愛著：內城區貧窮的頑強印記

其他人不是再度讓自己受創，就是對其他人造成創傷，在他們自己的家庭之內與之外都有，藉此聲勢浩大地重演他們的創傷。

——亞歷山大．C．麥法蘭（Alexander C. McFarlane）與貝塞爾．范德寇，《創傷壓力：壓倒性經驗對心靈、身體與社會的影響》（*Traumatic Stress: The Effects of Overwhelming Experience on Mind, Body, and Society*）

許多年前，我有個名叫羅尼的病人，他是一位退休市府官員的非裔美籍男子。他身高遠超過六呎，還有健壯結實的體形，他威嚴的風度很符合他是一個在市政府工作四十年男人的身分。他在一次例行性疝氣手術中對麻醉劑有了威脅性命的反應，後來他的外科醫師把他轉介給我。雖然他身體完全恢復了，但當天的事件仍然在他身上留下創傷。

羅尼的早年生活非常艱辛。他在芝加哥一個赤貧區域長大，等到他上中學的時候，他已經見證過冷血的街頭謀殺，看到他心愛的人被攻擊，甚至逐漸習慣了在他將要入睡時，聽見響徹夜空的槍聲。他有個對他特別好的嬸婆，邀請他去威斯康辛跟她一起住。羅尼的媽媽當時為了付帳單，生活艱辛，於是立刻就同意這麼做，所以就在羅尼開始上高中以前，他搬家了。高中畢業以後，他上了一間當地大學，然後娶了他的大學女友。他大學畢業後的第一份工作就是在市政府，一做就是四十年，在那裡逐步晉升。

我第一次見到羅尼的時候，他告訴我，他一星期做三四次關於那場手術的噩夢。他會滿身大汗醒過來，沒有辦法再回去睡覺，而在白天，他筋疲力竭又急躁易怒。他也會重溫回憶，在他危機四伏童年的險峻坡道上起起落落——歷歷都是在已經被住宅重劃取代的街道與公園裡發生過的暴力往事。這些記憶激起他一陣陣怒火。

「我感覺好像有岩漿在我血管裡流動！」他喊道。

羅尼告訴我，小時候搬到威斯康辛以後，他就對自己發誓，絕對不要回去芝加哥，也不要去回想過去的暴力。他注視著我，用一種反諷的語氣補充道：「但我想妳會告訴我，過去沒那麼容易被遺忘，對吧？」

羅尼是對的。我要是不把他出生地區的嚴峻現實考慮進來，就是我太疏忽了。毫無疑問地，他最近的瀕死醫療經驗很慘痛，但我有個理論是，創傷也觸發了累積且未解決的怒火，這跟他童年早期接觸到的暴力是相關的。

♥ ♥ ♥

我在美國行醫的第一年裡，通常是在由郡提供經費的診所，和為了照顧到貧困與無保險社群而建立的政府計畫裡工作。在這些地方，我見到數百位非裔美籍病患，讓我很吃驚的是，竟有這麼多的人住在城市裡最貧困的區域，在那裡，死亡是個日常的事實。在聽著這些患者口中說的故事，浮現出段話：貧窮、暴力、有限的教育機會、缺乏管道取得高品質的健康照護，都是當他們要實現自己的夢想與野心時，會碰到的頑強障礙。[1]

的確，像是謀殺、身體攻擊與強暴這樣的暴力創傷，犯案對象較常是非裔美國人。[2]在前線退伍軍人[3]、低收入婦女，還有住在高犯罪率內城區的青少年[4]等族群中，非裔美國人口創傷後壓力症的比率更高。事實上，在暴力的內城區發現的創傷後壓力症比率，可以跟伊拉克與阿富汗戰爭退伍軍人中的盛行率相提並論。

有幾種因素讓非裔美國人中的創傷後壓力症更為複雜。[5]首先，整體而言，在醫療環境下他們更有可能低估他們的症狀，這可能會導致「官方」盛行率偏低。其次，就算他們被診斷出創傷後壓力症，他們也比高加索裔美國人（白人）更不可能使用心理健康服務。[6]這種差異有一部分可以從他們對醫療機構的普遍不信任來解釋[7]，但就算是那些希望得到精神醫學幫助的人，也回報有其他治療上的阻礙，像是家人不贊同他們的決定。[8]

要瞭解非裔美國人的創傷後壓力症盛行率，最後（而且最大）的困難是：透過郵遞區號（地區）來解釋，會比透過種族來得精確。住在貧困的都會社區，是預測一個人經歷暴力創傷機率最強大的指標，遠勝過膚色。對於有創傷後壓力症的非裔美國人來說，如果把教育與貧窮程度考慮進來，膚色的影響就縮小了。如果你貧窮、教育水準較低、失業或者無家可歸，你就比較可能罹患創傷後壓力症，而在美國，如果你剛好是黑人，你就更有可能發現自己落入這些情形之中。[9]

♥ ♥ ♥

儘管羅尼有這樣不穩定的症狀，他最擔心的卻不是這些事。他同意來見我的原因是，他害怕他結縭近四十年的妻子「可能已經受夠他了」。在我要求他多做一些說明的時候，他安靜下來，似乎不知該怎麼措辭。他說話的聲音變得粗啞：「跟我一起生活，並不容易。」

我無法從他身上問到更多細節，於是邀請他在我們下次約診時帶他太太一起來。他注視著我，臉上充滿懷疑。「我會問她，不過我很確定她不會來。」

一週之後，在我去候診室跟羅尼打招呼時，他看起來是一個人。他一見到我，就喊了房間另一端一位埋頭看雜誌的高加索裔婦人。我注意到他們之間至少隔了五張空椅子。我向羅尼的太太茱莉雅自我介紹，而她跟我握手，給我一個敷衍的微笑。她看起來很累，而且眼睛紅紅的，就好像剛剛哭過。

在我辦公室裡，他們之間有股緊張氣氛，而我努力想要讓他們之中任何一個人開口說話。很明白的是，兩人都無法自在地說出他們個人的問題。我想像著在一九七〇年代身為跨種族夫婦會有什麼感覺：他們的結合可能要面對什麼樣的阻力？不請自來的意見、種族歧視辭令、親友的不看好。然而他們不顧這些困難，還是維持婚姻關係。

我困在他們相敬如「冰」的沉默之中，嘗試搜尋一條破冰之道。「我忍不住注意到你們剛剛坐在候診室的兩端……早上很不順利嗎？」我提出看法，希望緩和一點明顯緊張的氣氛。

有好幾秒，我們全都默默坐著。羅尼注視著茱莉雅，她則低著頭，瞪著她那件直筒連身洋裝上面的花紋。

「嗯，就像我跟妳說過的，珍恩醫師，跟我這種男人共同生活不容易……我有時候可能是個惡毒的混蛋。我讓我太太承受很多事，我知道這點。實際上，我不怪她不想坐在我旁邊。」

茱莉雅的姿勢改變了，她坐直身體。她似乎很驚訝，就好像她聽說了某種新鮮事。她開口，小心謹慎但聲音清楚。「羅尼，你經歷過很多事，我知道的。我真的很高興你正在求助。我希望妳能幫助他，珍恩醫師。」

「茱莉雅，羅尼說他可能是個惡毒混蛋的時候，他是什麼意思？」我問道。

茱莉雅告訴我，羅尼一直都是個怒氣沖沖的男人：「他可以走進一個空房間然後就開始吵架。」他不只是天性易怒，還會掩藏、持續燃燒著他的怒火。茱莉雅開始把他的「火爆脾氣」看成是他的天性。在他們的婚姻早年，憤怒還不太成問題。的確是有過怒火發作，那時候他會咒罵她，說些很過分的話，但在他冷靜下來以後，他總是會後悔，並設法彌補她。

她欣賞他是個白手起家的人，跟她自己的父親，一位二戰老兵並沒有太大不同。她把羅尼看成先驅，一個能夠在職業生涯中達成許多「第一」成就的黑人，在職場上，他常常是辦公室裡唯一的有色人種。她一直很樂意幫助他達成他的目標，就算這表示當他的企圖心帶來種種壓力的時候，她要承擔緩衝者的角色。

這些年來，她變成了預測什麼能讓他發火的大師，還找到多種很有創意的方式來分散他的注意力。不過在他退休，現在又動過手術以後，一切都變調了。他整天在家卻無事可做，似乎鎮日都在表達不同程度的憤怒——生悶氣，使性子，或者狂怒。他對她沒有表達多少溫情，他們也幾乎不彼此親近。

「就是在這時候，一切變得難以忍受了，」茱莉雅這麼告訴我，然後直接望著她丈夫說：「羅尼，我每天都如履薄冰。我再也不能這樣過活了。」

「妳擔心妳的安危嗎？他有對妳造成肢體傷害嗎？」我插嘴問道。

茱莉雅哭著。她搖頭否定，然後在啜泣之間說道：「有時候我**以為**他就要打我了，他可以變得這麼有威脅性，眼睛裡有那種獸性的神情……這讓我很害怕……但他從沒動手。」

羅尼的臉垮下來，然後他緩緩搖頭。「告訴我需要做什麼，珍恩醫師。我什麼都願意去做。我不忍心看到我的新娘變成這樣。」

「新娘！老頭，你在喊誰新娘？」茱莉雅大笑出聲。

我們三個人都爆出一陣大笑，對於隨著這節診療持續拖拉下去的緊張氣氛來說，我們極其需要這種緩解。在這次約診的尾聲，我們安排好一個計畫，讓我在接下來幾週裡多排幾次茱莉雅與羅尼一起出席的診療時間。羅尼求助的主要理由，在於他接受了他的憤怒正在毀壞他的婚姻，所以對我來說，借力使力，讓茱莉雅直接參與他的治療是很合理的。我們互相告別，這對夫婦離開了我的辦公室。在我轉向我的書桌要準備迎接下一位病人的時候，門上有一陣急敲。羅尼重新走進房間，給我一個大大的擁抱，讓我吃了一驚。

「**多謝妳，**」他不出聲地說道。「我記不得我上次聽我太太笑是什麼時候了。為了這個，我再怎麼謝妳都不夠。」他悄悄說完，臉上帶著一個大大的微笑離開了房間。

不幸的是，研究指出對於罹患創傷後壓力症的人來說，他們的婚姻通常都不像羅尼與茱莉雅的婚姻到頭來呈現的那樣強韌。[10] 創傷後壓力症患者有比較高的分居與離婚率，他們跟伴侶在情緒上比較不親密，也比較有可能回報他們的性生活出了問題。[11]

在親密關係中，當有位伴侶有創傷後壓力症，這個關係裡會有更多暴力。[12]創傷後壓力症症狀愈嚴重，針對配偶犯下的暴行就愈嚴重。不意外的是，跟創傷後壓力症患者結婚的配偶更有可能苦於憂鬱、焦慮與社交孤立。他們也會負荷過重，因為他們挑起了不成比例的負擔，從經營家庭，照顧必須仰賴他們的小孩與年長家庭成員都包括在內。[13]

有一則二〇一二年的研究曾刊登在《美國醫學會雜誌》上，描述了一個臨床測試，隨機指派夫婦參與一個十五節的夫婦治療，或者放到等候名單上。[14]這個夫婦治療，是專為其中一人罹患創傷後壓力症的伴侶而設計。除了提供這對夫婦關於這種診斷的教育，探索他們情緒與身體親密的某些障礙以外，這個特別形式的夫婦治療，專注於一個通常處於這種關係核心的議題：一位伴侶如何可能有時候在不自覺的狀態下，助長了另一位伴侶的創傷後壓力症症狀。舉例來說，一位對芝麻小事發雷霆之怒的患者，其配偶可能會限縮他或她自己的生活，以免觸怒患者，但這樣做可能會強化患者的憤怒問題。如此激烈的改變鮮少有效，就像是茱莉雅跟羅尼的狀況，反而導致一位配偶「如履薄冰」，同時有創傷後壓力症的一方則繼續體驗到那些症狀。在這種新的療法之中，夫妻會學到怎麼共同處理這些症狀，而不是使它強化。

這個研究的結果很鼓舞人心，因為接受特殊治療的夫婦表現出顯著的進步，而且對關係的滿意度是等候名單上那些夫婦的四倍。此外，有創傷後壓力症的伴侶回報，他們的症狀下降了百分之五十，或者說，進步幅度是等候名單上那些夫婦的三倍。事實上，四分之三以上的夫妻從此脫離創傷後壓力症的標準。在一則訪談中，這個研究的主要作者甘迪絲・孟森（Candice Monson）博士，懷雅遜大學（Ryerson University）的一位心理學家，強調了伴侶出席治療的重要性：「創傷後壓力症病患在個人的治療裡反應沒那麼好……事實顯示，社會支持是鼓勵康復最有力的因素。」[15]

更美好的性別？強暴、繼發性傷害與生產創傷

我只想要睡覺，昏迷過去也不錯，喪失記憶也可以。什麼事情都好，只要能擺脫這件事情、這些念頭、這些在心裡的低語聲。難道他也強暴了我的腦袋？

——洛莉．荷茲．安德森（Laurie Halse Anderson），《我不再沉默》（*Speak*）*

「你確定我十點鐘的病人還沒到嗎？」現在十點十五分了，而我已經打電話給診所櫃檯尋找我的病人泰瑞，她從不遲到。

我聽到接待員用手蓋住話筒，在候診室裡喊出泰瑞的名字。接下來是一段悶住的對話聲。一會以後，她回來講電話。「抱歉，珍恩醫師，妳的病人從十點就坐在那裡了。我沒發現妳的病人是女性，我以為她是在等候某位退伍軍人的家屬……」

* 譯註：中譯本p. 215，呂玉嬋譯，木馬文化（2010）。

原本設計就是要治療純男性客群的退伍軍人健保系統，正準備轉移到配合成指數成長的女性服役成員需求。我來到外面的候診室跟泰瑞打招呼，為這個疏忽致歉。泰瑞穿著隨性的藍色牛仔褲與白T恤，用一種「我習慣了」的表情聳肩打發掉這個插曲。在我們走向我辦公室的時候，我注意到她有黑眼圈，她似乎不是平常那個輕鬆自信的她。

泰瑞成為我的病人已經有兩年了，而且每四個月複診一次，關心她的近況。我知道她退伍後經歷了重大的痛苦，但在我們第一次見面的時候，來自那些艱難時刻的所有傷疤都幾乎看不到了。泰瑞做的是業務主管的全職工作，與她太太已經結婚三年，婚姻幸福，她們還一起養育了兩個小孩。在她的閒暇時間裡，她是當地LGBT機構赤心的義工。

在我們先前的約診裡，她讓我覺得她是個很有條理、聰明又精力充沛的女人，我們的對話重心大半在於平衡事業與母職的挑戰，還有她難以對抗的失眠症——對於安眠藥唑吡坦（zolpidem）以外的任何東西都沒有反應。我很不願意這樣長期開立唑吡坦，但她堅持這種藥對她有效——「珍恩醫師，這種藥趕走了夢魘」——此藥對她只有極輕微的副作用，而且她嘗試過的所有其他治療都慘敗收場，逼得我不得不開。

今天我看到的是個不一樣的泰瑞。她一在椅子上坐定，整個身體就垮下來，開始哭泣。她告訴我，在過去幾個星期，她承受相當大的壓力。她的內科醫師幫她做的年度體檢，顯示子宮頸抹片檢查結果異常，要求她排定時程做更多檢查。她的家族史裡有罹患乳癌、子宮頸癌、卵巢癌或子宮癌的母親、阿姨跟姊妹。異常的子宮頸抹片結果對她造成壓力，但在白天工作，晚上來回接送小孩去練足球跟學校戲劇排練時，她設法保持鎮定如常。

到了晚上，她的心思開始隨著焦慮與恐懼起舞，就算有雙倍劑量的唑吡坦，她仍舊開始失眠。不過最後一根稻草，是她的一位軍中死黨最近自殺了。這個悲劇性的消息像野火般傳遍她緊密的朋友圈，她們全都是曾經在軍隊裡服役，且從退役後一直固定保持聯絡的女性。雖然分散在好幾個不同的時區、州界跟大陸，隨著自殺消息而來的仍是社交媒體上的大量活動、簡訊還有電話。

泰瑞在她的椅子輕輕來回搖晃，她的眼睛瞪著遠方，眼淚從她臉頰上滾滾而下。她告訴我，在派駐海外的時候，她的死黨曾被強暴。「她從來沒能克服這件事……到最後這件事逼死了她。」

我感覺脊椎一陣發涼，因為我知道泰瑞自己對性暴力也不陌生。她在小時候曾被一個叔叔猥褻，青少年時期曾經遭遇約會強暴。在她從軍之後，有過好幾次她的男性同儕對她表示惹人厭的「性」趣，然後有天晚上，在她的派駐期結束前不久，一位資深男性軍官強暴了她。在那之後，泰瑞內心深處有某種東西瞬間破裂了，她在她為國服務所感受到的驕傲，和派駐期間體驗到的侵犯與背叛之間苦苦掙扎。很不幸的是，在她告訴父母被性侵的事情時，他們的反應是責怪她：「妳做了什麼引誘他？」多年以後，她向父母出櫃說她是女同志，他們就跟她斷絕親子關係。她在過去幾年裡都跟他們很疏離。

泰瑞從軍隊退役後，有好多年的時間都怒氣沖沖，如果有任何人問起她的派駐過程時尤其如此。她經常很焦慮、易怒又過度警覺，信任的人非常少。她領悟到她的行為正在影響她在子女面前做為母親的能力，於是尋求幫助，並且努力配合治療，處理她的經驗。她應付此事的另一個方法，是用滿檔的日常表來填滿她的生活。「只要我保持忙碌，就能讓我不去想到那些事。」

泰瑞低聲吐出一句常用箴言：「這也會過去的……這也會過去的。」我覺得被一股憂傷壓倒了，因為我第一次感覺到，她是投入了莫大的精力，來表現出那個我一直以來認識的冷靜的她。

♥ ♥ ♥

一方面，女性跟男性相比，較不可能體驗到創傷事件。另一方面，有一個又一個的研究顯示女性經驗到創傷後壓力症的比率是男性的兩三倍。[1] 為什麼會這樣？身為女性如何讓一個人更容易苦於創傷後壓力症？雖然逐漸浮現的證據指出性荷爾蒙，尤其是雌二醇跟黃體素，在這個差異中扮演了其中一個角色，但透過鑽研女性比較可能體驗到的創傷**種類**，也能找到一些答案。[2]

比起男人，女人在童年遭遇性虐待，或者成人後遭遇性侵的可能性**高得多**。的確，在美國，每五位女性就幾乎有一位在有生之年裡曾被強暴。[3]《新英格蘭醫學雜誌》（*The New England Journal of Medicine*）裡的一篇近期研究報導：「上大學的年輕女性面對著被性侵的實質風險。四年之中的性侵發生率，估計在百分之二十到百分之二十五之間。」[4]

就像在泰瑞的例子裡一樣，熟人強暴（受害者認識加害者的狀況）已經是全國性的問題了。女大學生回報的性侵事件，有大約百分之八十五到九十都落在這個時期。在考慮到強暴是最有可能導致創傷後壓力症的創傷類型時，這個統計數字甚至變得更發人深省。[5]

是什麼讓強暴這麼難以療癒？遭受這種罪行後所帶來的汙名，使受創的倖存者面對被羞辱的風險，往往被迫沉默。這增強了強暴破壞倖存者人生的力道。

當一位女性終於開口講出強暴事件的時候，她通常會面對「二度傷害」，這是由責怪她（或就算只是拐彎抹角提及）的親友與專業人士所導致。甚至在她的說詞得到採信的時候，她的人格可能會被質疑，這或許增加了她發展出創傷後壓力症的機率。創傷後的社會支持，能夠有力地幫助倖存者復原。這種支持對女性來說尤其有力量，這也就是為什麼二度傷害可能對她們這麼有毀滅性。對於倖存者是否在將來願意揭露她的問題，她的創傷症狀變得多嚴重，還有她是否決定尋求治療等，二度傷害都可能造成不利的影響。

在我第一次遇到病人的時候，其中一部分標準評估流程，就包括詢問這位病人是否有童年性虐待的個人經驗。這些年來，我問過這個問題數千次，而我會估計有百分之二十的答案是有。在病患回答有的時候，我總是會問：「虐待是何時發生的，你有告訴任何人嗎？」大約有三分之一的人會回答有，然後重述他們如何告訴家長或者祖父母，以及加害者便立刻被制止，比方被禁止到家裡來或報警，有時候甚至被起訴跟送進監獄。另外三分之一也回答有，但接著解釋：「她不相信我」或者「他什麼也沒說」，對這些病患來說，性虐待通常會繼續。在病人回答沒有的時候，通常是因為假設「沒有人會聽」、「他們不會相信我」，或者「我覺得我不能說」。根據我的個人見聞，第一群受害者會克服性虐待的恐懼，創傷的影響通常不會在他們的成年生活裡徘徊不去。相對來說，那些被忽略或敷衍的人，或者從一開始就沒有揭露過虐待內情的人，過著受創傷所苦的成年生活，而且在未來的任何親密關係中，他們通常都被困在角色模糊與精神孤立的網羅之中。

♥ ♥ ♥

另一種唯獨女性會受到傷害的經驗種類，是跟生產有關的精神創傷。這種經驗被稱為「生產創傷」（birth trauma）。*倫敦塔村區生產期心理衛生服務處（Tower Hamlets Perinatal Mental Health service）的精神科醫師，黎貝佳・摩爾（Rebecca Moore）博士，跟有心理健康問題的懷孕女性緊密合作，陪她們度過孕期，並且在她們生產後持續追蹤一年。她描述了體驗到生產創傷的意義：

當一位女性遭遇創傷性的生產經驗時，表示在生產經驗裡有某種主觀上認定為會帶來痛苦的事物存在。這種經驗不一定會威脅到生命，或者在醫學上造成創傷。我們認為生產創傷是在生產過程中對母親造成的精神衝擊。

生產創傷的定義包括「對於生產有覺得負面又無助的生理與情緒反應」。共同處包括感覺沒人聽見或者仔細聆聽自己，醫療專業人士缺乏同情心，以及覺得失控或者絕望。

在英國，大約有百分之二十五的生產經歷，被女性指稱是創傷性的。這真的讓我震驚，因為這樣的比率極高。事實上，如果我們看看每年在英國的出生率，這就表示每年有大約十七萬三千名婦女在生產後精神受創。

對許多女性來說，這些生產經驗永遠不會被討論或探索。雖然這些女性可能不會發展出可被診斷的生產創傷，但她們通常會體驗到程度明顯的痛苦，而症狀可能會延

＊原註：生產創傷一詞是最近興起的；創傷這個詞彙在此的用法比較隨性。這個用法包含了帶來精神壓力的經驗，而不只限於造成生命威脅的創傷。

續多年而沒有得到治療。這對於女性未來的懷孕與生產經驗通常有重大影響，我曾經見過某些只生一個孩子的女性，因為她們初次的生產經驗太負面了，以至於在情緒上她們無法考慮應付另一個孕期。

大約有百分之一到六體驗到生產創傷的女性，會繼續發展出創傷後壓力症。[6]統計數字指出產後創傷後壓力症有百分之一到百分之三的盛行率，從流行病學的觀點來看，意味著產後創傷後壓力症相當常見。[7]然而相對於得到更普遍承認的產後憂鬱症，醫療專業人士甚少關注生產創傷。不過若用Google搜尋「生產創傷」或「產後創傷後壓力症」，卻顯示出有大量的自救機構、病患倡議團體跟線上支持論壇。這個發現指出醫療界可能需要急起直追，跟上這些在醫療前線每天發展成形的故事。

這個研究不僅指出社會支持對於幫助受創女性痊癒具有重大影響力，在追蹤產後創傷後壓力症婦女的研究中也帶來迴響。[8]如果對生產婦女來說，實際得到的健康照護水準和她們期待得到的專業支持有落差，這些婦女在創傷性的生產後更容易發展出產後創傷後壓力症。如同摩爾補充的：「女性不必然會因為不符預期的生產事件而受創，不過在她們沒有得到她們預期的照護時，會比較容易受影響。」

這些發現帶領我們回頭看男女之間在創傷後壓力症上面的差異。經歷創傷的男人跟女人處於不同的社會環境下，並且，理解女性為何比較容易受到創傷後壓力症影響，這是很關鍵的。從本質上來說，如果女性能夠取得正面的社會支持，她們就能體驗到自己處理創傷事件的能力獲得提升，要是沒有這樣的支持，對她們的毀滅性會格外強大。

當我們考量到女性的社會角色（像是母親、妻子或照護者），有多常加重了創傷經驗的負面衝擊時，就出現了另一個層次的複雜性。請考慮下面的情境：一位在生產後受創的母親，仍然需要哺育、照顧她的新生兒；一位有著狂暴丈夫的妻子，仍然必須跟他一起生活、飲食跟睡覺；一個被父親性虐待的女兒，到了他年老之後還是他的主要照護者。這些場景表現出受創婦女每天面對的束縛，這種束縛對她們從創傷中復原的能力造成負擔，因為她們日常身分的核心，就跟她們的創傷經驗交織在一起。

羞恥感：情緒中的灰姑娘

羞恥感與罪惡感之間的差異，就是「我很壞」跟「我做了某件壞事」之間的差別。[1]

——布芮尼．布朗（Brené Brown）

「我懷孕了。我們已經嘗試將近三年，所以我**應該**要高興才對。」小恩是個體格高大的韓裔女子，大約三十出頭。她以前從沒看過精神科，我發現她看著我的辦公室門，就好像可能隨時起身離開似的。她的不孕症專科醫師把她轉介給我，因為她有憂鬱症狀，而且在她做體外人工受精後的十六週裡逐步惡化。

她不只一次吐出「**應該**要高興」這句話。我的猜測是，她從周遭每個人身上接收到的都是恭賀的微笑，因此我需要提供點不一樣的回饋。

「小恩，**妳**對懷孕有什麼感覺？」

她告訴我，起初她樂不可支，但在幾週之內她就充滿了恐懼，還有一種深刻的哀傷。她發現她無法專心。

「我進廚房開始做晚餐，但接著不知怎麼的，十分鐘過去了，我就只是一直站在那裡，迷失在我自己的思緒中。」

她沒有跟她丈夫分享這件事，即便她告訴我，她丈夫對她很關愛也很支持。她唯恐他可能不會瞭解，為什麼他們嘗試求子這麼久了，她還可能會不快樂。她要求我開某種會驅散憂鬱跟焦慮的藥給她。我告訴她，我需要完成我的評估，才可以開處方治療，然後繼續問了各式各樣的問題，這些問題是精神科評估的基本：妳有過躁狂的症狀嗎？妳會聽到其他人聽不到的聲音嗎？有自殺的家族史嗎？妳有吃任何成藥或者草藥嗎？我也問小恩她懷孕過幾次，然後很驚訝地聽到她回答：「兩次。現在這次，以前也有一次，那時候我二十歲。」

我等著她自動提供資訊，說明她第一次懷孕時發生什麼事。流產？終止妊娠？死產？

小恩深吸一口氣。「我本來有個小男嬰傑瑞，但他在幾週大的時候死了……嬰兒猝死症。」*

我感覺我的臉垮了下來。我眼前的這個病人是從每位媽媽最糟的夢魘裡生存下來的。

小恩告訴我她身為韓裔移民父母長女的教養過程。她跟弟弟是在他們家開的便利商店樓

---

* 原註：嬰兒猝死症（sudden infant death syndrome）指的是一歲以下嬰兒無可解釋的死亡。

上的小公寓裡長大。她發現在一九八〇年代的威斯康辛州，以韓裔美國人的身分長大，夾在想要融入學校的急切心情跟她保守韓裔父母的期待之間，是很艱難的。

她告訴我，當她成為高中新鮮人的時候，有個同學邀她出去約會，她有多麼激動興奮。她把這個約會當成祕密，因為這男孩是高加索人種，而她的父母不會准許。他們非常虔誠，而且他們教堂裡的牧師常常警告會眾美國式約會的危害。後來她弟弟聽到小恩在約會的傳言，洩露了這件事。嚴重的爭執爆發了，小恩的父母下了嚴格命令。小恩無法接受他們對一件感覺起來這麼自然的事情這麼嚴苛，所以她繼續約會。

「就在這時候，所有轟轟烈烈的戲劇場面開始了。」小恩在重溫她的青少年時光時眼中含淚。

有一天下午，她母親把她扣留在店裡，直到小恩發誓不再跟「那個美國男孩」約會為止。在某個時間點，在店裡沒有顧客的時候，她母親開始推她的頭去撞收銀機旁邊的櫃檯桌面，尖叫道：「有妳這種女兒我寧可去死！」另一次，小恩某天晚上回家的時候，發現自己被鎖在屋外。她告訴我，她怎麼樣花了一整晚在街頭遊蕩，心中覺得恐懼無助，而且對她父母這麼對她徹底震驚了。

小恩繼續反抗，變得更擅長過著分裂的生活來隱藏親密關係。在第一種生活裡，她扮演盡責韓裔女兒的角色，服務顧客，寫她的家庭作業，並且在廚房裡幫忙母親。在第二種生活裡，她跟人約會，並且嘗試藥物與酒精。

不久之後，急於得到同儕接納的她開始跟班上的男生隨性地發生性關係。這時候辱罵開始了：「娼妓」、「亞裔垃圾」、「蕩婦」。這些事情帶來了負面代價，她的成績一落千丈。她開始把時間花在跟社區裡某些年紀較大的青少年一起喝醉酒跟嗑藥。她告訴我，她被那個團體裡的幾個男生性侵，直到此刻在我辦公室裡說出來以前，她從沒把這個經驗告訴別人。在被性侵後不久，她乾脆從高中休學了。

小恩的父母看到自己的長女變成高中輟學生，傷痛欲絕，接著把他們的注意力全部轉移到他們的兒子身上，密切地關注他每一學年的發展與成就，把他們全部的熱切期望都放在他的成功上。他們對小恩下了最後通牒：在家族事業裡自己工作賺錢，要不然就滾出去。

「喔……在此之前我從來沒有真正領悟過，不過大約就是在那時候，我有了這種糟糕的習慣。」小恩在她臉前面揮舞著她的手指。我清楚看見了她短短的指甲跟指尖：紅通通、流血且腫脹，指甲周圍的皮膚有細小的剝落碎屑。

她覺得被擊潰了，默認了她父母的最後通牒，開始在他們的店裡工作。在一年之內，他們逼著她嫁給一個剛來的韓裔移民，是他們教堂的牧師介紹的——「一個來自好家庭的好男孩……一個高中輟學生還能有什麼更高的期待？」到了十九歲，她跟一個幾乎不會講英語的男人一起困在尷尬的婚姻裡。到了二十歲，她懷孕了，而且跟她丈夫一起住在她童年的臥房裡，就在她父母的店鋪樓上。

「在我懷了傑瑞的時候，我記得我感覺受困又不快樂。我想過生下小孩之後就逃家。但我發誓，珍恩醫師，我一看到傑瑞的臉，一切就改變了。他是個天使，有張大大的臉，上面有玫瑰色的臉頰……他是我這輩子見過最美麗的事物。」

在傑瑞出生以後，她體驗到一段純粹的幸福。她在照顧寶寶之中找到了意義，也喚起了她身體裡每個細胞的朝氣。另一方面，她的婚姻卻不順利。她丈夫會長時間消失無蹤，嚴重酗酒，而且從來不工作，也不幫忙她照顧寶寶。

有一天，她醒來時聽到她父親叫她去替店鋪開門。她轉身看到她丈夫沒有睡在她旁邊，推論他在一定又去徹夜狂飲還沒回家。她爬起來，很快地查看傑瑞，他睡在他們床旁邊的嬰兒搖籃裡。她丟了些糖果給他，然後衝到樓下去幫忙她父親。

「我原本計畫要馬上回到樓上，但有一陣子顧客川流不息，我變得很忙。大約一小時以後，我衝上樓去查看傑瑞，我就是在那時發現他。他臉色發青。我搖晃他……然後我搖得更用力些，卻什麼反應都沒有。我一直尖叫，尖叫，尖叫。」

小恩在一種催眠似的狀態裡，描述她對傑瑞之死的回憶。除了從她臉頰上流下的成行眼淚，她臉上缺乏情緒。

在那之後，小恩的人生急轉直下，變成某種形式的地獄。她丈夫沒有心生憐憫，反而斥責她。每天他都會想出一連串小恩有做或者沒做的事情，然後說就是這個導致他們的兒子死去。她的父母責怪她沒有盡到身為母親的責任，還說因為她的疏忽玷辱了他們的名譽。小恩告訴我：「我覺得不如爬到洞裡去死掉算了。」她變得滿腦子死亡念頭，而且想要結束生命，這樣她就可以跟傑瑞同在了。

「我想過我或許可以用我爸收在店鋪櫃檯下的槍射殺自己，或者把汽油潑到我身上，然後在後院自焚……但我太懦弱了。我甚至沒有膽子自殺，就算我丈夫告訴我，這麼做會是光榮的事。」

直到有一天，小恩乾脆永遠地脫離了她的家庭。在這些年裡，她拿到了高中同等學力證明、離婚證書，還有醫療助手的工作。在將近十年的時光裡，她過著一種隱士的生活。她在工作上遇見她現在的丈夫，在一段漫長且猶豫的求愛過程後，他們結婚了。他是個好男人，也知道她第一段婚姻跟傑瑞的事，但他們沒有討論太多她的過去。現在她懷孕了，她感覺她無法跟他分享她經歷過的事情。她老是覺得氣喘吁吁，就好像她的胃要跳到她喉嚨裡了。她會一次又一次重新經歷她發現死去寶寶的那一刻。他那張臉的影像——腫脹、發青、了無生氣——日日夜夜糾纏著她。

小恩崩潰地啜泣著，我沒有打斷，讓她哭泣。她低著頭，視線從我身上轉開了。她垮著身體，用雙手摀著她的臉，就好像她想要消失，並且她的皮膚發紅。

這些是羞恥感的普遍徵象。

♥ ♥ ♥

人類長期以來利用羞辱當作武器，來保持社會秩序與凝聚力。的確，我們的大腦內建了把羞恥感記錄下來的機制。[2]良性的羞恥感有一種常見的功能。如果你的配偶在桌子底下踢你，因為你在跟朋友共進晚餐時獨占對話，或者你的老闆在你沒為重要會議做準備時對你怒目相向，你可能會覺得很尷尬，不過這樣的經驗幫助我們學會如何在世間行走。但當羞恥感讓某個人感覺失格、被羞辱或丟臉的時候，就會變得危險。

哈佛精神科醫師茱蒂絲·赫曼博士長久以來提出一項論證，在有主導優勢的加害者讓受害者服從的創傷中，羞恥的情緒會變成倖存者經驗的核心。羞恥感有個別稱：「情緒中的灰姑娘」，因為羞恥感通常會被忽略，它所引起的注意力，遠低於變成創傷壓力同義詞的恐懼、憤怒跟罪惡感。這有一部分理由在於羞恥感是一種微妙的情緒，對病人跟臨床醫師來說，都更難以辨識。

羞恥感跟創傷後壓力症的關聯為何？有好幾個對於暴力犯罪倖存者的研究暗示，創傷後體驗到的羞恥感程度與倖存者發展出創傷後壓力症之間有緊密關係。在一項倫敦大學所做的研究中，研究人員找出一百五十多位曾遭遇陌生人暴力犯罪的倖存者，在訪談裡詢問他們的羞恥症狀。他們的訪談結果顯示，持續的羞恥感預測了他們會在攻擊後六個月內發展出創傷後壓力症。[3]

在其他研究裡，回報有較高程度羞恥感的創傷後壓力症患者，從創傷後壓力症中康復的速度比較慢。在遠超過半個世紀前，深具影響力的瑞士精神科醫師兼精神分析師卡爾・榮格（**Carl Gustav Jung**），甚至描述羞恥感是「一種吞噬靈魂的情緒」。他這項早期的觀察有項令人不寒而慄的重要意義，因為現代研究人員已經發現，認可羞恥感的創傷後壓力症病患比較有可能考慮自殺。[4]

♥ ♥ ♥

哀悼心愛之人的死亡，典型的表現是強烈的哀傷、社交退縮，還有失去生活熱情。正常的哀慟，儘管讓人痛徹心肺，卻是暫時性的，在接下來的幾週、幾個月跟幾年內會逐漸淡去。但在某一小群人之中，哀慟可能是創傷性的[5]，時間拖得特別長而且複雜。傑瑞的悲劇性死亡來得太突然，出乎意料，讓小恩受創。她人生中的其他脆弱，讓她的哀慟變得更複雜：她與父母之間困難重重的關係，先前在性暴力中的受創歷史，她在兒子死亡以後無法仰賴原生家庭跟前夫，更糟的是，他們在傑瑞死後羞辱她。如同我向小恩解釋的，她現在的憂鬱有一部分源於對傑瑞之死帶來而沒有解決的創傷性悲慟。

我並不推薦小恩用藥，因為她的懷孕狀態讓服藥的風險增加了，但我建議她嘗試談話治療。在我向她解釋我的理由時，她立刻明白了。

事實證明，治療很不容易。我向她解釋，對於她得到的不公平對待，羞恥感是正常反應，但小恩是玩情緒打地鼠遊戲的的大師。每次她感受到羞恥感的時候，她的直覺就是把這種感覺封起來。羞恥在她看來似乎是一種弱點，這樣的感覺本身就很羞恥。

我們逐漸拆解開她自童年以來的混淆，並且發現了她的羞恥感如何滲進她個人認同的每一個面向。在內心深處，她把自己看成壞女兒、蠢蛋、不道德的女人，她覺得她的寶寶死掉是她罪有應得——傑瑞的死亡就是對她的懲罰，因為她青少年時期的壞行為讓她自己還有她父母丟臉。而現在，身為一位壞母親，她不適合有另一個孩子。她開始領悟到，在過去十年大部分的時間裡，她一直活得像個鬼魂。她到處遊走，感覺麻木又跟世界疏離，還覺得一部分的她跟傑瑞一起死了。在治療中，一股針對她父母的深沉積怨也變得很明顯，這股憤怒太過嚇人，所以她埋藏得很深。

在幾週的治療之後，我邀請小恩把丈夫帶到我們的幾節治療裡來。吉姆對於她早年的生活有點粗略的概念，但他不知道任何細節。他超過六呎高，還有強壯的體格，比小恩高大得多。他的面容很和藹，而在小恩跟我告訴他我們共同合作的最新進展時，他很有耐心地聆聽。他似乎直觀地感受到小恩的痛苦，並且樂意參與她的治療。我對吉姆還有他跟小恩之間的連結有精確連結是很重要的，因為如果我要鼓勵小恩完全揭露她充滿創傷的過往細節，我就需要確定她會得到姍姍來遲的細心對待。

在一個炎炎夏日，小恩進入最後三個月的孕期之後不久，我聆聽她告訴吉姆，她如何受到父母的情緒虐待與羞辱，在青少年時期經歷性侵，在傑瑞死後被責怪、被排斥放逐。吉姆握住小恩的手，在她說故事時輕柔地來回摩挲。在她說完以後，他靜靜地坐著，眼睛濕潤發紅。在他開口時，他直接望進小恩眼裡，向她保證她絕對沒有做任何該受那樣對待的事，她會是很棒的母親，而且無論人生會把什麼樣的挑戰帶到他們眼前，他都會支持她。他的回應完全符合小恩此時此刻的需要。在我看著他們分享眼淚和一個漫長擁抱的時候，我感覺羞恥感鬆開了緊握著他們未來的魔掌。

自殺防治的科學

以一個國家來說，直到每位穿著制服的男男女女、每位退伍軍人，都得到他們保持強壯健康所需的幫助以前，我們不應滿足，也不會滿足。

——歐巴馬總統，二〇一五年簽署「克雷杭特退伍軍人自殺防治法案」（Clay Hunt Suicide Prevention for American Veterans Act）之後

鬧鐘上綠色的螢光記號顯示凌晨三點，向我表明此時的我應該要熟睡。我閉上眼睛深吸幾口氣，設法讓自己平靜下來，回到安詳的睡眠狀態。即將展開的一天有著讓人望而生畏的時間表，不容我疲憊不振。然後我腦中迸出一個念頭，一個鑽進我夢境中的問題，逼迫我處理其中隱藏的意涵：**妳有在戴夫身上看漏了什麼嗎**？

在我臥房裡寂靜的黑暗中，我竭力回想他來就診時的細節。我的病人戴夫，一位伊拉克戰爭退伍軍人，已經還鄉好幾年，但時間流逝並未讓他的精神傷口痊癒。透過沉悶的語調，

他告訴我他飽受折磨的夜晚，而那如此難以磨滅的恐怖回憶，現在依舊不安全地主導著他的生活。戴夫有一頭長得過度茂盛的頭髮，他蜜棕色的眼睛在戰爭的重量下變得光澤黯淡，湧出了淚水。沉默懸在我們之間，而我在椅子上不自在地挪動，猶豫著要不要伸手拿面紙。然後我問了這個問題：「你有想過要自殺嗎？」一陣停頓，然後是「不，醫師，沒有。」

我在心裡一一過濾檢核表上會出現的問題，以確定我已經做了所有該做的事。我增加了他帕羅西汀的劑量（這是一種治療創傷後壓力症的藥物），開了一種短期睡眠藥物，幫助舒緩失眠症帶給他的痛苦，把我擔憂的事告訴他的心理治療師，並且要求戴夫在兩週後（多開的帕羅西汀需要經過這些時間才能發揮藥效）回到我的診所，而不是像平常一樣一個月一次。在我陪他走到診間門口的時候，我向他再三確認如果狀況變糟的時候，他手上有所有的緊急求救電話號碼。

至少在形式上，我似乎已經做了我能做的一切，但我為什麼還是輾轉反側？

當我領悟到我們的約診裡少了哪樣東西時，我心中一沉：是那種「配合得正好」的感覺。「配合得正好」是一種超出理性理解之外的感受，而且可能在一瞬間就來而復去。只要配合得正好的感受出現，便能讓我知道病人正在把我需要知道的一切告訴我，我們彼此意見相同，也共享同樣的康復目標。二十年來治療數千名患者的經驗已經教會我，如果沒有那種「配合得正好」的感覺，總是意味著有麻煩在醞釀了。

我等著天亮，等著一個合理的時間到來，讓我可以打電話給戴夫，確定他沒事。

♥ ♥ ♥

每年有超過三萬名美國人死於自殺，其中大約有百分之二十是退伍軍人。每天平均有二十位退伍軍人死於自殺，而這二十位死者中有六名是在退伍軍人醫院接受照護的老兵。統計數字讓人警醒[1]，並提出這個問題：創傷後壓力症在退伍軍人的自殺悲劇中扮演著什麼樣的角色？

認為「戰爭是地獄」的一方，引用了資料跟直覺性的知識：參與作戰的行動本身，對於一位服役者後續的自殺而言，**必定**是起因。[2]然而，有一個詳盡的二〇一五年研究刊登在《美國醫學會雜誌：精神醫學》（*JAMA Psychiatry*）上[3]，從將近四百萬名服役者的樣本中調查五千名自殺者的結果，卻不支持這樣的理論，因為連從未被派駐到戰區的軍隊成員，也有人死於自殺。[4]

罹患創傷後壓力症確實會讓退伍軍人死於自殺的風險更高[5]，對於體驗到頻繁的侵入性記憶、憤怒[6]跟衝動[7]的患者來說，尤其如此。有創傷後壓力症亞症候群的退伍軍人，回報感受到絕望感跟自殺念頭的比率，是沒有創傷後壓力症同袍的三倍。[8]在此令人擔憂的是，某些可能不符合創傷後壓力症教科書標準的退伍軍人，還是有比較高的自殺風險，而且可能會從治療服務的縫隙中被遺漏。

對於戰時的見聞或行徑有罪惡感的前線退伍軍人，也更有可能滿腦子都是自傷或者嘗試自殺的意念。[9]罪惡感與自殺之間的關係，在最近促成了一種學術概念（獨立於創傷後壓力症之外），稱為**道德傷害**（moral injury）。[10]當某個人體驗到某些事件逾越了他的深層信念，粉碎了他的人生期望時，就會產生道德傷害。在戰爭中，這可能包含導致他人被殺或受傷的無心之過、沒能防止的不道德行為，或者是給出或接獲他認為違背道德的命令。[11]

研究已經顯示，道德傷害可能讓一個人陷入混亂狀態，留下羞恥、罪惡、焦慮與憤怒的傷痕。在一項針對超過五百名退伍軍人所做的二〇一三年研究中，研究人員發現，有稍微超過百分之十的退伍軍人承認，自己對於可能導致道德傷害的越軌行徑有責任，有百分之二十五的人則親眼見證別人所做的越軌行為，還有百分之二十五回報說，曾經覺得被他們一度信任的軍隊同僚或領袖背叛。感覺自己要為越軌行為負責的人，還有感覺遭到背叛的人，都比較有可能企圖自殺。[12]

有過激烈戰鬥經驗、數度負傷，或者有創傷性腦損傷[13]（traumatic brain injury，簡稱TBI）的退伍軍人也有較高的自殺風險。[14]在前線退伍軍人身上很容易看出如何可能同時有創傷後壓力症跟TBI。一個從炸彈爆炸衝擊中倖存的士兵，遭受導致TBI的頭部傷害。在這樣的事件裡，他也親眼見到一位軍隊同袍慘死。在創傷之後，活下來的他帶著受過傷害的大腦，要處理這些恐怖的記憶——這是有潛在致命性的雙重打擊。

從調查軍中性創傷（military sexual trauma）案件的研究裡，也浮現出一種令人憂慮的趨勢：軍中性創傷是一種退伍軍人相關詞彙，用來描述從軍期間發生的性侵或性騷擾經驗。雖然軍中性創傷並不是一種診斷，但這種事件通常會觸發像是創傷後壓力症、憂鬱跟物質濫用等心理健康問題。一組由國家創傷後壓力症中心的瑞秋・金莫林（Rachel Kimerling）博士率領的團隊，藉著挖掘退伍軍人資料庫，篩選出有性創傷的人，發現遭受軍中性創傷與後來自殺，或者做出其他自傷行為，兩者之間有很強的相關性。[15]

另外有些發現跟前述事實有幾分相關性：女性退伍軍人的自殺率，是一般同齡女性的六倍。[16]特別值得關注的是，在最年輕的女性退伍軍人中，自殺的風險更高上許多，年齡介於十八到二十九歲的這些人，自殺風險幾乎是她們平民同輩的十二倍。其中一個理由可能是她們更容易取得武器，但經歷過軍中性創傷看來也扮演了推波助瀾的角色。

因為LGBT身分而有過受害體驗的LGBT退伍軍人，也有自殺風險。[17]的確，最近一個針對超過兩百名跨性別退伍軍人所做的跨區域全國調查暗示，回報在服役時曾有跨性別相關汙名化經驗，且現在有創傷後壓力症症狀的人，有更高的風險會做出自殺的行為。

防治有創傷後壓力症的退伍軍人自殺的關鍵，在於提供高品質的治療。[18]這種治療包括充足的談話治療，還有，如果批准用藥，病患服藥的時間要夠長，劑量要夠高，以便達到完整效果。然而臨床醫師無法強逼患者接受治療。現實狀況是，有自殺傾向的病患可能拒絕承認他們的自殺念頭，唯恐他們會被迫接受治療，或者擔心揭露此事會導致他們的計畫受到挑戰。

在過去二十年來的大多數時間裡，退伍軍人管理局在應對自殺的方法上經歷了劇烈的轉變。在二〇〇四年，他們發展出全面性心理健康策略計畫（Comprehensive Mental Health Strategic Plan），並且加上二十四小時自殺防治熱線，還有即時通訊與簡訊服務，讓身陷危機的人可以直接聯絡心理衛生專業人士。此外，透過這個系統也建立篩檢與評估機制，以便協助確認出高風險的病患。每個退伍軍人醫學中心都有一位自殺防治協調員，其工作就是確保有自殺風險的退伍軍人能聯絡上正確的服務機構，並且接受適當的後續處理。那些被辨識出有高風險的人士，會接受加倍的照護，包括每週約診，並且在錯過約診時加強後續追蹤。

♥ ♥ ♥

面對環繞著退伍軍人自殺議題的不確定性，我發現自己仰賴著一種經得起時間考驗的醫學傳統：我與病患之間緊密的關係帶來的力量，以及創造讓他們感覺能夠暢所欲言環境的重要性。創造出這樣的環境並非輕而易舉，因為二十一世紀的醫療業務，為執業的醫師提供了無窮無盡讓人分心的事務：接連不斷的診療排程，電子病歷傳來不間斷的警示、提醒，以及要求持續察看的指令，即時訊息、電子郵件、簡訊還有電話，要求醫師立刻做決定、下判斷。當然了，還有堆成小山的文書作業。

在這樣的環境下，我發現聆聽我的病患說話，已經變成我能提供最強效的服務之一。聆聽並創造出安靜的空間，讓病患可以在其中用表達出自己最糟的恐懼、最深的祕密來填滿這樣的空間。

在我辦公室裡，我注視著牆上的時鐘滴答作響。一到早上八點，我就拿起電話，打到戴夫的手機上。鈴聲響了又響。我心中一沉，因為我害怕這通電話會轉向語音信箱，然後在有人接起來的時候，我心跳漏了一拍。

「哈囉？」

「嗨，戴夫，我是退伍軍人醫院的珍恩醫師。」

「喔，嗨，醫師。」

「我知道你昨天並不好過，所以我想來問問狀況。」

靜默。

「我在想，你這個星期應該回診，而不是下星期再來，你覺得怎麼樣？」

靜默。然後說：「好，我想這是個好主意。」

我們先前的約診裡缺少的東西，現在就在他的聲音裡，在他語調中的轉變，即使這種改變很微小，卻在某方面來說讓人安心：配合得正好。他在聆聽我，或許更重要的是，他知道我在聆聽他——我們是共同合作的團隊，朝著彼此認同的目標前進。我知道這並不保證之後不會有艱困的時候，但現在這樣就夠了。

第五部　治療創傷壓力

談話治療及其他

聽著，你必須開口。
雖然我們拙於表達我們的感受和記憶，但我們必須嘗試。
我們必須盡己所能講出故事。
說真的，我已經學到某件事：
沉默從未幫到受害者，它只助長了加害者……
如果我保持沉默，我就毒害了我的靈魂。

——埃利・維瑟爾（Elie Wiesel），一九九六

過去從來沒有這麼多可以提供給創傷後壓力症患者的有效療法。如今，創傷後壓力症患者能夠受益於四十年的研究發展所造就的各式各樣療法。追求精進的熱忱仍然非常活躍，因為全世界的臨床醫師與科學家都在探索新的方法，也在實驗怎麼樣最能夠修正既有的療法，

好讓這些療法發揮最大的影響力，盡可能觸及愈多人愈好。[1]

創傷後壓力症治療的黃金標準是認知行為治療（cognitive behavioral therapy，簡稱CBT）。典型的CBT包含患者跟心理衛生專業人士每週會面，最多可達四個月，每一節治療長度從六十分鐘到九十分鐘不等。在一篇後來變成重大里程碑的論文裡，研究人員安克．艾樂斯（Anke Ehlers）博士與大衛．M．克拉克（David M. Clark）博士提出一種創傷後壓力症的認知理論，其中包括三個關鍵特徵：持續對創傷事件產生負面認知（或思維），對於創傷事件周遭的記憶扭曲，還有在嘗試因應創傷時，採納有問題的行為與思維。[2]尤其第三個特徵，更是讓創傷後壓力症症狀火上加油。有效的CBT瞄準這三種特徵，目的在於消除它們，從而紓解精神苦難。創傷後壓力症的認知行為治療是個統稱，其中包含了許多治療最有效的是認知歷程治療（cognitive processing therapy，簡稱CPT）還有長期暴露（prolonged exposure，簡稱PE）。

派翠西亞．雷希克（Patricia Resick）、甘蒂絲．蒙森（Candice Monson）與凱薩琳．查德（Kathleen Chard）三位博士發展出的CPT療法，小心翼翼地分析了所有與患者創傷相關的認知。典型的創傷倖存者會有不正確的認知，這些認知掌控了他們的生活。例如：「要是我沒有穿那件洋裝，強暴事件就不會發生了」或者「如果我早個兩分鐘到那裡，我就能救他一命了。」這樣的錯誤認知，助長了創傷後壓力症症狀，而CPT能有系統地挑戰這些認知。

在治療師的引導下，患者寫下詳細的創傷記敘，在療程中讀出來，然後和治療師一起指出哪些想法是精確的，以及哪些不是。透過治療，病患歷經了認知重構。雖然CPT在一對一的基礎上提供給患者是最有效的，但在團體治療中，CPT的效果也相當良好。[3]

CPT也聚焦於創傷後壓力症患者身上常見的認知不協調經驗，這些患者的創傷經驗，並未與他們創傷前的信念系統協調一致。[4]舉例來說，在經驗創傷以前，通常人會相信「壞事只發生在壞人身上」，他們認為自己能夠掌控人生，也相信世界是個可以預測的地方。但經歷創傷事件通常會粉碎掉這些信念，導致巨大的精神苦難。CPT幫助受創者重新評估他們的的核心信念系統，並且把這個系統調整到符合新的現實。

PE是由賓州大學心理學家愛德娜．福艾博士所發展出來的，這仍然是創傷後壓力症最有效的療法之一。[5]在PE療法中，治療師引導患者重演創傷。這個過程稱為暴露，本質上是鼓勵病患去面對觸發創傷症狀的記憶、物品、活動與處境，好讓他對於和這些觸發物有關的焦慮與壓力，逐漸減低敏感度。這些觸發物可能包括創傷的記憶（內在線索）或者當下環境中的元素（外在線索）。

對於內在線索，治療師會要求病患具體描述創傷的記憶，並且盡可能包括愈多的感官細節。例如，一位從擁擠市場的致命爆炸中倖存下來的退伍軍人，可能會回憶起人群在混亂中到處逃竄的畫面，尖叫的聲音、皮肉燃燒的氣味、心裡想著他就要死去的念頭，以及嚇壞了的感覺。

對於外在線索，治療師會鼓勵病患暴露在會觸發他們創傷後壓力症症狀的環境中。前例中的這位退伍軍人可能過度警覺並且逃避人群，治療師會鼓勵他讓自己暴露於一連串情境中，以此幫助他克服在大批人群旁邊的恐懼。他起初可能會在一個安靜的週間日去一趟沃爾瑪超市。如果這次出行很成功，下星期他可能就能面對進一步的挑戰，在比較繁忙的週末造訪購物中心。參與這樣的暴露練習，會降低觸發物劫持病人身體與大腦的力量，使其不至於像治療前一樣，藉此幫助病人。

國家創傷後壓力症中心的克雷格·羅森（Craig Rosen）博士，曾描述一些談話治療如何提供幫助的綜合性原則：

> 創傷思維與記憶通常是「難以啟齒」，也是「難以想見的」，就是這一點使創傷後的恢復過程受到阻礙。這些念頭就像是令人印象深刻的電影預告，體驗起來如此直接而鮮明，但光憑它們自身，並沒有辦法說出完整的故事。這些難以啟齒的創傷記憶或思維，變成了抑制心靈重新整合的癥結點，而這種重新整合，卻是療癒所需要的……這些片段記憶需要被整合到更大的敘事中，新的學習需要被補充到舊的記憶線索裡，而且創傷前的相關信念，全都需要被重新評估。[6]

羅森提醒我的另一個重點是，認為只要讓倖存者講出創傷故事就夠了的這種看法是錯誤的：「在某人有創傷後壓力症的狀況下，講述一次創傷故事只是打開一個開口，而不是一種治癒。創傷故事需要在有技巧的專業人士協助下一說再說，才能恰當地徹底處理。」跟主流的信念相反，以這種方式刻意讓自己暴露在創傷記憶裡，並不會讓症狀變得更糟糕。甚至，在有技巧的治療師幫助下進行，患者的創傷後壓力症症狀會有所改善。[7]

做為治療程序的一部分，在所有的CBT療法中，也會教導患者創傷暴露與創傷壓力的本質，還有像是呼吸與肌肉放鬆練習等焦慮管理技巧。教學內容中也包含安心穩步技巧（grounding technique），患者會從中學到一些策略，幫助他們從情緒痛楚中抽離，並且重新取得對個人感受的控制力。患者可能學到，當他被侵入性記憶轟炸的時候該如何握緊或放鬆雙拳，或是藉著回想激勵人心的名言來自我安撫。

有一種備受看好的科技進展現在正在測試中，叫做虛擬實境暴露治療（virtual reality exposure therapy）。[8]這種療法利用即時電腦繪圖、身體動作追蹤裝置、影像顯示器以及其他感覺輸入裝置，創造出讓人暴露在其中的虛擬世界。想像暴露法常用於治療創傷後壓力症，而虛擬實境暴露是它其中一種變化型，正受到積極的探究，以便看出其能夠多有效地減少創傷後壓力症症狀。另一種重新設計療法的方式，是提供更密集的套裝行程。英國研究人員把好幾種版本的創傷聚焦心理治療（trauma-focused psychotherapy），壓縮到七天的密集治療中。[9]他們發現，跟原來一週一次，為期十二週的治療相比，這種做法效果一樣好。在另一個英國的研究裡，他們提供了綜合個人與團體療程的六週密集住院治療計畫，給將近兩百五十位有創傷後壓力症的退伍軍人。[10]這些研究人員注意到創傷後壓力症症狀有顯著下降，在隨後六個月的追蹤裡一直維持著。

眼動減敏與歷程更新療法（eye movement desensitization and reprocessing，簡稱EMDR）與短期折衷式心理治療（brief eclectic psychotherapy），也被視為創傷後壓力症的一線療法。弗蘭欣．夏皮洛（Francine Shapiro）博士在一九九〇年發展出EMDR，EMDR讓病患暴露於一些短暫而連續的創傷記憶，且要求他們同時專注於某一個外在刺激。[11]這個外在刺激可能是治療師引導患者做出橫向的眼睛運動，手部輕敲，或者聆聽某種聽覺刺激。EMDR勝過其他療法而廣受宣傳的好處之一，是它可以靠著僅僅幾節治療就達到成果，所以這個療法沒有CPT或者PE那麼費勁，CPT與PE通常要求病患除了出席治療以外，回家還要練習。

短期折衷式心理治療是伯托德．葛森斯（Berthold Gersons）博士在一九八〇年代發展出來的，就像這種方法的名稱所暗示的，它結合了不同精神治療的元素，並且把重點放在與創傷事件相關的駭人與恐怖。[12]這種治療對於病患的個人背景付出更多的關注，例如他們的童年經驗，還有獨特的個人風格。

在全球的前線上，找到有效的辦法治療住在衝突頻繁、資源低落環境下的受創者，是一個重大挑戰。[13]面對這些人工作的臨床醫師們早就已經體認到，承認社會性創傷屬於治療的一部分是很重要的。[14]近年來，一群德國心理學家把一九八〇年代在拉丁美洲發展出來的見證治療（testimony therapy），跟暴露治療結合起來，創造出敘事暴露治療（narrative exposure therapy，簡稱NET）。[15]加上暴露練習，在NET的治療程序中具體指明了在病患的要求下，他們的匿名證言可以被送到人權機構去，為遭受人權侵犯留下紀錄，從而讓倖存者能夠把他們的創傷經驗，放到一個重要而且範圍更大的社會與歷史脈絡中。[16]

所有這些創傷聚焦心理治療，對於罹患創傷後壓力症的大腦與身體有什麼樣的衝擊？有創傷後壓力症的人的海馬迴（大腦其中一個部位，對記憶形成來說很關鍵）比較小。[17]有創傷後壓力症的大腦也有過度誇張的杏仁核反應，額葉比較不活躍，不到該有的程度，因此無法控制反應錯誤的杏仁核。心理治療似乎會減少杏仁核活動，並且增加額葉區與海馬區的活動。在分子層面上，早期研究指出創傷後壓力症患者細胞中的DNA損傷，在心理治療後痊癒了[18]，暴露治療則已被發現可以強化創傷後壓力症患者的免疫系統。[19]

重要的是，我們要承認雖然這裡討論的療法已經得到科學證實，對許多人都有效，卻有可能不會對每一個創傷後壓力症患者都有幫助。再者，我們通常很難預測哪種療法會對病人有效，所以在治療師釐清對某位患者來說最佳的方法是什麼的時候，通常會有幾次嘗試錯誤的過程。

♥ ♥ ♥

儘管我們確實具備有效的談話治療法來對付創傷後壓力症，然而一般公認許多患者並沒有尋求這些治療手段[20]，而且就算他們這麼做了，中輟率也很高。[21]這種不情願，很有可能跟重溫創傷事件在本質上就讓人望而生畏有關。對於許多與創傷後壓力症共同生活的人來說，參與認知重構或者暴露練習在未來的機會，可能就是太多了，使他們不堪負荷。

為了回應中輟與參與度的問題，已經有人採用比較不聚焦於創傷的方法，甚至有了鼓舞人心的成果。紐約大學及國家創傷後壓力症中心的心理學家瑪莉琳・克蘿伊特（Marylene Cloitre）博士，發展出情緒與人際控管技巧訓練（Skills Training in Affective and Interpersonal Regulation，簡稱STAIR）。[22]STAIR把重點放在每天與創傷後壓力症共同生活的實際後果上。這個方法教導患者用簡單的技巧，來管理他們的負面情緒，並且改善他們的人際關係。事實已證明，對於有嚴重創傷後壓力症的患者，這個方法是在創傷聚焦心理治療之外一項有效的選擇。[23]

接受與承諾治療（acceptance and commitment therapy，簡稱ACT）是對創傷後壓力症患者可能有幫助的另一種治療方式。[24]此法結合了正念（mindfulness），還鼓勵病人以跟他們個人價值觀一致的方式去貼近生活，並重新參與活動。把性靈方法整合到與前線戰鬥相關的創傷後壓力症治療中，也是另一個引起強烈研究興趣的領域。[25]一項研究的結果暗示，在性靈面向上得分較高的創傷後壓力症退伍軍人，似乎在治療中狀況較佳。把創傷相關議題的性靈面向合併進來，帶來了讓治療更有效的希望。

對於心理自覺度高，習慣用理性與邏輯來解決自身問題，對於閱讀寫作跟做回家功課感到很自在的患者而言，談話治療的收效良好。當然，並不是每一個人都是從這種面向上來貼近生活，涉入認知面向之外的其他方法，也變得愈來愈受歡迎。

身心療法[26]，像是正念、放鬆（包括生理回饋訓練、心像、視覺化跟漸進式肌肉放鬆法）、冥想、瑜伽、太極、按摩、針灸與催眠，都被廣泛運用在創傷後壓力症病患身上。[27]有些被看好的證據，支持像是瑜伽跟針灸這類方法的有效性。

也有初步的證據支持像是腦波圖（electro-encephalographic，簡稱EEG）生物回饋[28]，和正念訓練這類療法。EEG生物回饋也稱為神經回饋（neurofeedback），被用在治療上已經超過三十年，現在正有人研究它與創傷後壓力症的關係。這是一種行為治療技術，藉著把患者連結到腦波圖上，指出病患不正常的腦波活動。治療師接著讓病患參與認知練習，以便重新訓練大腦，並改變異常的腦波圖模式。一項最近的前導研究，把神經回饋用在抗拒治療的創傷後壓力症患者身上，結果顯示完成了四十個神經回饋訓練療程的參與者回報症狀大幅減少。[29]

以正念為基礎的練習，目標在於培養患者對自身思維、情緒與行為有時時刻刻的覺察，希望這種覺察會帶領他們以一種非批判性、仁慈且充滿好奇心的方式來貼近生活。這種做法挑戰了許多心理療法的傳統基礎：要求患者在重新訓練自身行為的時候，「裝到弄假成真為止」。正念反而把目標放在激發好奇心，並且邀請病人從過去的行為中走出來，自然而然地放手。有一個隨機對照研究，讓六十二位有創傷後壓力症的退伍軍人接受四節課的正念訓練計畫。[30]完成計畫的退伍軍人回報創傷後壓力症與憂鬱症狀顯著減少，八週之後仍然維持有效。

藝術治療可以發揮功效，讓藝術表達成為患者表達自身價值觀、目標、思維與情緒的管道。體育活動，像是團體腳踏車課程，能夠針對社交孤立與逃避這類的創傷後壓力症症狀對症下藥。利用自然力量的活動[31]，像是登山、釣魚、耕作、衝浪、園藝，還有跟動物（包括馬匹[32]）建立關係，也得到愈來愈多的注目。舞蹈課程已經施行在有慢性與嚴重創傷後壓力症的退伍軍人身上[33]，當成補充性質的健康方法，且有許多參與者對於他們的經驗持壓倒性的正面看法。或許最常被大家論及的活動之一，就是用狗當成創傷後壓力症患者的服務或情感支持動物。[34]雖然以上這些另類方法對許多創傷後壓力症患者都很有吸引力，但重要的是要注意這些方法大半仍舊未經檢驗。[35]

美國的心理衛生專業人士人數不足，在內城區跟鄉村城鎮尤其如此，這個現象通常限制了有效談話治療的易獲得性。此外，承諾在三四個月內會每週出席治療，對許多專業人士來說可能很奢侈。無處托兒、保險共同負擔費用、每次就診必須花費油錢，還有無法請特休假等，全都是病患曾告訴我會阻止他們投入治療的常見障礙。另外，當然還有些人的症狀太嚴重，有些人無法忍受治療過程，或者可能曾經嘗試過治療，卻覺得沒什麼幫助。因為這些理由，創傷後壓力症的預設療法通常是精神科藥物。

精神科藥物

一切都有編號：鏡片、如畫的天空、我的恐慌症藥丸毫克數。我有讓我能看得更清楚的處方藥眼睛，還有讓我能裝瞎的處方藥丸。

——賈麗娜．米雅納（Jalina Mhyana），《夜視之夢：小品文寫成的故事》（*Dreaming in Night Vision: A Story in Vignettes*）

療程一

蘇珊是一位五十歲的高加索女性。職業是教師，跟她的青少年子女同住。經歷激烈的離婚後，最近搬到本區。

她報告說有長達二十年的創傷症狀，那與大量的童年性虐待與後來的婚內強暴有關。最近因為搬家、新工作與離婚的壓力，症狀惡化了。現在很憂鬱，還有失眠症與和創傷有關的夢魘。體驗不到生活中的樂趣，社交孤立。

動機與專注力欠佳（有受虐的侵入性記憶）正在干擾她的工作表現。她仍然在試用期，害怕被開除，失去房子，也怕沒有管道送她的孩子們進好學校。

主訴：「我有百分之五十的人生滿懷著恐懼。」恐懼她會再度被性侵。害怕在家，最小的一點噪音就嚇得跳起來，不願站在靠近窗戶處或在天黑後出門。如果晚上要起身上廁所就拿刀傍身。

做過一些治療（不是創傷聚焦心理治療，「太嚇人了」）。她以前從未嘗試藥物，有矛盾情緒：「我會覺得吃藥好像很失敗。」

臆斷：創傷後壓力症

計畫：

一、建議嘗試每日服用低劑量舍曲林二十五毫克，計畫在接下來數週內慢慢增加劑量。

二、兩週後回診。

療程二

蘇珊回報說她的同事們注意到她有改變。她覺得更有精力，沒那麼害怕了。每天遵醫囑使用舍曲林，無嚴重副作用。

憂鬱及其他創傷壓力症狀仍在。

臆斷：創傷後壓力症

計畫：

一、增加每日舍曲林劑量到五十毫克。

二、兩週後回診。

療程三

蘇珊回報有改善。焦慮、過度警覺與恐懼較少。比她多年來感覺到的更放鬆了。每天遵醫囑服用舍曲林，無嚴重副作用。

仍舊社交孤立，夜間失眠。

臆斷：創傷後壓力症

計畫：

一、增加每日舍曲林劑量到一百毫克。

二、四週後回診。

療程四

蘇珊報告說藥物很有幫助。明顯較少過度警覺與焦慮。她更有精力，更能夠應付孩子，從日常生活中得到更多樂趣。每天遵醫囑服用舍曲林，沒有副作用。

失眠、夜間焦慮與夢魘仍然是顯著問題。

臆斷：創傷後壓力症

計畫：

一、增加每日舍曲林劑量到一百五十毫克。

二、四週後回診。

療程五

蘇珊報告說她跟她妹妹見面了，對方說她「判若兩人」。回報症狀有幾乎百分之百的改善。焦慮、恐懼跟過度警覺已經消散。她甚至注意到偏頭痛變少了，因此較少請病假。能夠享受假日，並且造訪某些朋友家人，她已經多年沒做過這些事了。感覺能夠在自己家裡放鬆。失眠與夢魘也改善了。病患有更多精力，而且工作表現更好。每天遵醫囑服用舍曲林，沒有副作用。

臆斷：創傷後壓力症

計畫：

一、繼續服用舍曲林一百五十毫克。

二、三個月後回診。

療程六

蘇珊回報她感覺好極了。以目前的舍曲林劑量，維持症狀百分之百改善的狀態。她回報身體感覺不同了，因為持續恐懼產生的緊張消失了。變得更參與生活，能夠在天黑後駕車，帶孩子們出去吃晚餐以便慶祝他們得到好成績。

這些經驗進一步強化她的自信。每天遵醫囑服用舍曲林，沒有副作用。

臆斷：創傷後壓力症

計畫：

一、繼續服用舍曲林一百五十毫克。

二、強烈建議病患考慮做一輪創傷聚焦心理治療，當成治療她的創傷後壓力症，又可以提供額外益處的非藥劑方法。她傾向同意這麼做。

三、六個月後回診。如果病患仍舊沒有症狀，就會考慮逐漸停用舍曲林。

♥ ♥ ♥

抗憂鬱劑藥物對於許多創傷後壓力症患者來說，都是有效的治療辦法。[1]「抗憂鬱劑」這個標籤容易誤導，因為這些藥物對於多種憂鬱症以外的心理健康問題也都有幫助，包括創傷後壓力症、焦慮症、強迫症跟衝動控制疾患（impulse control disorder），這些還只是其中幾個例子而已。有好幾種藥物都屬於「抗憂鬱劑」這個總稱的範圍內，不過選擇性血清素再吸收抑制劑（selective serotonin reuptake inhibitor，簡稱SSRI）是在創傷後壓力症領域中被探究得最徹底的藥物。

SSRI藥物氟西汀（fluoxetine）、帕羅西汀與舍曲林，已經在針對超過三千名創傷後壓力症患者的試驗中被研究過，這類藥物被發現能夠降低侵入性思維、情緒麻木與過度警覺的程度。這些藥物確切來說怎麼生效的仍舊未知，不過有假設認為，這些藥以掩蓋許多實為創傷後壓力症症狀的血清素失調為目標。[2]使用這類藥物的益處，在於這些藥物經過嘗試與檢驗。其中許多藥已經上市數十年，開給數百萬人服用過了。

決定要開哪種抗憂鬱劑，通常取決於病人的個別因素。[3]如果我的病患激烈抱怨失眠，那麼米氮平可能很有用，[4]這種藥被認為以大腦的組織胺接收器為作用目標，有鎮定效果，在睡前服用這種藥有助於減輕失眠症狀。抗憂鬱劑文拉法辛（venlafaxine），對於同時也苦於慢性疼痛的病患來說，是很好的選擇，這不只是因為有優良的證據顯示此藥對創傷後壓力症有效，也因為它有止痛功效。[5]用一種藥來解決多種問題向來很合理，因為這樣精簡的做法，比較不會導致副作用與有害的藥物交互作用。

醫學遺傳學（medical genetics）現在還不能預測哪個病人最適合哪種抗憂鬱劑，所以我常常問出粗略但還是有用的問題：你有任何血親苦於創傷壓力、焦慮或憂鬱嗎？要是有，你知道哪些藥物對他們有效嗎？對他們有副作用嗎？這些問題的答案，幫助我決定替我的病人選哪種藥物。

好消息是，高達百分之六十的患者會對SSRI藥物有良好反應。[6]除了對病患的整體身心健康及症狀改善有貢獻以外，藥物也改變了創傷後壓力症的大腦。近期一連串小規模的神經造影研究已經顯示，在接受治療的創傷後壓力症病患大腦中，藥物增加了海馬區的體積，減少了杏仁核放電，並且增加了前額葉的活動。[7]

蘇珊的例子只是我見過的許多實例之一：一位創傷後壓力症患者服藥之後，體驗到人生的轉變。對蘇珊有利的是，儘管她起初有矛盾情緒，她還是投入治療過程，並且照指示服用藥物，沒有跳過劑量，而且後續約診都有來。蘇珊沒有濫用酒精或使用非法藥物，而且只攝取最少量的咖啡因，這個事實可能也有助於讓她體驗到藥物能提供的全部益處。像蘇珊這樣的病患，常常表示後悔沒有早點嘗試服藥，他們不必要地受苦受難太久了。

病患來找我時，通常對於精神科藥物的能與不能，有些錯誤的觀念。他們覺得自己會變成行屍走肉，會對藥丸上癮，或者藥物會改變他們身而為人的核心本質。但我告訴病患，這些藥物並不是神奇子彈或者快樂丸，而是一個機會，讓他們能夠再度成為最佳版本的自己。這些藥丸需要好幾週才能生效，而且病患必須下定決心天天服藥。我強調維持後續回診的重要性，因為隨著時間過去，我可以微調他們的藥物劑量，好讓他們體驗到最大的益處，而只有最少的副作用。

在服用這些藥物的時候，病人應該能夠過著充實活躍的生活。這些藥必須按照處方指示服用，不能跟酒精或街頭藥物混用，而且劑量不應該自己隨意調整。我無意讓我的病患永遠都吃這些藥，更確切地說，我是把藥物看成拐杖，是大腦與身體在得到恰當機會療癒時可以倚靠的東西。如果一位病患有六個月沒有症狀了，我都會提出逐漸徹底停藥的選項。一旦我的病患穩定下來了，回診就可以間隔久些，但在時機來臨之前，我會密切注意他們，寧願每隔幾週就見他們一次。

對於那些有嚴重或慢性創傷後壓力症的人，抗憂鬱劑可能不夠有幫助。我自己的研究顯示，某些類型的精神科藥物，像是情緒穩定劑（mood stabilizer）和第二代抗精神病藥物（second-generation antipsychotics，簡稱SGA），都是常被開立治療創傷後壓力症的藥物，[8]儘管支持開立這種藥物的科學根據仍然不完全。

像是卡巴馬平（carbamazepine）、雙丙戊酸（divalproex）、拉莫三嗪（lamotrigine）還有托吡酯（topiramate）等情緒穩定劑，在創傷後壓力症研究試驗中都曾被研究過。這些藥物會影響大腦化學物質麩胺酸（glutamate）和伽瑪胺基丁酸（gamma-aminobutyric acid，簡稱GABA），前者會刺激神經細胞，後者則會抑制神經細胞活動。一般認為恢復（腦中化學物質）平衡，對於過度敏感、易怒與攻擊性等創傷後壓力症症狀有正面影響。某些研究指出，對於一線創傷後壓力症療程無效的病患來說，托吡酯有其價值。除此之外，對其他情緒穩定劑所做的研究，已經得出好壞參半或負面的結果，開這種類型的藥物給創傷後壓力症患者的價值仍然可疑。[9]

把SGA藥物，像是奧氮平（olanzapine）、喹硫平跟理思必妥用在創傷後壓力症患者身上還有爭議性。SGA藥物在一九九〇年代晚期上市，本來是設計出來治療嚴重的心理疾病，像是思覺失調症跟躁鬱症，不過一連串小規模的控制實驗暗示這些藥可能也對創傷後壓力症患者有益。SGA 藥物能夠平衡多巴胺與血清素神經傳導系統，藉此影響情緒穩定度與焦慮程度。多巴胺和創傷後壓力症患者的情緒反應、功能執行與壓力反應異常有關，所以認為 SGA 藥物可能有幫助，是合理的看法。[10]

早期研究發現，SGA 藥物能幫助抑制經常讓人聯想到慢性創傷後壓力症的侵入性記憶與過度警覺，因此臨床醫師開始提供微量 SGA 藥物給有這些問題的創傷後壓力症病患。[11] 要釐清的是，SGA 藥物並沒有正式被認可用在創傷後壓力症的治療上，但因為病患對抗憂鬱劑反應不佳而感到幻滅的一線臨床醫師，他們想尋求各種方法來緩解病患的痛苦。開立 SGA 藥物處方之所以被正當化，是因為使用的劑量遠遠低於治療嚴重心理疾病所需的劑量。

但接著出現了逐漸增長的擔憂：SGA 藥物導致病患體重增加，並且發展出高膽固醇與糖尿病的問題。在此同時，美國正處於肥胖大流行的困境中。精神科醫師因此有責任重新思考怎麼在病患身上使用這些藥物。二〇〇七年，國家創傷後壓力症中心與耶魯大學的研究人員開始為期三年的試驗，要探究對於單純使用抗憂鬱劑卻無效的創傷後壓力症患者而言，理思必妥是不是一種有效的附加治療方法。結果令人失望。服用理思必妥的患者在創傷後壓力症症狀上沒表現出多少進步。而且，他們回報說有更多的副作用，以體重增加、疲憊與嗜睡的形式出現。刊登在《美國醫學會雜誌》的研究結果很清楚：使用理思必妥做為創傷後壓力症的附加療法，並不是有效的治療策略。[12]

我現在不用這類藥物治療我的創傷後壓力症病患，只會開立這種藥物給用盡所有其他手段，或者症狀嚴重到會危害自己或他人的患者。就算在這種時候，我的處方也會加上細心的諮詢，說明藥物的風險與益處，而且我會密切注意他們的體重，還有膽固醇與血糖濃度。在每次約診中，我會重新考量使用SGA藥物的決定，看看我們是否到了可以開始減藥的時機。

最近的研究指出，鐘擺可能盪回對SGA藥物有利的那一邊。刺激這些研究的痛點，仍然是這個事實：並不是所有創傷後壓力症患者都對抗憂鬱劑有反應，而醫師們很渴望得知他們可能還有哪些別的選擇可用。在一個針對八十名慢性創傷後壓力症退伍軍人所做的研究中，科學家探究把SGA藥物喹硫平當成單劑是否會有效果，對照組是安慰劑。服用喹硫平的那一組，在他們的創傷後壓力症侵入性思維與過度警覺這方面得分有進步，而研究人員發現對體重沒有負面影響。[13]這些早期結果指出，喹硫平做為創傷後壓力症的獨立治療方式可能有價值。

某些實驗性方法是用藥物來強化談話治療的正面效果，並且產生了鼓舞人心的成果。D—環絲胺酸（D-cycloserine）這種藥，是N—甲基—D—天門冬胺酸（N-methyl-D-aspartate，簡稱NMDA）受體的部分致效劑，NMDA受體則是一種在學習與記憶中扮演必要角色的腦部受體。初步的資料指出，使用D—環絲胺酸可能有效地增強提嚴重創傷後壓力症患者談話治療的效果。[14]在紐約布朗克斯所做的一個研究裡，退伍軍人醫院檢視皮質醇（hydrocortisone）藥丸是否能夠增強長期暴露治療（PE）對創傷後壓力症患者的有效性。接受皮質醇的退伍軍人，在為期十週的PE治療後，顯示症狀降低的幅度更大，而且中輟治療的比率也較低。[15]在更近期，α-2腎上腺素受體拮抗劑育亨賓鹼（Yohimbine）據報有類似的成果。[16]透顱磁刺激（transcranial magnetic stimulation），一種運用磁力線圈來刺激前額葉的程序，在認知歷程療法（CPT）之前先做，可能也會增強患者對於CPT的反應。[17]

有一類藥物在創傷後壓力症治療故事裡顯然以惡棍姿態現身[18]，這種藥物是苯二氮平類，其中包括像是蘿拉西泮（lorazepam）、可那氮平（clonazepam）、三氮二氮平（alprazolam）、替馬西泮（temazepam）跟二氮平。這些藥丸在病患之間很受歡迎，理由很簡單，對於創傷後壓力症常見的不適症狀，例如焦慮與失眠，這些藥物能夠迅速緩解。問題在於這種短期的緩解有長期的代價。這些藥物減輕症狀的效果不但缺乏證據支持，還有資料指出這些藥物實際上會讓症狀變得更糟。

苯二氮平類藥物的一個重大問題，在於它們的副作用。研究人員詳細地記錄了這些藥的濫用潛力，當我們考量到上癮跟創傷壓力常常攜手並進的時候，就必須認真看待這種狀況。對年紀較大的病患來說，副作用特別有害：記憶困難、混淆、駕駛能力受損，跌倒與髖部骨折的機率還會增高。[19]

隨著二〇一二年在《英國醫學雜誌》（*British Medical Journal*）刊登的一個大數據研究，苯二平類氮平類大大失寵了。[20]作者們追蹤超過一萬名被開立這些藥劑的病患，大多數都是為了治療失眠症，他們發現與長期使用這些藥物相關的整體死亡率，增加了百分之五十。今天，如果我開立苯二氮平類藥物給我的病人，通常不會給予超過幾天份的藥量，目的只是讓他們放在藥櫃裡，供緊急需求之用。

藥物管理

在我早年的專業生涯中，我一直追問的問題是：「我怎樣能處理、治療或改變這個人？」現在，我的問題要改換成這樣：「我怎樣能提供一種關係，使這個人能用於他自己的成長？」

——卡爾·羅哲斯（Carl R. Rogers），《成為一個人：一個治療者對心理治療的觀點》（*On Becoming a Person: A Therapist's View of Psychotherapy*）＊

有很長一段時間，我把「藥物管理」理解為一種沒多少臨床價值的保險業用語。而今天，我已經開始把藥物管理看成是體現精神科執業良好的基本原則。在我們逐漸破碎化的健康照護體系裡，我們全都被要求用更少資源做更多事[1]，治療的基本原則通常被排擠到一旁。[2]高規格的藥物管理會是什麼情景？如果你在尋求對創傷後壓力症的幫助，或者要幫助心愛的人，你要如何分辨你是否得到了最好的照護？

尊重這趟旅程

在我第一次會見病患時，他們低估自身苦難其實還算常見。他們想要呈現出最好的自己，而且通常設法說服自己說他們不需要見我。有時候我會很想跟我的病患們沆瀣一氣，但接著我就提醒自己，要尊重他們到我辦公室的這趟旅程。大多數人如果可以自行解除他們的創傷症狀，就會這麼做了。如果去度個假，多花點時間享受大自然，跟他們的配偶、父母或神父定期談心，訓練自己跑馬拉松或者喝草藥茶，能帶給他們真正而持續的緩解，那麼他們當然永遠不會對外要求專業照護。

等到病患設法到達我辦公室的時候，他們多半已經達到自己心目中的人生谷底了，而且正面對著下面其中一種或多種狀況：婚姻關係緊張，工作表現不佳，做了在法律上造成不良後果的事，像是酒駕或家暴，無家可歸，或者有自殺意念。許多人試過，或者至少淺嘗過談話治療，但沒體驗到太多紓解。提醒我自己跟我的病人情況的嚴峻程度，是優質治療的基本原則。

---

* 譯註：中譯本p. 36，宋文里譯，左岸文化（2014）。

治療同盟

或許對醫師來說最大的挑戰之一，是如何維護我們跟病患之間的關係。今日，在許多醫師的工作環境裡，我們被時間壓迫，被川流不息的干擾轟炸，讓我們更聚焦在電腦螢幕、呼叫器、語音訊息跟即時通訊上，而不是坐在我們眼前的病人。這樣不但讓我們這些醫師覺得很挫折，對我們的病人來說甚至有危害。這樣的環境阻礙信任與緊密關係的建立，也阻礙在我這個領域中稱之為「同盟」（alliance）關係的發展。

跟我們的病患形成治療同盟，是優質精神醫學治療的一項基礎原則，這種關係能促進合作、信任與相互尊重。這要花上許多年建立，也會經歷許多起步失誤跟挫折，不過醫師對維持這種關係的承諾，必須堅定不移。任何干擾這個承諾的因素，都會阻撓病患揭露他們內心的想法，分享他們的恐懼與陰暗念頭，以及跟我們溝通時說真話。我身為治療臨床醫師的工作，就是維持這種關係的神聖性。重要的是，不要把「創造治療同盟」跟「與你的精神科醫師有溫暖曖昧的關係」混為一談。如同我常對我的病患們說的話：「我的工作**不是**做你的朋友，但我的工作是做你的支持者，因此有時候我得要說些你可能不想聽的話。」

徹底的精神評估

我很難想像有任何臨床醫師在沒對病人做徹底評估的狀況下，就能有效地治療創傷壓力。在大型健康照護機構裡，即使有數十位專業人士詢問患者各式各樣的問題，並且把所有答案記錄在一個電子病歷裡，但在這種狀況下，這個基本原則有可能會偷斤減兩。雖然反覆問病人一樣的問題真的沒有意義，但我發現我要他們提供這種個人資料的行為，建立起了他們跟我的同盟關係。此外，這種一對一、現場進行的即時對話，讓他們的人生故事在我心上留下一個印記，這是閱讀電子病歷永遠做不到的。

治療環境

在理想世界裡，對於病人能在哪裡接受治療，精神科醫師手頭上應該要有各式各樣的選擇才對。有傷人傷己這種嚴重威脅的病患，應該有住院的選擇。某個喝酒喝到失控的人，應該要得到待在戒癮中心的機會。不幸的是，因為許多人缺乏取得適當心理健康照護的管道，精神科醫師通常處於非常為難的立場，要在低於平均水準的環境下照顧創傷後壓力症病患。我們通常被要求用其他專科同僚不需要的方式，來為我們的醫療決定辯護，就只為了這個簡單的理由：社會上對於心理疾病的汙名化仍然很猖獗。

好幾年前，我跟一位病患的親戚談話，並且向她解釋保險公司因為他嚴重酒精成癮而拒絕負擔他在一項住院計畫中住院三十天的費用。這位親戚對於保險公司的決定相當不敢置信。他們不明白他病得多嚴重嗎？他已經失去他的工作跟婚姻了，如果他這麼早出院，他就會再度開始喝酒！在一陣沉默之後，她向我承認，她自己就是個健康保險公司的高級主管，但她距離她的決策所造成的後果實在太遠了，以至於她根本不知道這些決定對真實活人的衝擊——一直到她自己碰上為止。

藥物管理需要得到整個結構的支持。光是藥丸本身，永遠不會足夠。

溝通

美國健康照護是出了名的支離破碎。有非常多不同的醫療專科、跨學科團隊、健康照護系統跟保險提供者參與其中，使得連彼此交談的簡單任務都變得讓人望而生畏，這也導致忙碌的臨床醫師的優先溝通順位變得很低。缺乏溝通可能對病人產生災難性的後果。至少，在開立藥物給創傷後壓力症病患之前，我會想先知道他們上次體檢的結果、生命徵象數據如何，還有任何基本檢驗的結果。要避免他們已經在吃的藥跟我開立的藥物會產生負面反應，我們必須握有他們現在服用的所有藥物清單。如果他們來見我的同時也在看另一位治療師，那位治療師跟我一起針對我們的共同病人溝通是很重要的。

再怎麼強調親友支持力量的重要性都不為過。感覺到父母正在苦苦掙扎就打電話給我的體貼子女、敦促心愛之人去領藥的配偶、提議陪伴病患參加匿名戒酒聚會的好友，或者提議載送病患去看診的手足——所有這些舉動與表態，對於病患的預後都有顯著的影響。

生活品質

創傷後壓力症衝擊一個人生活中的許多層面，包括工作、學校、家庭跟社會關係。有穩定的住處、工作跟經濟保障，對於許多患者來說是很關鍵的。不幸的是，對精神科醫師來說，比起花時間聲援他們的病人，打電話、寫信、對其他同事嘮嘮叨叨，或者堅持要在自己的健康照護系統裡提供這些服務，抽出一張處方箋已經變成比較容易的做法了。

良好健康

過著健康的生活型態，跟良好心理健康有難分難解的關聯性。我告訴病患，朝向良好健康邁進的任何一步，都會增進並強化他們服藥的正面效果。飲食營養均衡並固定運動，對於良好心理健康是不可或缺的。[3]

我發現我對病人愈來愈常提到的一個健康領域，就是睡眠。就整個文化來說，我們似乎都忘記怎麼睡覺了。[4]問題起於不規律的工作時間表，還有搞亂我們生理時鐘的輪班式工作，接著是讓人亢奮到睡不著的濃咖啡因飲品與能量補品流行了一波。便宜的大螢幕電視鑽進了臥房，提示我們的大腦把就寢時間和亂轉頻道的時間畫上等號，讓我們跟入睡背道而馳。智慧型手機與平板電腦的來臨，把永無止盡的警示、通知跟訊息帶到我們的臥室裡。

一切可以歸結到一個基本生物學事實：睡眠能大幅地恢復大腦，而我們對於這些功能的理解才剛開始。我總是建議任何跟創傷後壓力症共存的人，把培養規律睡眠習慣，避免咖啡因跟在白天打盹，還有把臥房布置成無螢幕區，當成必要基本原則。

服藥遵從性

我每個月都會碰到自行決定停止吃藥，或者從一開始就沒去拿過處方藥的病人。[5]病患過早停止服藥，在創傷後壓力症治療中是個常見的事實。此外，如果醫師們不談在治療遵從性上遭遇的障礙，病人就會被錯誤地貼上難治型（treatment resistant）的標籤，在「原本的藥物無效」的錯誤假設之下，被開立更多藥物。

為什麼人會突然不吃他們的處方用藥呢？[6]有些人覺得好些了，所以以為他們不再需要吃藥；有些人把必須吃藥看成是個人的失敗，而每天吃藥會提醒他們這一點。其他人則是付不起他們的保險共同負擔費用，或者因為缺乏進步或產生副作用而感到挫折，還有少數人是在跟朋友談話，或者在網路上讀到關於他們所服藥物的負面言論以後，改變了心意。

另一個理由，是對醫療專業，特別是精神醫學根深柢固的不信任。雖然我察覺到（也很同情）這種不信任的歷史前因[7]，但在病患根據極度錯誤的資訊形成看法，汙名化精神醫學的時候，我也會很難過。好的精神科醫師不會亂給藥，他們也沒有權力一時興起就把病人關起來長期住院。今天的精神科醫師接受過極其廣泛的醫學訓練，所以當他們結束住院實習期以後都具備專業的能力，可以用同時整合大腦與身體的方式，治療他們的病人。

精神醫學並不是在孤立中工作，反而是長久以來一直重視著跨學科的照護方法，我們現在已經準備好要倡導經得起考驗的治療方法，而非時下流行卻未經證實的療法。[8]以整個團體而言，我們比醫療的其他分支更具多樣性[9]，我們許多人之所以能繼續待在這個比其他醫學專科聲望低（薪水也低）的專業裡，是因為對這個仍舊重視病患故事與醫療藝術的領域有熱情。

在面對沒有遵循處方服藥的病人時，我鼓勵他們對自己的選擇保持開放態度。不管他們有什麼停藥的理由，我會繼續敞開大門，要是他們將來改變心意就可以溝通。[10]這種開放性意味著我可以花好幾星期，甚至好幾個月，在我的病人探索這個過程的時候，就只是跟他作伴。

有時候，在病人通往康復的旅程中做個堅定的伙伴，是醫師能提供最有價值的服務。

神奇子彈的誘惑

人總是在尋找只要一顆就會徹底改變一切的神奇子彈。沒有單獨一顆的神奇子彈。

——天寶．葛蘭汀（Temple Grandin），作家

在我向專業聽眾談到創傷後壓力症的時候，常有人拿著他們在雜誌或者電視上看到的實驗性治療來詢問我的意見。我對於被宣傳成神奇子彈的創傷後壓力症治療抱持著健康的懷疑態度，大半是因為這些療法通常在得到科學證實有效以前，就取得大到不成比例的公眾矚目。這種矚目讓走投無路的病患產生了虛假的希望，而這通常意味著到頭來承諾過多，成效卻過低的治療會讓他們失望。當然，如果一個創傷後壓力症患者窮盡了所有其他醫療選擇，卻徒勞無功，轉向實驗性療法是完全合理的。讓我覺得挫折的是病人放棄經過驗證的療法，認為那太耗時，或者不保證足以緩解，就轉向還沒有經過徹底審查過的實驗性產品。

二〇〇八年，開始有報告指出，一種對於交感神經組織的侵入性操作「星狀神經節阻斷

術」（stellate ganglion block），對於創傷後壓力症患者有幫助。[1]這個程序就是把局部麻醉劑注入脖子上的交感神經組織，這個方法曾讓一小批病人的症狀立刻獲得緩解。[2]星狀神經節阻斷術不到三十分鐘便可做完，我的許多病人在新聞上聽到，或者在網路上讀到這件事，自然引起了他們的注意。在許多報導裡沒有說清楚的是，在少數幾個例子裡出現正面的結果，並不足以為某項事物貼上「療法」的標籤。療法應該要比安慰劑更有效，所以我們需要在經過控制的條件下研究它。第一個對於星狀神經節阻斷術的控制研究，花了些時間才做完，而二〇一六年發表的結果令人失望：阻斷術並沒有比假藥注射更能減輕創傷後壓力症。[3]不幸的是，這些負面結果並沒有登上頭條，然而以早期報告為中心的誤導性傳言，卻會在網路上永遠留存。

其他被吹捧的神奇子彈[4]——K他命、MDMA跟醫療用大麻——仍然被視為實驗性質的做法，儘管如此，還是贏得許多注意。

K他命是一種非巴比妥酸鹽麻醉劑，並且是NMDA受體拮抗劑。[5]典型用法是靜脈注射，多年來它的用途一直是為嚴重燒傷病患緩解疼痛。就是在這種用法中，K他命的解離性變得很明顯。K他命可能打斷創傷記憶建立的過程，如同某些研究所顯示的：在創傷事件後接受K他命的人，比較不會繼續發展出創傷後壓力症。二〇一四年《美國醫學會雜誌》上的一篇論文報導了一個控制實驗，證明在有慢性創傷後壓力症的病患身上進行K他命注射之後，患者的症狀嚴重程度迅速地下降了。[6]有個要注意的重點是跟K他命的限制有關：K他命的好處可能只會延續幾星期，而且患者有潛在的上癮可能性。

過去幾年，學界對於使用MDMA（3,4—亞甲二氧甲基苯丙胺〔3,4-methylenedioxymethamphetamine〕，也稱為ecstasy、搖頭丸、快樂丸）來加強創傷後壓力症患者的心理治療效果產生了興趣。在精神醫學上使用MDMA的流行多年來有起有落，有些專家很樂見這種藥物捲土重來。然而相關資料仍然很少，[7]只有兩個小規模隨機對照研究，顯示出創傷壓力症狀的進步。[8]這樣的小規模研究，無法確保長期使用MDMA的安全性。

每個月我都會碰到一兩個病人問我醫療用大麻是否對他們的創傷後壓力症有幫助。許多這樣的病人揭露，他們為了娛樂使用過大麻，然後發現很有幫助，有時候甚至比處方藥幫助更大。隨著倡導醫療用大麻的運動集結了更多聲量，我逐漸察覺到退伍軍人及其家人、立法者與政治家們，全都強烈認為醫師們應該協助想使用醫療用大麻治療自身創傷後壓力症症狀的人，這讓我陷入窘境。

神經科學家已經提出讓人信服的論證，說明以創傷後壓力症患者大腦中的大麻素受體為目標很有價值，[9]但支持在現實世界使用醫療用大麻的現有證據，少到近乎不存在。在二〇一六年，耶魯醫學院亞伯拉罕・魯比科夫研究機構（Abraham Ribicoff Research Facilities）的調查人員，仔細審視了十三項檢驗大麻治療精神病症狀的效力研究。[10]他們發現沒有研究創傷後壓力症患者使用大麻治療的控制測試，事實上也鮮有證據支持這種做法。

我對於潛在傷害的擔憂，讓這樣缺乏證據的現狀變得更複雜了。對我的病患湯姆來說就是這樣，湯姆對於醫院與醫師都抱著冷酷的懷疑。他並不羞於大聲說出他的反政府觀點，而且他「只在非來不可……且毫無選擇的時候」才來退伍軍人診所。在跟我每季一次的約診裡，我做了他允許我做的事情——大略瞭解近況，並且再度開立他的抗憂鬱處方藥——但他需要的其實更多。他是個渾身帶刺的人物，很容易謾罵咆哮，還會爆發一陣陣憂鬱，盡可能避免社交處境。他需要的不只是一份處方藥，我時常提醒他這一點。

大約一年前，湯姆拿到一張醫療用大麻卡，然後告訴我這種藥對於他的夢魘跟失眠症有巨大的幫助，「遠比妳給我的垃圾藥劑好多了！」但他從剛開始一星期偶爾用個兩三次，不知不覺中漸漸爬升到每天都用了。在最近一次約診裡，我問他現在用多少大麻。我直接望進他眼裡，耐心地等待他的答案。

湯姆臉紅了。「這個嘛，珍恩醫師，我會說實話。妳知道我沒什麼好藏的。我現在一天用個幾次，不只是在晚上。這真的讓我的焦慮緩和下來，讓我保持冷靜。妳知道我右膝蓋有個關節發炎處，大麻對那種痛也有幫助……不過在柯蕾特跟我在一起的時候，**我絕對不用它**……妳需要知道這一點。我在那裡畫了一道界線。」

湯姆離婚了，而且跟前妻共享他獨生女柯蕾特的監護權，她是個青少女。在女兒跟他同住的日子裡，他準備健康的早餐，替她帶午餐，送她上下學，並且接送她去放學後的啦啦隊練習跟讀書小組。

「好，讓我把這件事情整理清楚。柯蕾特跟你住的日子裡，你不用大麻，對吧？」

湯姆用力搖頭。「喔，不，我會用。我必須用，每天都用，不過不在她面前……妳知道，我在早餐前會用一點，後來又會再用一點，就在午餐之後，然後在上床前用……這就要看她的行程表有多忙來決定……」

「所以如果我沒聽錯你的話，你可能在送柯蕾特去上學以後，在早上使用醫療用大麻？請聽我說，想像一下這個場景……如果你女兒想要搭一個每天抽大麻的青少年的便車，或者有位家長跟你一樣，有張醫療用大麻卡，你會讓她搭他們的車嗎？」

湯姆的臉僵住了。「不……不……當然不會。」

「但你覺得你載她沒問題？」

湯姆輕輕地搖頭。「我懂了，珍恩醫師……我懂了。妳的論點很有道理。我以為一切都在我的控制之下……我必須重新思考我自己現在在幹什麼。」

在瘋狂提倡大麻的有益效果時，支持者通常淡化了不利的狀況。[11]大麻雖然是天然的，但並不表示它就很安全，而且任何強效到足以影響腦內化學的物質，就可以預期它會有副作用。科學界已察覺到長期暴露於大麻之下可能導致成癮，而對較年輕的成年人來說，早期持續使用大麻跟精神病有關聯性。大麻也會損害人的注意力、記憶、智商，還有駕駛能力。[12]對於有創傷後壓力症的病患來說，一個觀察性研究發現在創傷後壓力症治療後開始使用大麻，會讓症狀惡化，並且導致更多暴力行為與酒精濫用。[13]這樣做也抵消了創傷後壓力症專門治療的益處。

可能沒多少人比馬瑟爾・邦—米勒（Marcel Bonn-Miller）博士更瞭解使用大麻與創傷後壓力症之間的關係，他是賓州大學佩雷爾曼醫學院（University of Pennsylvania Perelman School of Medicine）的研究人員。我問他，在他位於研究最前端的工作中，他是否能夠分享一個觀點，讓我有理由更樂觀看待醫療用大麻的未來展望，並且與我的病人分享他們對於這種療法的興致。

邦—米勒提醒我，大多數記錄大麻負面後果的研究都苦於一項重大缺陷：這些研究討論這種植物時，好像把它當成只有一種成分。[13]事實上，在大麻屬植物裡有許多種大麻素與其他化學化合物，科學界最注意其中的四氫大麻酚（D9-tetrahydrocannabinol，簡稱THC）跟大麻二酚（cannabidiol，簡稱CBD）。他告訴我，第一個與第二個嘗試用THC跟CBD來治療創傷後壓力症的隨機對照實驗目前正在進行中，但他同意對於大麻素與創傷後壓力症的已發表研究，仍然處於嬰兒時期。

我仍然無法擺脫一種困擾的感覺：環繞著K他命、MDMA與醫療用大麻的興致，有一部分是奠基於一項事實——這些物質是靠著改變病患的意識狀態來紓解創傷壓力，而不是從創傷症狀的根源來解決。我害怕這些物質承諾給予的迅速紓解，可能沒有真的那麼好。任何有濫用潛力的藥物，在拿去用在創傷後壓力症患者身上之前，都必須經過小心考量。我們知道成癮跟創傷壓力是攜手並進的，而使用苯二氮平類藥物治療創傷後壓力症患者的前車之鑑，應該做為醫師與病患的珍貴教材。

比較實際的做法，是接納重大創傷通常會在倖存者身上留下永遠的改變，雖然希望常在，認為事情會恢復到「常態」的概念卻是誤導性的。更好的做法是接受大腦是複雜的，每個人類靈魂都很獨特，而創傷在各種不同的程度上，可能會變成倖存者DNA的一部分。那麼，治療的目標就應該是幫助倖存者在他們的新常態下茁壯。

第六部　我們的世界對創傷的看法

集體創傷：一個惡性問題

「惡性」（wicked）一詞被用在這個脈絡裡[1]，意思不是邪惡，而是指一種高度抗拒被解決的議題。

——琳奈爾．布里格斯（Lynelle Briggs），前澳洲公共事務專員

二十世紀年年都充滿戰爭，軍隊人員與平民的累積死亡總數接近兩億。[2]那個世紀也充斥著關係到種族滅絕的內戰。在飽受戰爭蹂躪的國家裡，平民倖存者面對多重創傷：身體傷殘，見證到心愛之人猝然死去，並且經歷他們的社群在實體上被毀滅。強暴平民長期被用來當成戰爭武器。[3]在波士尼亞戰爭裡，超過兩萬名婦女被強暴，而在達佛，某些報告估計每年有一萬名未成年女孩與成年婦女被強暴。阿富汗與伊拉克的戰爭，還有世界各地持續發生的民間衝突，都已經在這個世紀留下印記，而目前在敘利亞的內戰也是主要引起關注的來源之一。[4]

與戰爭的恐怖摻雜在一起的，是被迫逃離衝突頻仍地區的人所經歷的創傷。過去七十五年來，世界見證了第二次世界大戰、對非洲與亞洲的去殖民化運動、蘇聯的解體，還有中東的動盪，這些事件全體加起來，把一億五千萬男女老少變成了難民。[5]現在，歐洲正在經歷海量難民流入，大半來自敘利亞、阿富汗還有伊拉克，他們的旅程充滿創傷，抵達時通常健康狀況不佳。

在戰爭之外，涵蓋全球又根深柢固的人口販運議題，大規模地侵犯了人權。據估計，全世界有兩千一百萬名強迫勞動受害者。[6]這些人被販運，遭受商業上的性剝削，變成私人的家務奴隸，提供身體器官，當奴工抵債，還被迫參與犯罪活動。兒童通常也會被販運，而且可能會被剝削成為童兵、乞討集團成員、「郵購新娘」，或者成為非法收養活動的一員。如同我們可能預期到的，被販運風險最高的人就是那些一貧如洗、只有最低程度教育、先前有受虐史，或者因為性別、族裔或文化的關係而被忽視的一群人。這些受害者通常是被大量謊言慫恿，這些謊言包括告訴他們有望能夠賺錢，改善自身（或家人）的嚴峻處境。

像是地震、海嘯、颶風、龍捲風、野火跟洪水，也都導致集體創傷。這些災難造成大範圍的破壞，倖存者得同時面對失去心愛之人，以及見證他們的家園與生計被摧毀的困境。在一個針對美國人的全國性調查裡，幾乎百分之二十的男人跟百分之十五的女人回報說，他們在有生之年曾經歷過一場自然災難。[7]我們沒有來自中低收入國家的相應統計數字，不過報告指出，這些國家裡的自然災害暴露率比美國來得高。[8]

二〇〇一年九月十一日對世貿中心的攻擊，是從美國內戰之後在本土第一次發生的戰爭行動，也是近期美國歷史上最慘烈的人為災難。超過兩千五百人被屠殺，數萬人被雙塔的崩毀與後續的救援、恢復與清理行動影響。[9]自從那些攻擊事件後，恐怖主義已經襲擊了法國、印度、愛爾蘭、西班牙、英國與他處，通常引來許多平民死傷的大規模災難。

面對集體創傷這個惡性問題的嚴重性，悲觀主義者的態度陰沉悲觀，並假定這種蹂躪絕對無可逆轉，我覺得這種看法沒什麼價值。然而活在希望中，期待世界不再有衝突，不再有災難的樂觀主義者，我也無法從他們天真的態度裡得到安慰。我反而發現自己滿心想著更迫切的問題：戰爭讓人類心靈付出的代價是什麼？當災難與恐怖衝擊某地多數的人，在那個當下會發生什麼事？這種集體創傷的全球性衝擊是什麼？整個社會、文化與國家，怎麼樣在他們的歷史上記得或忘卻這些黑暗時期？

在過去二十年，創傷科學家在戰爭、災難與恐怖的餘波中問出了關鍵性的問題，藉此找出了答案。苦難的科學正在增強我們對這種全球性事件心理後果的理解。最重要的是，現在這種辛苦得來的知識正在提供線索，指出如何在集體創傷之後減緩損害、加速療癒。

在接下來的內容裡，我會拆解這項證據，但首先我會回到我自己的家族創傷史。在許多方面來說，一九四七年印巴分治是個概括性的敘事，在今天的報紙頭條上都可以聽見它的迴響：衝突中的大規模平民死傷、無數人被迫逃亡、環境條件可悲的難民營、兒童失去父母、強暴被當成戰爭武器，還有以宗教之名行使的暴力。

我分享這段個人歷史，是希望它能闡明人類生命的變化無常，還有在個人的環境、決定與義務跟災難性全球事件碰撞的時候，會發生什麼事。隨著故事中免不了的歷史、地理與政治教訓，潛入這樣的個人故事裡也會滋生出根本的真理，可以鋪出一條路，讓經歷過難以啟齒之事的個人生命找到新的目的——到最後，這條路會扮演不可或缺的角色，消解集體創傷的惡性問題。

一九四七印巴分治

在獨立後的頭六週裡遇害的印度人，數量大約達到在整個二戰將近四年的時間裡，死去美國人的一半……這種憤怒狂熱的巨大規模、海量的極度痛苦、恨滋生恨的繁殖力，超乎人類的想像能力，要去思索更是消受不起，或許對未來好幾代人來說都是如此。

——〈卡莉女神的試煉〉（The Trial of Kali），《時代雜誌》（*Time*），一九四七年

在一九四七年，我的祖父瓦萊提．沙．珍恩（Walaiti Shah Jain）受雇為旁遮普邦行政長官的個人助理。這個職位給他身分地位，也讓他的妻子與六個孩子有美好的生活。他們住在薩戈達（Sargodha）一間寬敞的平房裡，薩戈達是英屬印度旁遮普區的一個城鎮。就像許多南亞人一樣，我祖父的姓氏珍恩（Jain），揭露了他的宗教背景：他生於一個信奉古老宗教耆那教（Jainism）的家庭。

我祖父在他父母去世時才剛成年，而他的大哥卡萊提（Kharaiti）還有大嫂帕美西瓦莉（Parmeshewari）挺身而出，做了他的監護人。不過讀書對他來說總是很容易，尤其是學習語言，他輕輕鬆鬆就精通英語，而這在英屬印度學校裡是必修學科。這種才能對他來說很有用，他能夠在印度文職機構（Indian Civil Service）裡找到工作，而且賺得夠多，讓他夠格安排包辦婚姻，得到一位適配的新娘。

但喪亡的陰影再度逼近。他的妻子在生下他們第一個小孩，一個名叫羅山（Roshan）的男孩時死於難產。此後不久，卡萊提突然因為某種傳染病身亡。但我祖父仍然設法找到方式穩穩向前過日子。到了一九四七年，他已經跟我祖母維迪雅（Vidya）再婚，他們一同養育了五個孩子。他繼續升官，此時他在印度文職機構的職位很有影響力。

在他休假的時候，瓦萊提會穿上馬褲上馬馳騁，隨後會在家跟他的孩子們親手做他們最愛的零食，無花果軟糖（anjeer burfi），一種用無花果、開心果跟煉乳做的濃厚乳脂軟糖。在晚上，他會讀像是《天方夜譚》，還有其他關於男女巫師的奇幻故事書給他們聽。炎熱的夏季月份，在行政長官到氣候比較涼爽的山區城鎮去時，瓦萊提也會帶著全家到風景如畫的山坡度假名勝穆里（Murree）去。跟他的許多親戚不同，我祖父發展出對於現代教育價值的深刻信念，並且資助羅山的醫學研究。我祖父甚至對我父親有更宏大的計畫：要送他去英國接受高等教育。

我祖母在二十世紀之交生於吉大港（Chittagong），那是在東北印度靠近孟加拉灣的戈爾諾普里河（Karnaphuli River）河岸上最大的海港城市。她講英語（這在當時的印度婦女中是極少數），能優美地彈奏腳踏式風琴，而且是個很厲害的廚師。婚後，她跟隨瓦萊提搬遷到數千哩外的旁遮普邦。她在那裡把她豐富的孟加拉傳統——對音樂的敏銳耳朵，還有對文字的愛——賦予她的五個孩子。

我納悶地想，我祖父對於一九四七年會帶來的恐怖是否略有所知。第三波個人悲劇就要襲向他了，不幸的是，這一波悲劇會被淹沒在動盪世界的海嘯之下。我很疑惑，他是否感覺到他腳下的地面已經開始震動了，他唯一認識的印度，英屬印度，正在解體邊緣。

♥ ♥ ♥

大英帝國在極盛時期統治超過五億人，分布在四分之一的地球總表面積上。帝國在全球的勢力所及範圍之大，使太陽永遠照亮至少一個屬於它的殖民地，因此變成了眾所周知的「日不落國」。英國人對印度的統治正式始於十八世紀，史稱英屬印度時期（Raj）。印度很快變成了英國財富的主要來源，因為印度有豐富的天然資源，像是黃金、鑽石、絲綢、棉花與胡椒，英國人對胡椒這種香料需求之高，讓他們稱之為「黑金」。印度也是便宜勞動力的來源，還是個貧困的族群，可以被導入英國軍隊，並成為英國製商品的大規模市場。世人很容易就能看出印度怎麼會變成眾所周知的「皇冠上的珠寶」，而這座皇冠，當然是屬於英國的。

印度本地工業的衰落，通常要歸咎於英國製商品。隨著印度人口日漸成長，許多農夫持有的土地常常變得太小而無法維生。雨季不下雨摧毀小農，也不是少見的事。勞動階級印度人的失業率持續上升，使愈來愈多人感覺到經濟不安定帶來的憂慮。隨著困境發生的頻率愈來愈高，印度人對於英國人的不滿也日益升高。

在第一次世界大戰裡，兩百萬印度人為英國戰鬥，而他們之中有數萬人被殺。[1]對於這種犧牲，印度人期待得到「地方自治」做為回報。但他們得到的差不多等於零[2]，雪上加霜的是，英國人的壓迫性變得更強了。英國地主住在草坪修剪漂亮的豪宅裡，打板球，開勞斯萊斯，同時印度農工卻面對無理的壓迫：沒有逮捕令就被逮捕、毆打、非法奪取土地、要求無償服務還拒絕供水。

英國人決定印度人怎麼生活，可以買什麼，可以賣什麼。對抗這些不義法律，推動了印度從英國的壓迫中解放。

到了一九二〇年代初期，一位印度律師莫罕達斯．甘地（Mohandas K. Gandhi），變成了全國英雄。為了回應大英帝國的羅拉特法案（Rowlatt Acts）——這項法案放任在印度的英國人任意根除「革命」分子，並且在沒有審判的狀況下拘留他們——甘地組織了以印度工人為主的聯合罷工（hartal）。甘地被人民稱為聖雄（Mahatma），他開始對英國人發動和平不合作計畫，倡議杯葛應該對本地工業傾頹負責的英國製商品。他鼓勵印度人織自己的布，好讓他們擺脫對英國進口布料的仰賴，並且帶著他自己的織布機旅行，藉此普及這個策略。

甘地繼續贏得了數百萬印度同胞的心，並且呼籲即時從英國統治中獨立。一九四二年八月，一個公民不服從運動，退出印度運動（Quit India Movement）發動了。甘地在他的「行動或死亡」（Karo ya Maro）演講中，呼籲堅決但被動地抵抗英國人的壓迫，以此激勵他的印度同胞從他們的殖民統治者手上奪得自由。

理性上來說，我祖父那一代的印度人被養育成自視為帝國公民，他們長大的時候唱著英國國歌，嚮往穿英國服裝，夢想著在英國機構裡教育他們的子女。但在精神上，甘地讓他們看到一種不同的存在方式：屬於印度人的印度，這時數百萬印度人正經歷一種新的覺醒。

♥
♥
♥

到了一九四七年，英國人提出離開印度的實際計畫。[3]在兩個世紀的殖民統治後，權力轉移正在進行，而過程艱辛顛簸的選舉從一九四五年冬季就已開始，各省政府部門也已經成形。我祖父是否擔心他在新印度的未來？他是否感覺到，數百萬穆斯林有多強烈地想要替自己割下一塊家園，將之取名為巴基斯坦，而這個國家會奠基於穆斯林民族主義的基礎之上？

報紙上充滿全印穆斯林聯盟（All-India Muslim League）領袖穆罕默德・阿里・真納

（Muhammed Ali Jinnah），還有印度國大黨（India National Congress）領袖賈瓦哈拉爾．尼赫魯（Jawaharlal Nehru）的報導，在英國人離開後接掌權力的競賽中，這兩黨是明顯的領先者。我祖父是否認為巴基斯坦真的會誕生？他對於巴基斯坦會被切割出來，是否有任何預感？

但無論世界級事件有多緊急，個人的悲劇自有其辦法壓倒一個人的生命。對瓦萊提而言，災難在一九四七年春天以致命病毒的形式來到。他最小的孩子卡瑪拉，乳名喬提，意思是「最小的」，她因為天花病倒的時候才三歲大。幾天之內，她小小的身體就對迅速的感染投降了。

在喬提死後，我祖母維迪雅．瓦提很快就對生命失去了興趣，最後纏綿病榻。她面無表情，靜默地躺在那裡，不吃不喝。瓦萊提決定把全家搬到傑赫勒姆市（Jhelum）去，他們在那裡的新家就快要落成了。他也遞話給他孀居的嫂嫂帕美西瓦莉，要她來幫忙照顧小孩。她帶著她摯愛的兒子，她老年唯一的經濟安定來源一起抵達。

此時的印度已經落入混亂之中。人們以自由之名施行街頭暴力與暴動，強烈的恐懼已經變成旁遮普生活的一部分。社區暴力逐漸升級，大城市的重要區域在縱火攻擊中被毀。儘管甘地與真納聯名呼籲和平，在一九四七年五月末，鬥毆與毀滅散播到拉哈爾（Lahore）與古爾岡（Gurgaon）。印度政治家們厭倦了爭吵，也害怕如果他們持續推遲自由，這個次大陸的整體經濟會在未來受到損害，於是他們同意分割這個國家，在一九四七年六月三日，一個計畫被公諸於世。

由一位英國法官西里爾．拉德克利夫（Cyril Radcliffe）領導的邊界劃分委員會匆促成形，切割邊界的龐大任務就交付給他們了。拉德克利夫在被指派到這個委員會以前，從未踏足印度。他的邊界線劃過民家、黃麻田跟水稻田，在土地上造成混亂與暴亂。事實證明，後來史稱的印巴分治是一場災難。這次分裂導致在短時間的預告之後，數百萬穆斯林就移居到巴基斯坦，數百萬非穆斯林（印度教徒、錫克教徒、耆那教徒跟基督徒）則從巴基斯坦搬到印度。這變成了有信史紀錄以來最大規模的人口運動，兩個新國家對此都幾乎毫無準備。

維迪雅的狀況沒有改善，她在八月初去世了。我只能想像我祖父的世界此時一片混亂：他的女兒跟妻子間隔數月相繼死去，而他剩下的孩子又太年幼，無法完整理解發生了什麼事。在維迪雅死後兩週，在八月中旬，邊界線對民眾公告了，讓瓦萊提跟他的家人距離邊界只有區區一百哩。**可是身為耆那教徒，他們在邊界錯的那一邊**。他們的家現在位於巴基斯坦領土內。

狀況似乎平靜了一陣，有許多人相信他們可以在巴基斯坦的新民主體制下，以宗教少數的身分過活，而處境跟他們相同，定居在印度的穆斯林，也希望能在他們那一邊的邊界內活下去。所以帕美西瓦莉的兒子出發回他的家鄉去，重拾他的工作，留下他母親在這裡幫助他哀痛的叔叔管理他這個年輕的家庭。

但這種平靜是騙人的。消息傳來，帕美西瓦莉的兒子在旁遮普各地重新爆發的暴力中被謀殺。成群暴動者刻意讓火車脫軌，屠殺乘客；女人與小孩也沒逃過暴行，強暴與綁架發生率高得嚇人。恐懼暴力與歧視的數百萬人被迫離開在印度跟巴基斯坦的家，靠著鐵路、步行、貨車跟轎車旅行，到邊界的另一邊尋求安全。

帕美西瓦莉因為心愛的兒子慘遭謀殺哀慟逾恆，然而留在巴基斯坦的危險變得愈來愈難以忽視。一家人匆促準備離開，打包基本家當，計畫搭下一班前往印度的巴士。但接著帕美西瓦莉把我祖父拉到一旁去，她希望他去她位於古吉蘭瓦拉（Gujranwala）的家，拿回藏在那裡的珍藏家族珠寶。她兒子被謀殺了，她現在面對赤貧的經濟困境。她是他大哥的遺孀，他欠她這個人情。

在幾天之內，我祖父帶他的孩子們上路，從傑赫勒姆市經過拉哈爾，穿過阿塔里（Atari）邊界，到印度的阿姆利則。他讓此時二十出頭的羅山負責帶其他孩子。而他跟帕美西瓦莉準備留下來，重新拿回她的珠寶，然後很快跟上。

每一天，這幾個手足都奔去迎接從巴基斯坦抵達的巴士，仔細審視下車乘客的臉，想找到他們親愛的父親。幾個星期過去了，瓦萊提的孩子們領悟到他們的父親不會來了，為之意氣消沉。最後，一位家族友人寫信說出這個消息：瓦萊提在印巴分治的暴亂中被刺死了。

在短短幾個月裡，瓦萊提的子女從生活中充滿機會與希望，變成完全無人保護。他們的父親滿懷愛意在傑赫勒姆為自家人建立的家，有私人水井、五間寬敞臥房跟樓中樓的房子，將會在一連串印巴分治後幾個月成了特色的超現實交易中，歸於一個巴基斯坦家庭。

我祖父延後前往印度的決定讓他付出生命代價，也讓他的孩子們只能聽任命運擺布。

♥ ♥ ♥

一九四七年印巴分治是極其巨大的悲劇。史丹佛大學南亞與伊斯蘭研究圖書館長C・萊恩・柏金斯（C. Ryan Perkins）博士這麼說：

> 高達兩百萬人以最恐怖的方式失去他們的生命。變得陰暗的地理景觀，沉默地見證了裝滿死者的火車、無頭的屍體、沿著路邊散落的肢體，還有恣意氾濫的強暴與劫掠。沒有任何事物，可以讓將近一千四百萬難民為這場夢魘做好準備。[4]

不知怎麼地，這種巨大暴行在這個世界大體上未予承認的狀況下過去了。鮮少有人在公開場合談論印巴分治的故事，可能有許多理由，其中一個很大的理由就是印度跟巴基斯坦身為剛萌芽的國家，可能還沒有餘裕去紀念死者，必須優先考慮生者的需求。然而，創傷科學家提供了另一種解釋：人類有強烈的趨力，拒絕承認難以啟齒之事。壓抑、解離與否認，可能在社會性的層面上運作。但苦難的科學告訴我們，這樣的集體否認要付出很大的代價。暴行不會永遠都被埋藏著。雖然否認的慾望這麼強，長期來說卻不管用。[5]

在一九四七年，科學界對創傷後壓力症沒有一個公認的定義，但這並不表示它不存在。數以百萬計受創的倖存者發生了什麼事？關於這個問題的答案，印巴分治史學家雅絲敏·汗（Yasmin Khan）提供了一個暗示：

> 當時的人並沒有精良的精神醫學語言……期望對於一整個世代經歷的集體創傷有系統性的瞭解，就太過頭了。印巴分治造成的廣泛心理衝擊，可能永遠不會得到完全的承認或追蹤。[6]

更晚近的時候[7]，南亞維權人士擔憂的聲音逐漸變得更響亮了。[8]他們強調：環繞著印巴分治的「沉默」，還有此事的長期精神衝擊不只是針對倖存者，也影響了他們的子女。印度學者也評論環繞著印巴分治相關暴力的「沉默螺旋」。他們論證說，未經承認的集體創傷已經引起印度教徒與穆斯林之間的暴力螺旋，持續強力地在整個印度次大陸上重演。這兩個相鄰國家各有核武，這樣的持續重演，對他們未來的關係而言並非吉兆。

在二〇一一年，一位柏克萊物理學家兼印巴分治倖存者的孫女，岡尼塔．辛．巴拉（Guneeta Singh Bhalla），離開了科學界，創立「一九四七印巴分治檔案庫」（1947 Partition Archive），一個致力於把眾人的印巴分治歷史納入公共建制中的非營利組織。在今天，這個檔案庫握有四千個倖存者故事，來自三百個城市、十二個國家，由超過五百個盡心奉獻的公民歷史學志工以二十二種語言保存下來。他們的使命超越宗教與國籍，目標在於透過協助記述的過程，對所有印巴分治倖存者致敬。

岡尼塔．辛．巴拉有一次告訴我，每次她為了檔案庫的事務拜訪南亞，她都會碰上這個問題：「為什麼妳要把過去挖出來？」或許最有效的答案是：每個星期，都會有幾十個遍布南亞的年邁海外倖存者聯絡檔案庫，他們想要說出他們的印巴分治故事，提出個人證詞會帶來療癒力量的直覺，把他們引來了。這些口述歷史展現了創傷科學家已經知道一段時間的事情：記起並闡述關於恐怖事件的個人故事是必要的，這不只是為了倖存者的療癒，也是為了形成基礎，讓全面性的社會秩序得以恢復。

戰爭、災難與恐怖：得來不易的知識與給未來的教訓

我們從歷史中學到的就是，我們從歷史中什麼也沒學到。

——蕭伯納（George Bernard Shaw）

在一九九〇年代晚期，研究人員著手進行一個流行病學研究，仔細檢視衝突後低收入國家的平民倖存者，這些國家包括阿爾及利亞（在伊斯蘭救世陣線〔Islamic Salvation Front〕的一連串群眾屠殺後）、柬埔寨（在赤棉的種族屠殺後）、衣索比亞（在一九九一年戰爭把阿爾及利亞從衣索比亞分離出來之後），還有加薩（第一次巴勒斯坦群眾起義之後）。他們刊登在《美國醫學會雜誌》上的研究結果，顯示出創傷後壓力症比率在百分之十六到四十的範圍內，比起住在高收入與中等收入國家的創傷倖存者高出許多。[1] 一個二〇〇三年的全國調查發現，阿富汗有超過百分之四十的創傷後壓力症比率[2]，這個國家經歷了數十年的戰爭與衝突，基本建設被摧毀，重要人力資源也耗盡。這類的研究是界定戰爭在低收入國家對平

民倖存者造成多大精神損傷的第一批研究。

在更晚近，歐洲科學家已經記錄到從敘利亞、阿富汗與伊拉克抵達的難民之間，創傷後壓力症盛行率簡直氾濫成災。[3]對於難民心理健康做的普遍性研究，現在已經產生清楚的教訓。首先，我們可以放心地假定，這些有政治暴力史的國家來的難民，從他們的母國到目的地已經暴露於多重創傷經驗之下。[4]許多人曾因為政治罪名被囚禁，隨後還受到酷刑折磨的歷史，而這些人罹患創傷後壓力症的風險甚至更高。[5]

其次，不治療有創傷後壓力症的難民有嚴重的隱含後果。一項針對超過三百名剛果難民進行的二〇一七年研究發現，創傷倖存者不只苦於創傷後壓力症核心症狀，認知功能也受損了。[6]這樣的損害阻礙了他們保住工作，善盡親職跟處理日常生活事務的能力，更別說是成功地融入到他們的新東道國了。

最後極其重要的是，不能忘記難民人口之中有極大部分，是由曾經暴露於極端暴力之下的兒童所組成。如果他們無法取得成長中的大腦與身體所需的健康養分、清潔飲水、教育跟社會刺激，他們的預後會變差。在東道國有穩定住處與社會支持，對於恢復兒童良好的精神健康是必要的，[7]然而難民兒童，尤其是無人陪伴的未成年人，即使在較穩定的國家重新安頓好以後，通常還是很容易遭遇持續的剝削、貧困、虐待與忽略。

針對從納粹德國種族屠殺中生還的年邁猶太倖存者所做的研究中，出現了對於暴行長期精神後果的重要科學發現。雖然就整個群體而言，事實證明這些大屠殺倖存者在整體身心健康與預期壽命方面都很強韌[8]，然而在後續日子裡還曾面對其他創傷的人之中，創傷後壓力症氾濫的比率超過百分之五十。[9]有創傷後壓力症的猶太人大屠殺倖存者，通常也有看來根植於倖存者罪惡感的臨床憂鬱症。這種罪惡感纏身的憂鬱，典型特徵是強烈感受到自卑、自責與批評，而且有一種「人必須為了自己沒達成期望而奮力補償」的意識。[10]海法大學（University of Haifa）的研究人員針對超過二十萬猶太人大屠殺倖存者，做了一項思維細膩的分析，他們發現，從高強度種族屠殺國家逃出，後來變成難民的人，比較有可能在後來的人生裡死於自殺。[11]對於不只是千鈞一髮逃過一死，還被迫在過程中把心愛之人留下的人來說，罪惡感是個致命的面向。[12]

近年來，創傷科學家也量化了人口販運倖存者的創傷暴露率與創傷後壓力症盛行率。在一項研究中，研究人員訪談了超過一千名來自柬埔寨、泰國與越南，從人口販運中倖存下來的成年男女及兒童，並且問他們這些經驗的特殊性質，同時也評估他們是否有臨床上顯著的心理健康問題。刊登於《刺胳針》（*The Lancet*）的結果顯示，這個群體幾乎有百分之五十在販運過程中體驗到肢體暴力與性暴力，而且幾乎有百分之四十現在有創傷後壓力症狀。如同我們可能預期到的，他們的生活與工作條件風險愈高，他們後續發展出憂鬱、焦慮與創傷後壓力症症狀的可能性就愈大。[13]在針對尼泊爾的性販運女性倖存者所做的一則小規模研究中，研究人員發現極高程度的焦慮與憂鬱（幾乎有百分之九十），而幾乎百分之三十的倖存者都有創傷後壓力症。[14]有另一項研究，對象是回到家鄉摩爾多瓦的性販運女性倖存者，也發現了相同的結果。[15]

如同在長期創傷倖存者身上曾經看到的，人口販運倖存者體驗到的精神苦難，延續長度遠超過他們處於販運者控制之下的時間。不健康的因應策略、低自尊，還有缺乏能力建立健康的信賴關係，都在荼毒倖存者往後的生活。在考量為人口販運倖存者設計救援、復原與重新融入社會的嘗試時，前述的後果需要被考慮進去。如果沒有經過適當的考量，倖存者將來仍舊容易再度受害。[16]

♥ ♥ ♥

讓人安慰的是，自然災害，或者所謂的「天災」之後的創傷後壓力症比率，通常都低於像戰爭這類人為災害。[17]但從自然災害中生還造成的大範圍精神後果之中，創傷後壓力症仍然夠常見，也夠讓人衰弱失能。[18]

察覺到災難倖存者的經驗可能很多變，是很重要的。某些倖存者可能直接見證災難而驚險逃生；其他人可能是從沒那麼危險，卻還是很令人痛心的災難餘波中倖存，像是家園被摧毀。[19]這種多變性，解釋了波士頓大學公共衛生學院院長山卓・蓋里亞（Sandro Galea）博士還有他的同僚，為何會在天災後發現跨越範圍這麼廣的創傷後壓力症盛行率：「在一場災難後的頭一兩年裡，大約是百分之五到百分之六十。」[20]

暴露於災難中的強度大小，也解釋了擔負起任務，要在前線對抗災難的初期應變人員，有比較高的創傷後壓力症比率。一項研究發現，在澳洲東南部對抗叢林火災的消防員之中，有百分之五十的創傷後壓力症盛行率。[21]在臺灣九二一大地震之後做的另一個研究，也在臺灣消防員身上發現了相同的創傷後壓力症盛行率。[22]

在天災之後，老幼者也比較容易受創。在卡崔娜颶風之後，針對受災最嚴重的學區內的學童所做的研究顯示，他們有百分之四十五回報在創傷之後有立即且顯著的創傷後壓力症症狀，一年後數字則降至百分之三十。在颶風後四年，受創兒童的百分比仍然高於預期。[23]不意外的是，易受傷害的較年長成人（已經生病、無法出門，或者仰賴他人過日常生活者），在卡崔娜颶風後最容易發展出創傷後壓力症。[24]

二〇一一年日本發生三一一大地震，導致一場海嘯與核能電廠意外，此後在老人家身上也出現了同樣的苦難軌跡。海嘯警報催促居民撤離，然而老年人無法夠迅速行動，在傷亡中占了很大的比例。逃過一劫的年長倖存者持續受苦，因為在被迫重新安置以後，他們現在變得孤立無援，又跟自己的社群失去聯絡。心理衛生專業人士報告說，在年長倖存者之間，尋求心理健康照護是高度被汙名化的行為。[25]在災後一年，有些研究發現，流離失所的年長倖存者創傷後壓力症盛行率幾乎達到百分之六十。[26]

災難發生前的社區狀況，對遭受災害後的影響很大。在卡崔娜颶風前就很貧窮並且面臨著社會困境的事實，意味著許多家庭在卡崔娜來襲前就已經在掙扎求生了。[27]更進一步說，貧窮與社會困境決定了誰會承受這些蹂躪破壞的主要衝擊。紐奧良的非裔美國人居民，構成了幾乎百分之八十五的貧窮線下人口，而且更有可能住在承受颶風最強烈襲擊的低窪易淹水區域。

二〇〇四年十二月二十六日巨大的南亞海嘯，殺死了十二個國家裡超過二十二萬人，而且讓超過一百六十萬人流離失所。在斯里蘭卡，超過一百萬人受到影響[28]；海嘯讓八十萬人離鄉背井，摧毀無數住家，還殺死了三萬六千人。遇害者百分之九十來自漁業社群，屬於最低的社經階級。斯里蘭卡的精神科醫師發現，在一個心理健康資源稀少到近乎不存在的國家，照護倖存者是很重大的挑戰。在接下來的幾個月裡，他們常常觀察到憂鬱、創傷後壓力症跟酒精濫用。在一個資源貧乏，甚至在海嘯前就已經在內戰的政經後果中掙扎的國家裡，紓解倖存者精神痛苦的嘗試，受到了進一步的阻礙。

研究二〇〇一年恐攻在紐約後續影響的研究人員發現，大多數倖存者**並沒有**發展出創傷後壓力症[29]，而且他們的痛苦隨著時間淡化[30]，並且自然消散。在同樣遭受恐攻，造成大規模傷亡與資產毀滅的其他國家裡，也重複了相同的發現。[31]雖然這很鼓舞人心，但重要的是不能忘記即使百分比很低，還是可能轉換成為數眾多的患者。[32]舉例來說，有一項研究估計在二〇〇一年的九一一恐攻後一年，有二十萬個與此事件相關的創傷後壓力症案例。

恐怖也會滲透到直接受害者之外。[33]舉例來說，在死傷者的親戚密友，還有住在目標區內的**間接**受害者中，也看得到恐怖主義造成的的心理後果。研究已經顯示這些親友中有百分之十七到二十九，而整體社群中最多可達百分之四，在恐怖行動後可能發展出創傷後壓力症。

恐怖主義研究再一次呼應了前面提過的發現：初期應變人員在這種處境下面對獨特的風險。在二〇〇一年對世貿中心的恐攻後，數萬名受過訓練與未受訓練的災難應變者加入救援、恢復與清理的行動中。在對於超過三千名應變者所做的一項研究中，幾乎五分之一的人發展出創傷後壓力症，他們之中有一半在攻擊後超過十年，還有處於活躍期的創傷後壓力症症狀。[34]暴露在世貿中心，尤其是見到死亡與人體遺骸，跟多年後還有創傷後壓力症有強烈關聯性。

加速療癒的行動

事實證明，除了食物、住所與飲水之外，透過家人朋友或社群取得的社會支持，對於災後恢復來說是必要的。這樣的發現刺激了國家兒童創傷壓力網絡（National Child Traumatic

Stress Network）跟國家創傷後壓力症中心的專家，在二〇〇六年編纂成心理急救操作手冊（*Psychological First Aid*）。[35]這個手冊是設計出來給災難應變工作者，讓他們在初次與經歷劇烈精神苦難的創傷倖存者接觸時使用。此手冊把焦點放在基本事項：保護倖存者免於進一步的傷害；向他們保證創傷結束了；讓他們跟親友與其他必要資源取得聯繫；並且給他們機會跟能同理他們的聆聽者說話，這些災難應變工作者受過訓練，懂得尊重倖存者的尊嚴、文化與能力。

世界衛生組織（WHO）在海地[36]、幾內亞、賴比瑞亞跟獅子山共和國已經率先成功使用過心理急救的一個版本[37]，而且也將之廣泛提供給受到戰火蹂躪的敘利亞，還有希臘與奈及利亞的數千名流離失所者。把提供給**所有**災難倖存者的保護程序形式化，第一個步驟就是心理急救。[38]這個方法可望能遏止不利於心理健康的後果發展，因為災難倖存者如果覺得（或者在幫助之下覺得）安全且與他人有連結，就會過得比較好。[39]

敘事暴露治療（NET）把重點放在實用性設計上，對於來自多種不同文化群體，從戰爭、組織暴力、自然災害中生還或者被迫逃離家園的創傷後壓力症患者而言，這種短期療法是特地為配合他們的需求而設。在過去二十年裡的大多數時候，NET研究人員已經廣泛測試過這種療法。此療法已經被提供給住在歐洲無依無靠的未成年難民、住在加拿大的敘利亞難民、住在美國的伊拉克難民、前烏干達童兵、二〇〇四年南亞海嘯的斯里蘭卡兒童倖存者，還有四川汶川大地震的中國倖存者，成效良好。

另一個以受創個人為目標，為了協助他們而設計的延伸服務計畫，是創傷風險管理（trauma risk management，簡稱TRiM）[40]，這是個同儕支持計畫，本來是由英國軍隊發展出來，目標是確保暴露於創傷下的軍人得到適當支持，並且鼓勵他們要是發展出無法立即解決的心理健康問題，就要適時求助。針對TRiM的研究顯示這不會帶來傷害，而且是個受到接納又能維持的計畫，或許能以減少缺勤率的形式帶來正面效果。TRiM可能對初期應變人員、警方跟急診室工作人員來說也很有價值，因為他們也會經常遭遇和職業相關的創傷暴露風險。

為了回應在二〇〇五年七月七日在倫敦運輸系統裡引爆，造成五十六人死亡，七百八十四人受傷的自殺炸彈[41]，克里斯·布魯溫（Chris Brewin）博士跟他的同僚發動了一個為期兩年的創傷回應計畫。[42]透過主動聯絡，他們跟爆炸事件將近一千名的倖存者建立聯繫（據估計有四千人受到爆炸事件衝擊）。這個團隊邀請倖存者們接受創傷壓力，還有其他可歸因於恐攻的心理健康問題篩檢。篩得陽性結果的人會得到更深入的臨床評估，並且在必要時接受治療。這些人被追蹤了一年，由研究團隊追蹤他們的精神痛苦程度。結果看起來很有希望，有兩百一十七人接受治療，其中大部分被診斷為創傷後壓力症。治療很有效，病人在幾個月後測量心理健康症狀時得分都很低。

布魯溫跟他的同僚發現，假設需要精神幫助的倖存者會為了得到照護而現身，並不是事實，研究人員反而要主動擴大服務。他們從治療倖存者的醫院，介入災難救濟行動的慈善團體、政府機構與警方那裡取得名單。此外，他們還建立一個電話支援專線，寄信給當地的家醫科醫師，並且透過大眾媒體宣傳活動做廣告。

為什麼需要這麼積極的延伸服務？或許是精神傷害導致的隱形傷口，並不會像斷腿或者皮肉外傷那樣，讓一個人尋求幫助的內在警鈴響起。或者，一次恐攻發生後立即體驗到的「正常」症狀跟創傷後壓力症症狀很類似，所以我們可能很難意識到「正常」反應在何時會變成問題。許多人可能覺得從恐攻中倖存非常幸運，或者對於體驗到感激以外的情緒反應感到罪惡或羞恥。或者有可能問題就只是他們不知道要去哪裡求助，或是有哪種心理衛生專業人員可以幫助他們。

其他安排好協助恐怖行動倖存者的計畫，得出一個相似的教訓：在有提供心理健康服務，倖存者也有聯繫上這些服務的時候，他們就會加以利用，並且從中得到益處。[43]雖然研究正在證明在恐攻之後主動擴大服務顯然有益處，但對於體驗過恐怖主義，卻沒有資源採取這種新做法的社群來說，這些發現卻反而引來許多關鍵性的問題。主動提供援助要花錢，誰該為此買單？如果倖存者需要長期的服務，誰要負責確保健康照護系統能配合這個需求？

未來的教訓

科學的發現很清楚：目標在於幫助集體創傷倖存者恢復的社會性介入，必須**明確地**處理創傷壓力。[44]集體創傷需要一種系統性、經過協調的回應，積極提供援助，找出易受傷害的次群體，並且在必要的時候提供心理治療。這樣的回應要成功，需要資源、經費跟義無反顧的社會支持。

不幸的是，在戰爭難民與平民倖存者之間的創傷後壓力症流行病，仍然沒有得到更廣大的健康社群與政治家恰如其分的承認。[45]從心理健康資源的面向上來看，在倖存者的需求跟他們實際接收到的資源之間，仍然有一段危險的落差。這種落差又在居於低資源國家的倖存者中最為明顯，每每想到心理健康社群已經發展出有效的心理療法[46]，並且特別為了符合戰爭平民倖存者與難民的困境需要而打造[47]，但弱勢者的現狀卻是如此，就顯得更加悲哀。

至少，應該對所有戰爭的平民倖存者提供系統性的創傷與相關心理失調篩檢。[48]在篩檢之外，心理健康社群還需要做好準備，為那些因為種種不同理由（包括語言藩籬，不願敞開心胸跟陌生人說話，把揭露精神痛苦視為恥辱，還有文化或宗教上的抑制）而不願求助的次群體伸出援手，即使可能因為文化差異而造成敏感。

確實，在提倡社會性療癒的時候，找出有創傷後壓力症的暴行倖存者，可能是必要的第一步。有一個二〇〇二年研究，以超過兩千名從一九九四年種族屠殺中倖存的盧安達人為對象，有創傷後壓力症的盧安達人比起同樣暴露於創傷下，卻沒有創傷後壓力症的同胞，明顯地更不可能相信針對種族屠殺罪犯的刑事訴訟會帶來正義，對於和解的態度也比較不開放。[49]在一個針對大約三千名烏干達內戰倖存者所做的二〇一五年研究裡，研究人員發現，比起曾暴露於創傷下卻沒有創傷後壓力症的倖存者，有創傷後壓力症的倖存者比較可能認同暴力是一種解決戰爭的手段。[50]

戰爭加諸於平民倖存者的心理健康重擔，鮮少得到它所需要的優先性與資源。在浮濫的美言、陳腐的同情話語跟外交辭令之外，採取系統化行動的需求是很迫切的。除了努力在戰後重建學校、醫院與住家之外，也必須要有明確界定的方法，確保嚴重受創者的心理復健。

身為二十一世紀地球村的公民，如果這樣的途徑沒有實際成形，我們全都將面臨過於龐大的損失。

人類苦難的美國化？

我愛人類苦難中的莊嚴。

——阿佛列．德．維尼（Alfred de Vigny）

幾年前，我在印度一間頗有聲望的醫學院精神醫學系擔任客座教授，對教師們發表了一場以創傷後壓力症為主題的演講。當時我剛演講完，正在解答聽眾的問題，這時有一位較資深的知名教授打岔：「雖然這些事很有趣……但我們印度沒有多少創傷後壓力症問題。」

演講廳裡陷入數秒鐘的沉默，然後全體聽眾之間爆出嘟囔聲。我在講臺上尷尬地挪動身體，對這個一竿子打翻一船人的聲明感到震驚。我才剛引用完印度學者們的作品，其中記錄了印度因為獨特的地理天候條件，導致在面對天災時容易受害[1]，以及說明了印度需要一種面對災害的心理健康策略。我先前引用過來自印度國家犯罪紀錄局（National Crime Records Bureau）的統計數字，其中報告說強暴與家暴從二〇一〇年起就上升了百分之七。[2]我甚至參考了這間醫學院自己的急診部門研究，裡面描述了在全世界所有的道路交通意外中，印度就占了將近百分之十[3]，而且印度迫切需要一個經過協調的心理學回應，來協助道路交通意外倖存者。自然災害、家暴、強暴、頻繁的道路交通意外——印度人對於創傷並不陌生。

那位教授不屑一顧的聲明，正是針對一項在全球心理健康社群中熱烈討論的爭辯而發。爭議中的核心概念是：**創傷後壓力症在本質上是個歐美問題**。此時，從後排出現的一句評論救了我。一位年輕女醫師謹慎地舉起手。「先生，我無意不敬，但我認為我無法同意印度沒有創傷後壓力症問題的說法。我有三個理由支持這點。首先，我們的人民，尤其是窮人，太過習慣創傷就是他們日常生活的事實，以至於他們用放棄的態度接受它。他們有種宿命論的態度，所以甚至不承認創傷是創傷，就算他們可能受創了。其次，身為醫師，我不認為我們受過的訓練好到能夠問出正確的問題，引出創傷後壓力症的症狀。第三，在我們生活的國家裡，大多數人甚至連承認他們體驗到任何情緒或精神不適，都還很不情願。」

為了回應她的推論思路，學術上的爭論爆發了，而急著想繼續議程的會議主持人，把我的注意力導向聽眾群裡的其他問題。

♥ ♥ ♥

在一九九〇年代晚期，世界衛生組織的世界心理健康調查被寄到二十八個國家，蒐集到的聯合樣本來自超過二十萬名回應者。對於這些調查的期待是，它們產生創傷後壓力症盛行率的統計能力，會超越範圍有限、規模較小的地方性研究所提供的資料。在世界衛生組織比較高、中、低收入國家的創傷暴露比率與最終的創傷後壓力症盛行率時，他們發現，雖然暴露於創傷事件下的風險在不同國家裡基本上一樣高，各國發展出創傷後壓力症的風險卻一致低於美國發現的比率。舉例來說，哥倫比亞回報有生之年的創傷後壓力症盛行率接近百分之一點八，奈及利亞則是零，中國也是零。所有的比率都明顯低於美國研究中報導的百分之六點八。[4]

那些令人驚訝的結果，在全球的心理健康社群裡激起了爭議。不具全球適應性的診斷有什麼價值？某些心理衛生專業人士現在從這個結果裡得出的結論是：**創傷後壓力症是一種人類苦難美國化的表現。**

環繞著世界心理健康調查資料的爭議，一直持續到今天。有人並不否認中低收入國家的創傷暴露，卻把這看成比較像是心理健康議題（諸如臨床憂鬱症、焦慮症跟藥物濫用）的一種觸發因素。[5]分析指出，本地人只是因為更能接納創傷，因此在他們確實有這種體驗的時候，不會變得像他們在美國的同類那麼驚嚇、恐懼或無助。這種反應被宣傳為某種形式的悖論式韌性（paradoxical resiliency）。

在這個論證裡，我感受到一種對於較傳統的社會與文化所抱持的天真浪漫主義。這種誤植的懷舊情緒，忽略了這個事實：女人、小孩、窮人跟被邊緣化的人，通常是受創傷打擊最深的人，然而依他們原生國的狀況而定，他們可能沒有恰當的聲音可以表達他們真實的反應。太輕易就擁抱「悖論式韌性」這個概念的危險，在於這樣做會忽略了最脆弱、最不利的那些人所受的苦難。

在這個辯論繼續的時候，有個因素可能有助於解釋創傷後壓力症盛行率在世界各地的不一致：文化。歷史、語言、習俗、傳統跟宗教，不只是在創傷壓力的概念化上面扮演了重要的角色，在塑造整個社群的心理健康，還有社群如何從創傷中復原這些方面亦然。

各種文化如何界定創傷相關的痛苦，精神科醫師德文・E・辛頓（Devon E. Hinton）跟羅伯托・路易斯─費南德茲（Roberto Lewis-Fernández）蒐集整合的例子如下：在拉丁語系人口中是susto（驚恐）、nervios（神經質）跟ataque de nervios（歇斯底里發作）；在柬埔寨難民口中是khyal（風）攻擊跟心臟弱；在幾內亞跟比紹還有莫三比克人、烏干達人與不丹難民則說是附身；獅子山共和國的內戰受害者稱之為haypatensi（高度緊張）；盧安達種族屠殺倖存者稱之ihahamuka（肺喘不過氣），一種以突然開始喘不過氣為特徵的症候群；秘魯高地的克丘亞（Quechua）語使用者所說的iiaki（哀傷）；還有曼丁卡人（Mandinka）所說的masilango（極度恐懼）。[6]

全球創傷後壓力症資料中的不一致，可能也是人類苦難被過度醫療化的一項後果——太過狹隘地把焦點放在創傷暴露對人類大腦與身體的生物學後果，卻犧牲了其他同樣相關的面向，像是政治、經濟、社會與道德面向。

哈佛醫學院全球健康與社會醫療系（Department of Global Health and Social Medicine at Harvard Medical School）的研究員魯蘋德．K．蕾哈（Rupinder K. Legha）博士，在海地農村地區花了超過兩年時間，發展以社區為基礎的心理健康服務，並且提出這個看法：

> 診斷出創傷後壓力症的意義，在像海地這樣持續不安定的環境裡（受到挑戰），就是不會有創傷「後」這回事，創傷構成了日常生活的肌理……創傷後壓力症被視為一個診斷範疇，跟它的症狀群共同提供了一個讓人理解這些場景的起點，卻不可能捕捉到這種人類苦難的廣度，也無法談論創傷、貧窮與苦難跨越世代又擴及全國的普遍程度。[7]

然而把創傷後壓力症看成只是美國的問題，仍然是一種過度簡化。更確切地說，現有的創傷後壓力症診斷需要進一步擴充與精緻化，好讓它和更多文化有相關性。要判斷什麼夠格視為創傷壓力症狀的範圍，需要捕捉情緒與精神不適者以不同方式表達的苦難，並且特定文化的症候群也需要進一步的探究，以便看出這些症候群和創傷後壓力症症狀之間有多少對應，或者認出兩者根本是完全不同的東西。

在爭議、批評跟辯論之外，急於撇清創傷後壓力症有全球相關性的危險，在於醫師們會停止尋找這種問題，而使有創傷後壓力症狀的病患被誤診。給臨床計畫的經費與研究費用會被重新導向其他優先項目。以現狀來說，創傷後壓力症診斷提供我們一個起點（儘管是不完美的），可以從中理解全球性的人類苦難。想要徹底拋開它在全世界範圍的相關性，其實就像是把嬰兒連同洗澡水一起倒掉。

第七部　新紀元：一點點預防措施

精確防治

真理從來都是在簡單中找到的，而不是在多樣性與事物的混淆中找到。

——艾薩克・牛頓（Issac Newton）

關於精神醫學史，有個鮮為人知的事實：好幾百年來，預防實際上被視為心理健康照護的其中一個必要部分。[1]到了一九五〇年代中期，預防精神醫學正奮力對抗著心理疾病的社會或環境成因，人們將方法聚焦在強化家庭，鼓勵健康的生活型態，還有讓精神科醫師倡議相關的法律與政策事務。[2]不過在接下來數十年裡，在缺乏政治意志與公共經費，加上精神醫學藥物流行趨勢上揚的狀況下，預防精神醫學變成了在這個領域的歷史上被遺忘的一章。[3]

預防精神醫學在歷史上的失敗，意味著關於創傷後壓力症的對話通常聚焦於治療：開立比較好的藥丸，發展更強力的療法，鼓勵為此受苦的人進行治療，或者把目標放在創傷後壓力症的連鎖反應，像是成癮跟自殺。探究創傷後壓力症的起因，讓研究導向了討論生物學、基因缺失、有缺陷的大腦結構，還有出了問題的神經傳導物質，但我們通常忽略預防這些選項。在近年來，預防精神醫學已經開始捲土重來[4]，此刻在前線工作的臨床醫師們，開始感受到只聚焦在治療上帶來的限制了。

另一個為預防精神醫學的成功帶來好預兆的發展，是更大範圍的醫療領域現在正在擁抱生物逆境（biological adversity）的觀念[5]，或者說，像是我們的行為、居住地郵遞區號跟環境這樣的因素[6]，在決定我們的健康狀況時，如何扮演了比生物學與遺傳學更重要的角色。更廣大的健康照護社群，現在正開始更認真看待收入與食物供應不平等，以及無法確保住處和低社經地位，如何讓人類健康付出毀滅性的代價。

今天，有來自各種專業背景，人才濟濟的團隊參與預防精神醫學，這些人掌握著大數據、電子病歷、基因定序跟成熟研究方法的力量，並且把這些資料跟已知會致病的社會與環境因素融合在一起。透過這個策略，科學家可以用在過去的預防手段中所缺乏的精確程度，拆解所有這些因素之間的關係。[7]

某些值得特別一提的發展，在最近阻止了大規模槍擊案、家暴與性暴力。

防範大規模槍擊案

大規模槍擊案讓倖存者、目擊者、家人、初期應變人員跟整個社群都受創。[8]研究人員蒐集了時間跨度超過四十年，來自數十起事件的案例研究資料，其中包括一九九九年科羅拉多州利多頓的可倫拜高中槍擊案與二〇〇七年維吉尼亞理工學院槍擊案。事件倖存者中有百分之十到三十六出現創傷後壓力症。研究發現，這種槍擊案的衝擊延伸到原來的倖存者之外，涵蓋到整個通常受制於後續媒體侵擾的社群。的確，就連跟大規模槍擊案的關聯遙遠，都可能導致顯著的心理痛苦——這種發現指出這一類的槍枝暴力特別惡質。

在二〇一六年六月十二日，佛羅里達奧蘭多一間同志夜店發生大規模槍擊案之後，美國醫學會宣布槍枝暴力是一種公共衛生危機。[9]防範這種暴力的有效解決方案[10]，需要併入相關的政治面向[11]，並且要求醫師進入法律、政策決定與倡議的領域裡。

加州大學舊金山分校的精神科醫師、美國精神醫學會的前任會長蕾尼．賓德（Renee Binder）博士就是這麼做，在她的鼓吹之下，加州通過二〇一四年槍枝暴力禁制令法案。這個法律是美國同類法律中的先驅，在擁有槍枝的個人有變得暴力的風險時，他們的家屬可以要求警方暫時拿走他們的槍。我跟賓德談到她如何著手處理這個複雜的議題。她告訴我：

> 整個槍枝議題需要放到公共安全的框架裡來看，也就是說，為什麼我們會對槍枝所有權有所顧慮？人在家裡有槍的時候，就有更高的風險會自殺，肯定也會擔憂家庭成員發生意外，還會擔憂發生謀殺事件。某些人可以安全地管理槍枝，也知道

怎麼用槍，但在人生中的某些時刻，他們不應該有管道可以拿到槍……而這不必然跟心理疾病有關。有可能是你被解雇了，你非常氣惱難過，或者在親密關係中，你覺得被伴侶虐待了，或者在有人濫用酒精藥物，變得非常激動的時候。甚至是在有人罹患某種健忘症，變得不像過去那麼小心謹慎的時候。[12]

防範家庭暴力

科羅拉多大學小兒科醫師大衛·歐茲（David Olds）博士所創立的組織「護理師—家庭夥伴關係」（The Nurse-Family Partnership）[13]，工作內容包括讓容易受創的家庭，在小孩誕生**之前**就接受專業人士密集的家庭訪視。已有研究顯示，接受這種介入措施的家庭，兒童受到虐待與忽略（包括受傷與意外）的程度比較低，而且他們的小孩在學校的表現，還有整體而言的情緒健康指標都比較好。考量到兒童虐待與忽略在美國造成每年高達一千兩百四十億元的花費[14]，這些發現也有相當大的經濟價值。全球而言，為了在中低收入國家減少嚴厲或虐待性質的教養方式，推行了種種預防性介入措施，也達到中等程度的成功[15]，不過我們仍然迫切需要在低度資源環境下仍可以維持的干預措施。

為了處理親密伴侶暴力（IPV）的嚴重問題，國家創傷後壓力症中心的研究人員設計了一個為期十週的創傷照顧（trauma-informed）伴侶治療，稱為「在家力量」（Strength at

Home）。[16]研究人員承認暴露於戰爭創傷下的士兵，對親密伴侶施暴的風險會增高，他們需要在親密伴侶暴力變成問題以前，就先找出親密關係曾有困難的有風險伴侶。研究人員比較了分配到治療師提供支持治療的控制組伴侶，還有得到「在家力量」訓練的實驗組伴侶。實驗組狀況比較好，回報的肢體暴力與精神虐待比較少，而且比起控制組更有可能完成他們的治療。

防範性暴力

在一個由史丹佛大學研究人員、非營利組織「不就是不」（No Means No），還有非洲健康與發展研究所（African Institute for Health and Development）的合作事業中，肯亞奈洛比的一些女學生在一個六週的賦權與自衛課程計畫裡，學習如何抵禦性侵。該計畫設法擊潰「女生連面對攻擊者都應該恭順」的文化觀念。考慮到幾乎一半肯亞女性回報說她們在童年就被性侵過，這個研究進行的地點特別重要。

初步的發現很鼓舞人心，幾乎兩千名完成課程的女高中生裡，有超過一半後來利用這些技巧抵擋了性騷擾或強暴。參與這個研究的史丹佛研究人員麥可・巴尤奇（Michael Baiocchi）跟克麗雅・薩恩奎斯特（Clea Sarnquist），用複雜的統計學來闡明讓介入措施生效的精確因果路徑，希望這個做法能夠複製到其他環境。[17]

我們花在治療上的每一塊錢，都應該相應地投注在防範措施上，而每次我們強調治療的價值時，也應該重申預防的重要性。[18]二十一世紀產生了一個更精確的預防精神醫學新版本，事實正在證明它在不同方面很有影響力，而且如果得到夠多的動能，就可以在創傷後壓力症問題上取得顯著的進展。到目前為止描述的初級預防，是形式最純粹的預防。藉由防範大規模槍擊事件、家庭暴力跟性侵，我們去除了創傷，當少了這些常見創傷事件，與這些暴力相關的創傷後壓力症就不會存在了。

黃金時刻[1]

> 早到三小時勝過晚到一分鐘。
>
> ——威廉·莎士比亞，《溫莎的風流婦人》

初級預防並不總是可行，創傷後壓力症研究人員因此已經大膽進入二級預防領域。二級預防[2]是在創傷暴露後，創傷後壓力症發作前的時機介入，這是一個在為時已晚之前出擊的機會。[3]這個時機被稱為「黃金時刻」，在這段時間裡，醫療介入措施可以鋪下一條通往復原的道路。

創傷後壓力症文獻裡充斥著種種誘人的線索，談到藥物與心理治療可以被利用來預防創傷倖存者的創傷後壓力症症狀開始發作。古斯塔夫·謝林（Gustav Schelling）博士，一位在加護病房照料重症病患的德國醫師，曾報告說病患發展出跟自身瀕死體驗相關的創傷後壓力症。[4]他觀察到，以皮質醇做為部分重症照護的患者，在他們復原後比較少體驗到創傷後壓力症的徵兆與症狀。[5]

我們已知皮質醇會損害長期記憶的恢復，於是科學家假設，以藥丸或靜脈注射方式使用皮質醇，可能防範創傷後壓力症發作。[6]謝林用隨機對照研究來測試他的觀察，發現加護病房治療中使用皮質醇，不只是跟倖存者的創傷後壓力症症狀顯著減少相關，也跟他們的整體健康改善相關。[7]另一個前衛方法是使用藥物美服培酮（mifepristone），這種藥也會影響皮質醇濃度，但它不是讓濃度因為人為操作暫時提升，而是從源頭重設了身體製造皮質醇的方式。[8]

對於從威脅生命的身體傷勢中倖存的人，像是經歷嚴重機動車輛意外、炸彈爆炸或槍傷者，急診室醫師常常給予類鴉片藥物嗎啡。在創傷事件時處於極端疼痛狀態，會增加發展出創傷後壓力症的機率，科學家對此已經知道一段時間了。[9]類鴉片藥物也能減少腦內去甲基腎上腺素的釋放[10]，而我們已知在創傷後壓力症的大腦中，這種成分的釋放會被過度刺激。最近的分子研究暗示，大腦的類鴉片受器基因，可能在杏仁核如何規範恐懼的表達這方面扮演某種角色。[11]

早期研究指出在身體創傷後，短期使用類鴉片藥物強力降低疼痛，可能也有助於防止關於相同創傷的創傷後壓力症開始發作。[12]有一個這樣的研究，發表在《新英格蘭醫學雜誌》上，追蹤了近七百位在戰鬥中負傷的伊拉克服役軍人，他們從重傷中倖存之後很快就被施打嗎啡，研究發現他們很明顯地比較不會發展出創傷後壓力症。這個研究產生了鼓舞人心的發現，不過這裡有個重要警告：要是倖存者並沒有遭遇令人痛苦的身體傷勢，嗎啡在嚴重精神創傷後預防創傷後壓力症的價值仍很有爭議。

探究哪種心理治療在預防創傷後壓力症的黃金時刻可能有效，這方面的進展較少，有一部分是因為在一九八〇年代，創傷事件後照慣例使用的危機事件壓力小組會報（critical incident stress debriefing，簡稱CISD）方法，出現令人失望的結果。[13] CISD是設計出來要在創傷事件後數小時或數天內進行，通常包括所有出動以回應某場災難的急救人員。CISD是由一場四個小時會談構成，鼓勵團體分享他們對創傷的情緒反應與經驗。

不幸的是，後續研究發現CISD不只是對防範創傷後壓力症無效，實際上造成的傷害還比好處多。[14]為何如此的確切原因還不知道，但有某些解釋指出，問題出在創傷之後進行CISD還太快，還有把牽涉在其中的每個人都包括進去，是過度狂熱，用同一招套到所有人身上的做法。[15]現在較受歡迎的做法是比較量身訂做的「觀察等待」法[16]，在其中，創傷倖存者會被找出來，並且接受如何求援的教育，但並不要求他們談及事件本身，除非（直到）他們覺得有需要這麼做為止。

CISD可能傷害到創傷倖存者的發現，意味著研究人員避免在黃金時刻測試心理介入措施——也就是說，直到艾茉莉大學（Emory University）的心理學家芭芭拉．歐拉索夫．羅斯邦（Barbara Olasov Rothbaum）博士帶領的團隊出現，他們才開始在創傷發生後幾小時內率先進行修正版的長期暴露（PE）介入措施。[17]這種做法跟小組會報完全不同，目標在於及早介入，以避免創傷記憶在倖存者身上固化。在羅斯邦的研究裡，出現在喬治亞一間醫院急診室裡的一百三十位病人被追蹤了幾個月。這些病人體驗過從強暴、非性侵攻擊到機動車輛意外等在內的種種創傷。研究參與者要不是被指定接受修正版PE介入措施（通常是在他們的創傷暴露後十二小時之內），就是被指派到控制組。介入措施由三節簡短療程組成，這些療程專注於呼吸放鬆、暴露練習、把注意力放在認知上，還有自我照顧。被指派到這個研究的修正版PE組的人回報，在創傷後三個月的創傷後壓力症與憂鬱症狀較少。

在更近期，牛津大學的研究人員使用電腦遊戲俄羅斯方塊，嘗試在黃金時刻破壞記憶固化。他們假設，在從創傷中倖存以後，讓倖存者參與視覺上讓人全神貫注的任務，能讓大腦分心，並且避免大腦過度固化創傷的早期視覺記憶。

這個團隊趁著七十一名機動車輛車禍倖存者還在急診部的時候招募了他們。他們之中有一半被要求想著意外最糟的時刻，然後再被要求玩二十分鐘俄羅斯方塊。另外一半人被要求寫下自從來到醫院以後，他們做過什麼事的清單。

發表在《分子精神醫學雜誌》（*Molecular Psychiatry*）的結果很有希望。[18]在車禍之後的那一週，在跟完成清單的人做比較時，玩俄羅斯方塊的參與者比較不會回報有創傷後侵入性記憶跟相關的精神痛苦。

雖然在這類「黃金時刻」介入措施能夠在例行醫療中實現之前，還需要處理一些重要的議題，介入措施可以防範這麼多人將來受苦受難的希望，卻很難忽視。

對難以觸及的人伸出援手：讓創傷後壓力症治療更容易觸及

「地點、地點、地點。」

——房地產箴言

直到黃金時刻的介入措施實現以前，前線心理健康專業人士沒多少選擇，只能把注意力放在如何治療有創傷後壓力症的倖存者上。沒有及時得到創傷後壓力症治療的影響是很清楚的：如果一個人沒有接受治療，而且在一兩年後還有創傷後壓力症，緩解的機率會急遽下降。[1]從經濟學觀點來看，創傷後壓力症患者每個月平均錯過四天上班日，光在美國就導致將近一年三十億的生產力損失。[2]不幸的是，只有少數創傷後壓力症患者得到治療。[3]

所有這些事實結合起來，很有說服力地支持了早期介入措施，在這種狀況下，我們雖然同意創傷後壓力症已經站穩腳跟，但還是設法軟化它對我們的病患生活品質造成的打擊。或許更能夠盡早觸及創傷後壓力症患者的最快方式，是讓精神科醫師開始較不去注意他們提供**什麼樣**的治療，而更注意病人在**哪裡**接受治療。

從一九九〇年代開始，有逐漸累積起來的研究顯示，大多數有心理疾病的病患其實是去看他們的基層醫療醫師，而不是去精神科醫師的辦公室。[4]在這種狀況下，他們的心理疾病通常不會被診斷出來，就算他們得到照護，可能也不是最高品質的照護。這些發現促使幾個健康照護機構開始推動心理健康與基層醫療的整合。

整合醫療一開始就只是在基層醫療診所的職員中補上一位社工、精神科護理師或者心理學家，後來則進展到使用成熟的工具來篩檢患者是否有心理疾病。在此也有一股推力[5]，讓精神科醫師轉移他們的執業地點，跟他們的基層醫療同事一同工作，提供持續的諮商與他們的特殊專業能力。雖然這樣的新做法仍然零零星星[6]，事實卻已證明這些作為改善了精神疾病的確認與治療情形。

在過去幾年裡，我已經在提供整合醫療，我的經驗也帶給我很大轉變。我已經發現，許多病患求助時會碰到的藩籬，在精神科醫師把執業地點換到一間基層醫療診所的時候，就解消了。與其接受匿名轉介去一家位於不同校區的心理健康診所，病患寧願在他們的基層醫療診所裡看一位精神科醫師——這個人跟他們信任的固定醫師有密切的合作——這樣做有助於消融汙名與矛盾情緒。這種感覺就好像我在看我本來就一直在看的病人們，只是我提早了二十年，在他們的創傷後壓力症症狀比較沒那麼根深柢固，對治療也更有反應的時間點就遇上他們。除了我的直覺以外，研究結果也顯示在這樣的整合診所裡接受照護的創傷後壓力症患者，進展得比那些在傳統環境下接受治療的人更好。

把創傷後壓力症介入措施整合到創傷倖存者照護中的另一個場所，就是急診室。在這種計畫裡，心理衛生專業人士在急診室裡跟創傷倖存者建立連結，按照他們的精神痛苦程度，在創傷後的數週跟數月內提供他們量身打造的介入。[7]對親密伴侶暴力、身體攻擊、機動車輛意外與工作傷害倖存者來說，這種計畫正在產出很有希望的結果，這看來至少在最低程度上提供了早期確認與協助，且在最大程度上阻止了創傷後壓力症發作。

對於住在新生兒加護病房的早產兒之母所做的研究裡，也看得到同樣的成功。[8]對於親眼看到她們的嬰孩過早出生，並且在新生兒加護病房住院，因此發展出相關創傷壓力早期徵兆的母親們，研究人員提供她們一種以技巧為基礎的介入，這種介入是為了減少創傷後壓力症、焦慮與憂鬱症狀而開發的。這種短暫的介入措施包括創傷焦點認知行為治療（CBT）中的元素，可以有效減少未來的創傷後壓力症。

在基層醫療、急診室與加護病房之外，心理衛生專業人士在今日的學校裡也扮演積極的角色。在暴力的內城區學區中工作的教育界人士，長期以來已經觀察到，對於他們在學生身上見證到的學業失敗與行為問題，精神創傷扮演了關鍵性的角色。科學上對創傷後壓力症的理解進步，結合教育界人士的集體智慧，已經讓近期出現一個朝向「創傷照顧學校教育」（trauma-informed schooling）發展的運動。與其懲罰有行為問題的受創兒童，這個運動的目標是訓練教職員尋求其他解決方案，不讓孩子再度受創。現在學生們學到如何辨識出他們什麼時候會被觸發，並且用比較健康的方式去處理與控制。[9]

同儕支持與科技的展望

雖然拓展照護管道的做法很鼓舞人心，卻沒有處理到一個全面性的議題：在創傷後壓力症患者可以取得治療機會的時候，許多人還是不會接受。近年來，許多創舉的目標在於，用更好的方式到創傷後壓力症患者的所在地去會見他們。我自己的研究已經聚焦在帶頭的創傷後壓力症退伍軍人同儕支持計畫。在這些計畫裡，持有執照且創傷後壓力症症狀已緩解的退伍軍人同儕專家，受聘成為心理健康治療團隊的一員，對於仍在掙扎中的創傷後壓力症退伍軍人提供支持。一如預期，對於患者來說，對一位曾經歷過類似衝突的同儕敞開心扉，建立連結會容易得多。

經歷過同儕支持計畫的退伍軍人回報，他們的社會參與度較高、比較有希望，也覺得比較有能力應付他們的未來，對自己的心理健康照護也更投入。[10]同儕支持只是創傷後壓力症治療能夠怎麼樣重新改造以觸及更多人的例子之一。在讓治療變得更容易接受這方面，另一個令人興奮的潮流是駕馭科技的力量，讓患者能夠接受治療的地區範圍更廣。

美國心理衛生專業人士的短缺，轉變成提供給創傷後壓力症患者的照護數量問題。科技已經提供了一種部分解決方案。以員工較充足的醫院為基地的心理衛生專業人士，可以利用視訊通話，替人手不足的診所補足服務。視訊會議讓醫師與病人能透過電視機、電腦、平板或智慧型手機螢幕即時、雙向而且面對面的溝通。

對於害怕這樣的診療可能會變得沒有人情味，稀釋了醫師與創傷後壓力症患者之間的融洽關係，或者擔心會有技術問題妨礙治療品質的懷疑論者來說，看來沒有多少理由擔憂。許多研究已經顯示，以這種方式進行的創傷後壓力症治療，就跟真人見面的治療一樣好。也有一個進展是把這種服務直接提供給在家裡的病人，而研究再度顯示在效果或品質方面都沒什麼損失。而且，病人在舒適的家中接受治療，可以替他們省下交通時間與花費，而且可能對有高強度逃避症狀的創傷後壓力症病患特別有益。[11]

為了嘗試替治療師省下時間，並不至於犧牲治療的成功，研究人員也已經發展出線上版本的創傷後壓力症患者認知行為治療（CBT）。[12]病患在一位治療師的遠端引導下，努力完成線上治療計畫。透過網路進行的CBT，不但病人可以接受，治療師也注意到使用這種版本用掉的時間，比起提供面對面CBT用掉的時間少了百分之二十五。更重要的是，參與者回報說，他們跟他們的線上治療師之間有正面的關係。

創傷後壓力症教練（PTSD Coach）是由國家創傷後壓力症中心與國防部的國家遠程醫療科技中心（National Center for Telehealth and Technology）合作打造的智慧型手機應用程式。這個應用程式提供給任何智慧型手機使用者，是設計出來當成不需要讓心理衛生專業人士介入的自助工具。這個應用程式自從發布以後，被超過八十個國家的人下載超過十五萬次，而且iPhone使用者跟安卓系統使用者都一致給予高分。

初步研究已經發現，這個應用程式的使用者回報有高滿意度，並且發現這個應用程式很有幫助。在最近的測試中，將近五十位沒有接受創傷後壓力症治療的成人患者，在亂數選擇下，要不是使用創傷後壓力症教練當成自助選項，就是進入等待名單（也就是說，沒接受治療）。一個月後，應用程式使用組的創傷後壓力症症狀減輕程度比等候名單組更大。[13] 既然近乎三分之二的美國人手上都有智慧型手機，而創傷後壓力症教練又不要求有心理衛生專業人士涉入，這個發現蘊含意義便相當重要。

國家創傷後壓力症中心的心理學家兼研究人員艾瑞克．岡恩（Eric Kuhn）博士，是創傷後壓力症教練的原始團隊成員之一。從這個應用程式發表以後，他就投入時間，釐清能怎麼樣運用這項科技來幫助創傷後壓力症患者。我問他對於創傷後壓力症治療創新科技的未來有何想法，他說：

我對於機器學習與人工智慧的潛力感到很興奮。我想幫忙把有效的認知行為治療（CBT）介入措施，更完整地帶進科技裡。成功認出並且挑戰無用的創傷後壓力症認知，需要技巧非常熟練的CBT治療師，但隨著科技的進步，我想某些這樣的典型認知可以用科技來修正。對於某些較困難的症狀，尤其是在比較特別的罪惡感與自責這些方面，成功幫助這些症狀的終點還在地平線的更遠處。[14]

喬．盧謝克（Josef Ruzek）博士是史丹佛大學的心理學家，專長在於發展科技介入技術，以治療創傷倖存者的創傷後壓力症。對於心理衛生專業人士如何能夠以最佳方式觸及難以觸及者，盧謝克把科技看成是必要的辦法。他告訴我：

在十年內，幾乎每個人都會有智慧型手機，而我想要看到我們把心理健康科技打包到這些設備裡。我想像的是一個套件，內含十五個左右以網路跟電話為基礎的介入措施，用來解決創傷後壓力症以及相關問題，像是失眠跟酗酒。民眾可以自己使用這個套件，或者他們可以從同儕支持顧問那裡得到幫助。這些科技不必完美，但作為一線選擇的其中之一，它們可能會有很大的影響。[15]

社交網絡的力量

他們燒掉國旗，還示威反對我們，這被登在今天的報紙頭版上。他們毫無敬意。他們根本不知道那裡發生什麼事，媽——那些男人犧牲自己的性命。在那裡天天有人死掉，在這裡甚至看起來沒人在乎。如果妳問我怎麼看，我會說這是一群天殺的狗屎！

——朗．柯維克（Ron Kovic），《七月四日誕生》（*Born on the Forth of July*）

無論創傷型態為何，在創傷事件後接受社會支持，能夠防範創傷後壓力症開始發作。[1]就算一個人發展出創傷後壓力症了，正面的社交網絡也可以幫助症狀痊癒。[2]事實上，在創傷事件後及早提供最有效的社會支持，已經變成公認優良治療標準的其中一項。[3]創傷後壓力症以這種方式突破了個別人類的生物性狀態，延伸到我們的社會裡。

正面社交網絡的療癒力量也解釋了負面社會經驗可能造成的損害。[4]國家越戰退伍軍人再適應研究（The National Vietnam Veterans' Readjustment Study）發現，避免發展出戰後創傷後壓力症的最重要保護因素，是退伍軍人如何**看待**他們在創傷後的人生裡所接受的社會支持。[5]這個發現提供了一個無價的寶貴教訓：支持創傷倖存者的嘗試，無論本意多麼良善，如果沒有針對我們嘗試幫助的對象特殊的需求量身打造，影響可能微乎其微。

紐約大學與國家創傷後壓力症中心的心理學家瑪莉琳・克蘿伊特博士，解釋了她在與九一一倖存者工作時觀察到的事情：

> 倖存者周遭的社群覺得很尷尬，不知道該怎麼做，所以他們開始搬走。**想想這一點，再加上下面的事實：哀傷或敏感易怒的倖存者，從一開始就不是最有吸引力、最好相處的人**。我有時候會對病人說，從某方面來說，你不只是在受苦，你還有責任要讓身邊的人能跟你自在相處。[6]

社交網絡療癒受創者的力量，在一場災難的餘波中或許最能闡明，而在二十一世紀，社群媒體科技全然打亂了人類在災難來襲後產生連結的方式。

在二〇一二年，臉書執行長馬克・祖克柏（Mark Zuckerberg）前往日本，他告訴日本首相，二〇一一年襲擊該國的恐怖海嘯激勵他去找出種種方式，在自然災害後透過社群媒體助人。的確，社群媒體（例如部落格、聊天室、論壇、YouTube、LinkedIn、臉書跟推特）在災害管理上扮演的角色愈來愈重要。[7]社群媒體已經被用來散播重要資訊[8]，包括轉達受害者的協助要求，還有監看使用者活動，以便確立他們的所在地點。

我們可以用社群媒體科技的影響力來支撐災難後倖存者的社交網絡，從而避免創傷後壓力症嗎？

在二〇一〇年海地大地震之後，倖存者利用社群媒體說出他們的故事，而他們的故事反過來驅動主流媒體對於這個悲劇的反應。在卡崔娜颶風期間，線上空間變成了一個個虛擬例證，呈現此刻受損毀壞，把倖存者阻擋在外的環境。這些實體社群的虛擬例證，接著被用來當成交換社會支持的連接點跟網站。[9]在維吉尼亞理工學院跟北伊利諾大學發生槍擊案以後，學生們參與大量跟槍擊案有關的線上活動，並且發現這些活動對他們的恢復有益。[10]

社群媒體科技對災難倖存者帶來希望，是因為數位網絡的本質，不同於人類過去曾見識過的任何事物。社群媒體仰賴的是通常有合作性質、去中心化、以社群為驅動力的點對點網路（peer-to-peer network），所以倖存者可以在他們直接接觸的傳統社交網絡之外尋求支持。[11]

當然，其中也有黑暗面：假新聞、作者匿名、把個人意見當成事實呈現、隱私與安全性問題等只是冰山一角。接著，當然還有數位落差：接觸社群媒體的管道，是奠基於災難倖存者有必要工具的假設之上。在災難後，低社經地位的人一般來說有最大的需求，而他們當然也最不可能有辦法採買接觸社群媒體所需的科技。

社群媒體是否真能夠支持災後倖存者的社交網路，達到足以防止創傷後壓力症的地步，還有待科學界發現。但它對於災後環境中**所有**倖存者的加強支持，仍然很關鍵，而在這方面，把社群媒體科技整合到未來的手段中，非常值得期待。

韌性的科學

凡殺不死我們的，必讓我們更強大。

——尼采（Friedrich Withelm Nietzsche）

那些描述倖存者儘管面對許多沉重打擊（從變成孤兒到貧窮、受傷或致殘都有），卻仍打敗所有不利因素，建立勵志人生的電影，在我小時候很吸引我。我還記得伴隨這些故事的溫馨正面元素，那是一種人類精神毫無限制的感覺。

身為醫師與創傷後壓力症專家，我已經發現，隨著我一天天在前線照護從創傷中倖存的真人，我年輕時最喜歡的那些電影對我逐漸失去吸引力。在難以啟齒的環境下生還，意味著電影描繪的是經過美化的版本。因為生存的艱難、痛苦留下的傷痕，還有對於一個生命的內在運作所造成的損害，才是我現在見證到的事情。

一位伊拉克戰爭退伍軍人為他的創傷後壓力症求診，因為他承認這個問題正在衝擊他做個好父親的能力。一位從童年亂倫事件中倖存的女性，領悟到如果她想在她的人生中繼續前進，她必須學會信任別人。一位受創移民在三十年的婚姻裡一直把憤怒宣洩在他妻子身上，而現在他領悟到他家中的問題來自他自己的行為。這些受苦的人身上帶有破壞他們日常生活的缺陷，讓他們偏離了人生軌道，但他們確實向前邁進了。

我也遇過那些生命被創傷蹂躪的人。創傷產生的混亂，以及情緒與痛苦的旋風深深地淹沒了他們，讓他們無法浮上水面換氣。人類如何處理創傷的多變性，引出了一個問題：在體驗難以啟齒之事以後，為什麼某些人尋求遺忘或復仇，其他人卻能夠超越過去的恐懼？

在最近數十年，創傷後壓力症研究人員——其中最知名的是史蒂芬．蘇瑟維克（Steven Southwick）博士跟他在耶魯大學醫學院的團隊——發現了一個振奮人心的方式，可以回答這個問題。[1]他們把焦點從創傷後壓力症患者身上移開，轉向占比更大得多的那些人：曾經歷創傷，卻沒有發展出創傷後壓力症。這些人的獨特優勢是什麼？他們怎麼處理逆境？他們在面對創傷與悲劇以後，怎麼恢復？在本質上，他們面對難以啟齒之事以後展現的韌性，背後的祕密是什麼？

從科學觀點來看，韌性很難定義。首先，韌性似乎是多面向的，所以舉例來說，事實可能證明一位恐怖車禍倖存者在照料自己的精神健康與身體健康時很有韌性，但在他的工作生產力或者維持他的人際關係方面，卻顯得較沒有韌性。韌性也是動態的，這代表在一生的時間裡它會有所改變，所以在另一個例子裡，一個童年性侵倖存者可能在二十來歲時很有韌性，但到了三十來歲她在扶養自己的孩子，面對離婚壓力時，她可能會變得比較沒有韌性。

韌性也展現在從基因、神經生物學，發展到心理學等許多不同層面上。我們的大腦有一套壓力反應裝置，包含了下視丘—腦垂體—腎上腺軸（HPA軸）、交感神經系統與血清素系統。這些極為複雜又彼此交織的系統，仰賴基因來表現它們的活躍程度，因此有些部分的腦面對壓力的反應，能夠比其他部分更好。的確，暴露於創傷事件後發展出創傷後壓力症的整體風險中，基因因素可能就解釋了其中的三分之一。另外，科學家也已經指出在某些曾暴露於創傷下的人身上，有運作得特別有效率的腦部迴路。這些人的大腦受到刺激，把強烈的訊號送到杏仁核，抑制它，並且容許前額葉在壓力環境下做計畫並執行行動。

一個被過度保護、免於逆境的童年，對於培養韌性沒多少作用。的確，童年暴露於中等程度的壓力之下，甚至是重複暴露，能夠為將來的韌性奠定基礎，因為這個孩子會搶先發展出管控未來免不了的人生創傷所需的膽量。必須要注意的是，從壓力與未來韌性之間的相關性來看，**中等**壓力是最好的。童年暴露於重複的嚴重壓力，會損害自然的韌性，還有孩子有效回應未來創傷暴露的能力。[2]

在考量任何個人面對某個特定創傷的韌性時，通常被忽略的是此人在處理現狀**之前**，已經經歷過什麼事。舉例來說，有個恐怖分子在繁忙的城市街頭放炸彈並將其引爆，造成死傷，還導致大規模毀滅與混亂。有中等程度人生壓力史的倖存者開口談了這次攻擊，安慰並協助其他倖存者，不久後就回歸他的正常例行公事裡。而另一個倖存者，在面對嚴重童年虐待與忽略的時候很有韌性，卻可能在這次恐攻中倖存以後，沒有辦法自然地恢復，某種程度上，爆炸案成了壓垮駱駝的最後一根稻草。

研究人員也已經鑑別出一組在創傷後表現出韌性的人會有的心理特徵與習慣。[3]這些人傾向以積極的因應風格來回應；他們直接面對恐懼，解決問題，接受並處理他們體驗到的情緒。這跟比較被動，因此韌性也較低的因應風格是相對的，後者仰賴的是否認、逃避，或者就只是對現狀逆來順受。

有韌性的人對人生維持正面的展望，他們把創傷視為暫時性的，而且可以預期到一個積極的結局。有強烈的道德準則或人生使命，或者參與靈修與宗教修行，也能幫助倖存者因應悲劇。運用心智敏銳度或認知靈活度來發想有創意的解決方案，並且從悲劇餘波中尋找意義，是天生韌性中的附加屬性。從身體運動中汲取益處也很重要。定期的運動，能釋放大腦自然化學物質與神經傳導物質。這些會回過頭來紓解壓力與焦慮，提振心情，並且改善記憶與學習。

有韌性的人也能夠更有效地調節他們的情緒。設想有個人在繁忙的公路上差點出車禍。情緒反應大的人可能會有路怒反應，這種反射性的反應抑制了清晰思考的能力，可能導致不理性的決定，像是追逐那個被認定的肇事者。而有韌性的人就能夠透過新的框架看待這個情境：「他可能不是故意切進來的……也許他沒看見我……感謝老天沒出車禍。」

是超人，還是得到禮贈的受益者？

我小時候看的那些電影，通常都在利用一種在流行文化中還在傳播的迷思：某些人是超人（superhuman），他們生來就有鋼鐵般的意志、無懈可擊的態度、堅若磐石的決心，還有大量的天生才智。他們不受周遭環境影響，不管你把他們置於何處，面對何種悲劇，他們都會茁壯。

雖然我不懷疑有超人的存在，我卻會主張通常他們的特徵不是固有的，而是由他們早期的照護者、環境還有社群所賦予，就像禮物一樣。

就以有正面觀點的韌性特徵來說好了。有一項近期研究檢視了來自二戰與韓戰退伍軍人的資料，仔細觀察他們得到創傷後壓力症的機率與多樣化人生經驗之間的關係。[4]研究人員問起這些退伍軍人的戰前生活（你有童年創傷史嗎？你是來自有凝聚力的家庭嗎？）、他們的戰區經驗（你面對的是哪種程度的戰鬥？你在軍中的單位有良好的凝聚力嗎？），還有他們的戰後生活（你的返鄉經驗怎麼樣？你面對過其他帶來壓力的生活事件嗎？）。而這是他們的許多發現之一：「一個充滿支持力量的童年家庭環境，可以有**終生的**保護效果，然而一個衝突頻仍的家庭環境，可能替一個人樹立終生的悲觀評估模式。」諸如此類的發現舉出了一個問題：在創傷餘波中，一個人的正面展望有多少要歸功於他或她父母、家人、老師跟朋友立下的早期範例？

韌性也會在社會層面上展現，在這種狀況下，你所屬的較廣大社群，對於你個人保持韌性的能力有種連鎖效應。你居住的郵遞區，對於你面對創傷時保持韌性的能力是主要決定因素。舉例來說，一位難民把家人從戰火蹂躪的中等收入國家轉移到政治穩定的高收入國家，她就讓她子女未來的人生多得到一份韌性。縮衣節食，並把孩子從暴戾的內城區搬到更富裕郊區的父母，把未來的韌性當成禮物送給了他們的子女。那麼，這些孩子未來的韌性能夠完全歸功於他們自己嗎？當然，他們可以歸功於自己盡可能利用了住在更有韌性的社區帶來的機會，但他們的父母帶他們到特定郵遞區的這份禮贈，不是他們的功勞。

關於強韌超人的迷思，最佳範例出現在我們觀察社會支持與韌性之間的關係時。研究指出，社會支持培養韌性的方式，是抑制戰或逃反應，並且釋出催產素——一種腦內化學物質，能降低恐懼、增加自信，並且鼓勵人們用積極而非消極的方式對壓力做出反應。

請思考這種情境：一位年輕大學生被另一名學生強暴了；她心靈受創又痛苦憂傷，當她向父母還有相關單位求助，他們用支持的態度作出回應。她立即得到醫療照護，在調查她的申訴時，罪犯也被停學。她父母安排讓她回家，暫時停止上課。她變得充滿恐懼，做噩夢，並出現關於強暴的侵入性記憶，所以她父母堅持要她去看一位心理衛生專業人士。他們設法讓一位身為當地家庭醫師的密友，幫他們介紹了一位好的治療師。這種私人關聯意味著她的求助能得到迅速處理。她在幾天內就診，並且得到心理上的安慰，在幾週內她就踏上復原之路了。雖然後續的官司、媒體矚目跟學業中斷很讓人痛心，但她有來自家人、校內支持者，還有法律及活動組織支持者堅定不移的支持，陪伴她度過這一切。她的攻擊者最後鋃鐺入獄，而她回到校園完成學業。

再比較下面這個情境：一位年輕大學生被另一名學生強暴了；她心靈受創又痛苦憂傷，當她向她父母還有相關單位求助。她父親斥責她「愚蠢」，還指控她「讓這種事發生」。他質疑她的說詞，拐彎抹角暗示她誇大了，並且因為她無法提供多少實體「證據」證明強暴案確實發生過，因此不給她情緒支持。她母親比較有同情心，但她無法堅持她的意見，對抗霸道丈夫的立場。她陷入沉默，她的眼神在女兒望著她尋求同情的時候避開了。這名學生變得困惑又痛苦，無法完成向校方提出申訴並要求調查所需的文件。因為她正在接受經濟援助，她父親指示她在學校「不要惹麻煩」，因為那會「搞砸她的未來」。她遵循他的建議，但經歷了極大的恐懼、夢魘跟強暴的侵入性記憶。她經常在校園裡見到犯人的事實，讓她的痛苦更加惡化。一位朋友建議她向當地學生健康中心求助，甚至提議要約診，但她負擔沉重的課程表，跟她為了補貼收入付房租所需的兼差工作，意味著她無法從頭到尾依約就診。不幸的是她的狀況只是不斷惡化，她轉向用酒精來緩解症狀，而在幾週之內她就翹課了，成績開始滑落。最後她從大學輟學。

經常被引用的名言「殺不死你的讓你更強大」，暗示著如果你能就這麼活著撐過一段逆境期，長期來說你就會變得比較好過，更有智慧也更強壯，更能夠處理你未來的人生可能會扔給你的任何東西。從上述兩個情境看來，這個名言證明了某些分析有理。第一個大學生面對逆境繼續茁壯成長，是因為純粹的意志力、忍耐力，還是因為一種與生俱來的性格？或者是因為有她心愛的人支持，以及她所處社群的廣大認可，提供了她療癒必須要有的保護盾？這是她一出生就得到的支持系統嗎？如果是，這能夠完全歸功於她嗎？毫無疑問，這可以歸功於她選擇利用了能提供給她的那些幫助，但要是沒有保護性的環境，她會在哪裡？她的處境會跟另一個強暴倖存者有所不同嗎？

要是反過來呢？要是第二個大學生能夠以某種方式汲取支持性的社交網絡，跟第一個大學生能得到的一樣呢？她會過得比較好嗎？

或許有個更貼切的諺語是「若非上帝恩典，我也將遭難」，這是經驗豐富的心理衛生專業人士最愛的諺語之一。

作用中的韌性

在創傷暴露後的餘波中，誰最有可能發展出創傷後壓力症？大數據研究指出了下面的風險元素：身為社會弱勢、年紀較輕、身為女性、先前有創傷暴露史或者童年創傷史、家族有精神病史、在創傷發生時解離，以及創傷後只得到有限的社會支持。[5]在我們考量這些風險時，就能很明顯地發現，韌性通常以禮贈的形式被賦予給個人，反之亦然。有很多讓人容易在創傷後發展出創傷後壓力症或更糟病況的事情，看來是超出個人控制範圍之外。

為了處理這個鴻溝，有個令人興奮且正在進行的改變，是用知識、技巧跟訓練來賦予個人力量，讓他們在暴露於創傷之前，或者在暴露後的短時間內變得更有韌性。在已經發展出來的課程中，堅毅訓練（hardiness training）[6]、心理復原技術（Skills for Psychological Recovery）、還有線索中心療法（cue-centered treatment）只是其中幾個例子，正處於接受測試的早期階段。

如同我們可以預期的，許多韌性訓練上的進展，是出自對軍隊與初期應變人員所做的研究，對他們來說，創傷暴露是一種職業風險。在基本層面上，典型的訓練包含簡報、資訊傳單跟錄影帶，這些訓練的目標在於教育參與者，讓他們瞭解一個人的大腦跟身體對創傷的正常反應，還有創傷後壓力症的跡象。更進階的訓練牽涉到特殊因應技巧，降低焦慮的技術，還有維持社會支持以便削減創傷情緒衝擊的重要性。這個技巧訓練可以透過認知練習、角色扮演跟現場示範來進行。

壓力免疫訓練（stress inoculation training，簡稱SIT）[7]值得一提，因為此法廣泛被認為是最有效的方法之一。SIT背後的哲學，目標在於替參與者「接種疫苗」，達成「免疫」，方法是利用虛擬實境科技或實地模擬，實際讓他們暴露於低度壓力因子之下，並且教導他們如何用放鬆訓練跟壓力管理技巧來回應、控制自己身體對於壓力的生理反應。

伊利諾大學芝加哥分校的精神科醫師卡爾·C·貝爾（Carl C. Bell）博士，領導一個致力於防治青年謀殺的計畫，目標瞄準種種風險因子，以及強調保護因子。阿班阿亞青年計畫（Aban Aya Youth Project）*是在十二個芝加哥公立學校裡進行的。[8]這個計畫的焦點是在某個社群裡重建青少年周遭的社會結構，透過改善的學業表現增進自尊心，並且藉著學習憤怒管理、同儕調解與衝突解決的技巧，給他們機會增進社交與情緒技巧。這個計畫回報了許多鼓勵人心的結果，包括減少了男生之間的暴力行為、校內違規行為與非法藥物使用。

雖然這樣的計畫是否能夠大規模複製，還有待觀察，它們帶來的希望卻很誘人：藉著讓

*譯註：計畫名稱來自迦納當地講的阿坎語，Aban意思是「藩籬」，象徵社會防護，Aya意思是「展開的蕨類植物」，象徵自決。

韌性科學研究中已知的部分發揮效果，我們有機會讓每個人得到公平競爭的環境，好讓更多人得到在創傷之後茁壯生存的機會。

後記：寶貴的傳承

我父親常常會去小學校園帶我走路回家，緊緊握著我的手，讓我覺得內心安全而溫暖。三十分鐘的散步裡會充滿他的聲音，帶著我走上一條馬不停蹄的旅程，遍及所有知性領域，從哲學、地理、政治史、倫理學史與科學史都包括在內。

他的課堂會從他在學校入口的藍色圍牆向我打招呼時開始，然後在我們走過一條迷你木橋，跨越一個只有涓滴細流的蓄水池時繼續，我在他身邊蹦蹦跳跳，避開所有地面縫隙。在永遠看似要下雨的灰色雲朵下，我們經過環繞著小小英式花園廣場的一排排翡翠綠水蠟樹叢，這時他會繼續說。他也會短暫地停頓一下，確保我們能安全地穿越繁忙幹道的十字路口，但接著又會拾起話頭，說到他認為一家醫院應該怎麼樣對富人與窮人提供健康照護最好，有氧運動對於人類健康的重要性，浪費地球的寶貴資源是多大的罪惡，還有古印度思想如何掌握著許多人類慘況的答案，要是我們願意花時間研究並理解它就好了。

身為一個頂多十歲大的女孩，我以為所有父親都是那樣對他們的子女說話。直到時光流逝，歷經世事以後，我才會開始欣賞父親的獨特：永無饜足的好奇心、清楚透徹的感知、百科全書式的記憶，還有塞滿了創意點子的大腦。我當時根本不知道，他在一九四七年後倖存下來的關鍵，正是那些內在特質——他的認知靈活度。他有著發電廠般的才智，讓他在心智上靈活翻轉，這確保他在面對逆境時具備韌性。

在我們從學校散步回家的數十年後，我跟我爸分享一篇我發表的文章，內容是關於夢魘、創傷壓力還有意象排演療法（簡稱IRT）。在讀完這篇文章以後，他平常那種對細節的細膩關注，使他受到啟發，於是向我揭露某件他鮮少談到的事情。他告訴我，在一九四七年，還是個十歲男孩的他被他父親送上從傑赫勒姆到阿姆利則的巴士時，他根本不知道他要永遠離開他的家了。不久之後，他得知他父親在越過邊界前被謀害，那時他覺得整個世界都崩塌了。在一九四七年後的許多年，他仍然會夢到跟他父親重新團聚。在他的夢中，他會體驗到一種窒息感，並覺得有某個人或某樣東西設法要殺死他。在青少年時代，他想出一個辦法去克服那些夢魘，而他描述給我聽的辦法，是一種原始版的IRT。我記得我當時對他還是青少年的時候就有那種認知能力，去打造出一個方案來解決問題，感到多麼驚奇。

關於他的認知靈活度，另一個例子是他有不可思議的能力去接通他內在的小孩，而且幾乎是隨心所欲。我可以回憶起好多童年時代的事件，上一刻我爸還為了最瑣碎的事情氣得七竅生煙，下一刻他就坐在沙發上看電視情境喜劇，大笑出聲，直到笑出眼淚為止。多年之後，他告訴我當他還是個童工的時候，感覺生活特別壓迫，而他會如何想辦法去電影院。就是在那些時刻，坐在黑暗之中，沉浸在拉吉・卡普爾（Raj Kapoor）或迪利普・庫瑪（Dilip Kumar）主演的最新寶萊塢史詩片的音樂、戲劇跟喜劇場面裡，他可以藉此忘記生活的所有嚴苛之處，再度變成一個孩子。他告訴我，他如何刻意地笑得很開，就好像他在這世界上無憂無慮，而在這種硬擠出來的表現裡，有某種東西療癒了他。

我想可以很直接地說：要不是因為他的哥哥羅山，我爸有許多內在能力本來可能會被浪費掉。剛獨立的印度沒有兒童福利保護法，我爸被安排到一間工廠裡工作，一週六天，一天九小時都在打包毛線。他賺的錢要應付全家的開銷，不只是為他自己，還包括他的弟弟妹妹們。上學不是義務教育，除此之外還很貴，受雇的好處對我爸來說更實際：他賺錢，贏得溫飽，還可以有某種看似獨立的地位。他很快就確信上學是浪費時間，他只需要工廠的工作苟且過日。再加上他對權威沒什麼敬意，在他進入青春期的時候，他過人的才智很有誤導性地引用種種理由，來證明他為何不需要教育。

但後來，就像一個小孩的人生可能被悲劇毀傷，但也可能有驚人的韌性可以療癒。對我父親來說，希望的種子是羅山種下的。一九四七年，羅山二十出頭，是個已經訂親，就快成婚的醫科學生。在我祖父去世以後，羅山負責照管他四個弟妹，所以他從醫學院輟學，設法找工作。為了工作，他跑遍了整個北印度，而只要有能力，他就會寄錢回家給他的弟弟妹妹們。在那個混亂時期，羅山得了風濕熱，損害了他的心臟瓣膜。最後，他只能打打零工，而在他衰弱的健康與下滑的運勢造成的壓力下，他也解除了婚約。

儘管處境黯淡，羅山還是會定期從他位於外邦的工作崗位回來，不放棄設法說服我爸回學校去，但我爸滿心都是對羅山的憤怒。跟我爸同住的旁系親戚從沒跟他說過羅山有寄錢回家，而我爸年輕的心靈認定的拋棄之痛太強烈，以至於他用這點引燃他對羅山的怒火，羅山要他做什麼，他就偏偏反其道而行。

在一九四九年，羅山得到一個本地的工作，回到家裡了。在他抵達的時候，我爸本來決心要忽視他，卻忍不住被他憔悴的外表嚇著。他身上的生命力似乎被吸乾，就連最溫和地用點力都會讓他氣喘如牛。但就算他健康日衰，他還是毫不逃避地跟我爸爭論正式教育的重要性。

就在他們的一次爭論中，羅山變得非常喘不過氣，就在他被一波又一波控制不住的咳嗽壓垮時，他的臉幾乎發青。我爸注視著羅山摸索著他的口袋，要找出他的洋地黃藥物，然後癱倒在椅子上，看起來被打垮又筋疲力竭。我爸一時之間被他親眼見到的狀況震懾了，什麼都沒說，但在接下來幾天裡默默同意羅山的要求，重新註冊去上學。

羅山付了我爸的學費、生活雜費還有書本費用，還雇了一位私人家教，好讓我爸能夠彌補他沒去上學的兩年空缺。在一九五〇年十一月，羅山死於風濕性心臟病的併發症，但他留下的教育遺贈，讓我爸重獲新生。他從高中跟大學畢業，然後繼續拿了個英國文學碩士學位。

他碰到許許多多的障礙，除了要去上學以外，他常常都要身兼兩份工作才能收支相抵。不過因為教育，我爸的毀滅性態度開始被追求知識、好奇心，還有渴望獨立思考的熱情所取代。隨著時間過去，他的正規教育給了他一條通往英國的路，他可以在那裡工作養家。事實證明了一個反諷的情節——屬於印度前殖民統治者的土地比較平和，比較適合他生活。

每當他碰上人生中的艱困時期，他就會回到偉大的著作裡，尋找能夠使他找回意義的答案。在我認識的人裡，沒有人比我父親更珍視細心寫成的文字了。所以，在五十多年前，當印度社會要求他噤聲不提生下女兒的興高采烈之情的時候，他找了各種知識教養的理由，激烈反抗這種無知。更有甚者，他開始制定遠大計畫，確保他所有的子女都會接受最好的教育。以這種方式，我伯父羅山創造了一項讓我繼續收穫成果的家族遺產。羅山這個名字，從印度語裡翻譯過來，意思就是「閃耀的光」。

在我心裡，正式教育給我父親最大的恩惠，就是讓他夠格跟我母親結婚。我父母的婚姻是安排好的，而且只有老派的撮合方法才能解釋他們為什麼會結合，因為我很確信，要是由我爸自己來選，他無法吸引到像我媽這樣的人進入他的人生。她的教養過程跟他的差異大到不可能再大了。她是在她家族居住了好幾代的村莊裡出生長大，而她小時候周圍環繞著慈愛的親戚，在那個地方，村裡的每個小孩都是所有大人的孩子。大笑一番的機會無窮無盡，她也沒有多少壓力要去做任何事。她在學校很認真地學習，但村裡沒有大學，而且因為送女孩子離家去上學是當時無法想像的，因此我媽的教育水準早就注定止步於高中。

與父親相比，她人生不同的開始，讓她得天之佑，擁有聰慧的個性跟無盡的愛的能力，跟我爸搖擺不定的溫情與多疑的傾向（甚至對那些只盼著他好的人也一樣）正好相反。她有無盡的耐性，而且天生開朗樂觀，與他人往來時很通情達理，對於我爸反覆無常的情緒、整體而言欠奉的耐性，和在待人接物時自命不凡的態度來說，是完美的解毒劑。在我眼中，她對他的愛產生的保護效果是無可估量的。

我珍惜童年時跟爸爸一同散步的回憶，因為在那些時候，他處於最好的狀態。他對於世界有種孩子氣的著迷和深刻的同情，而且跟整個人類有連結。直到今日，我都能感覺到那些散步累積下來的恩惠。他的勇敢很有感染力，給我在自己人生中達成志向的信心。相對於那些散步路程，在我長大的過程裡，我見證到我爸很多很難相處的時刻。他可能會對我嚴苛得不合理，而且常常直言不諱到了讓人不自在的地步。他拒絕接受不正義，不論大小，不論是真正存在還是出於誤解，而且通常堅決支持他自己的真理，就算整個房間因此瞬間陷入尷尬。

今天，我對於我親眼見過的事情有了更深的理解：我父親內心持續在作戰，這一仗不只是為了生存，也是為了從悲劇中造就出意義。一九四七年的事件，是一股把他的生命拉得脫軌的物理力量。在過去的某個時間點，他似乎決定不被那股力量擊倒，但生存為他帶來兩難的困境。他無法就這麼忘卻或埋葬他的過去，因為這麼做會表示在過程中失去一小塊他自己。他會活下去，但創傷必須與他共存；他可以賦予那股創傷力量不同的形狀與方向，但他不能否認那股力量的存在。

他選擇用一九四七年創傷的力量，為他的人生確立任務與目的，他決心把家族名譽恢復到過去曾達到的程度，藉此榮耀他父母留下的回憶。以這種方式，他保存了一九四七年創傷的遺緒，把這當成一種珍貴的遺贈。儘管創傷如此黑暗，卻也掌握了普遍的真理。我相信是造就意義的過程讓我父親在最後安定下來，讓他能夠不顧沉重的命運對他的衝擊，仍然倖存，欣欣向榮。這麼做使他遠離了可能吞噬極多創傷倖存者的憎恨、報復或遺忘之路。

此書如何寫成

在醫療史上，病患的隱私跟醫療專業主義從沒像現在這樣，受到如此仔細的檢視與規範。對於任何為一般閱聽大眾寫作並談及自身職業的醫師來說，這種趨勢理所當然地引起了道德上的兩難。醫師作家莉塔・夏倫（Rita Charon）[1]、傑克・庫勒罕（Jack Coulehan）[2]跟丹妮耶爾・歐芙莉（Danielle Ofri）[3]已經發表了細膩的論證，清楚表達某些基本的考量：書寫有關病人的事，絕對不該對他們造成（情緒上、性靈上、經濟上或心理上的）傷害，而且醫師作家應該以誠實的態度評估誰會從他們的作品中得到最大利益。病患？醫師本人？還是廣大的社會？

醫師作家的道德議題在動態的社會中一直在演化，雖然如何解決這種衝突仍舊沒有標準答案，我還是在本書中做了下列防護措施。讀者應該把本書視為非虛構作品，但同時理解為了保護病患的隱私，書中描繪的故事是多次真實接觸的組合，以便闡明多種不同狀況。我決定了某個病例的特殊細節在這種作品裡比較沒那麼重要，或可以重新創造成一個複合體，而不至於破壞真實性。書中所有的病患都去除了他們身上非常特殊的資訊，免得被人認出。為了進一步保護病患的隱私，我選擇不寫罕見的病例。

額外的防護措施，包括寫作方式總是對我的病人心懷敬意，態度尊重，而且以豐富關於創傷後壓力症的公眾對話為念。我刻意不寫生動詳細的創傷敘述，因為我並不想引起有創傷史的讀者不必要的痛苦。除了對我的病患們守信以外，我遵循了醫師作家傑克．庫勒罕的明智建議——也要「忠於讀者」，對於我選擇怎麼描寫病人保持公開透明。

雖然這本書裡描述到的家人對話與同事對話，都是真實事件，但真實姓名有所保留，以便保護相關的個人隱私。這本書的對話不是以當時的筆記為基礎，就是從記憶中重建。在某些地方為了敘事緊湊性，我壓縮了時間，或改變事件順序。這本書的其他部分提到了我小時候，還有後來身為醫學院學生、住院醫師、研究員、精神科醫師跟創傷後壓力症專家親身經歷的事件記憶。這個時間跨度超過三十年，所以如果我的記憶有誤，錯在我這方。

我對於自己的家族創傷史，還有我祖先們的生活，寫得頗為詳細。所有這些資訊來自我跟父母好幾次的詳細談話，他們後來也得到機會閱讀這些段落，並且糾正種種事實。我父親在一九四七年前中後的人生故事，來自他對事件的記憶，並且加上他後來跟好幾位家族長輩對話時得出的事件細節，而這些長輩現在已經全部過世。我的父母都在他人的協助下講述了他們的故事，在一九四七印巴分治資料庫裡留下紀錄。從二〇一六年開始，我已經在資料庫扮演顧問性質的角色。

在寫作此書的十年裡，我一直很幸運，受益於創傷後壓力症臨床治療與科學領域的全球權威們表現出的智慧。雖然對我來說在此點名每個人並不實際，事實也是如此，但我仍要在本書末尾正式向他們許多人致謝，他們全都大大影響我個人身為創傷後壓力症專家與研究者的發展。

這本書顯著的一部分也包括描述並解構大量的科學資料。重要的是，要注意創傷後壓力症研究的經費來源存在一種偏頗。高收入國家的機構資助大量的創傷後壓力症研究，所以我們擁有的數據通常來自住在這些國家的人口。進一步說，在中低收入國家進行的創傷後壓力症研究，通常是由接受高收入國家或政府資助的機構或機關贊助的。我們可以說：這種經費贊助，導致研究設計與工作排程上的文化偏誤。但現實是，某些最具破壞性又最致命的創傷就發生在中低收入國家。基於這些理由，我覺得亟需呈現科學界在這些國家裡創傷後壓力症所呈現的任何發現，但為了完整起見，仍要承認其中的固有偏誤。

另一個議題是關於一般性推論的可能性。科學進步與理解創傷後壓力症，對於退伍軍人管理局來說，是不可或缺的一部分。因此，許多最高品質的創傷後壓力症資料，是來自以退伍軍人為受試者的研究。在本書裡，我常常用這些研究中的發現，來推論平民人口的狀況。我很留意這種一般性推論的科學限制，但只在從臨床醫師觀點來看認為不會造成誤導的時候，我才做這樣的推論。對創傷後壓力症兒童的治療超乎了這本書的範圍，在第五部裡並未特別提及。進一步的細節，請讀者參見參考資源。

我努力在註解部分詳盡地標出所有提及的科學資料出處。如果我沒能夠正確地指出某個人或者某個資料來源，我希望有機會糾正錯誤。至於我選擇把哪些研究報告呈現給讀者，我偏好選擇使用經過控制的統計設計，以及揭露的結果值得一提的最新研究。這些選擇判準，表示有許多出自犯罪學、人類學跟社會學領域的真實資料、案例研究或觀察性資料被省略了。這個領域中，有某些地方的科學品質是低於平均標準的；在這樣的例子裡，我只概述可得的最佳證據。我避免過度使用讓人敬而遠之的科學與醫學術語，也盡力在這麼做的同時，不破壞這個專業要求的精確語言。

出版之前，我把這份草稿寄給幾位同事，徵求他們的專業評論與建言。我要求他們指出任何明顯的疏忽或錯誤，或者有哪裡的寫作內容在科學上低於平均標準。他們詳盡的評語跟細心的回饋，後來整合到最後草稿裡。我會在本書末尾向這些慷慨的靈魂正式致謝。

這本書的某些部分，曾以不同形式出現在公共科學圖書館部落格（PLOS Blogs）、KevinMD.com，還有《今日心理學》（*Psychology Today*）、《即時新聞》（*STAT*）與《加拿大醫學會雜誌》（*Canadian Medical Association Journal*）。許多出現在本書中的專家言論，是從先前曾在別處發表的大規模訪問中節錄的。在註解部分可以找到原來的訪問出處。而出現在本書的節錄，偶爾會為了清楚簡潔而加以編輯。

致謝

我深深感激下列眾人：

我的病患們，他們一再提供這本書靈感，就像有了靈魂一般。

還有退伍軍人帕羅奧圖健康照護系統、國家創傷後壓力症中心與史丹佛大學親愛同僚們的支持。我很有福氣，能在盡心盡力的臨床醫師、研究人員與教育家組成的生態系裡工作。臨床團隊必須艱難地涉入人類精神混亂的部分，他們的勇氣尤其激勵了我。他們的工作很有挑戰性，功勞常被埋沒，而且總是要在艱難的環境下進行。然而他們每天都現身，準備好全力參與這實驗性的支持。從我在二〇〇九年初次抵達史丹佛開始，史蒂夫・林利（Steve Lindley）跟克雷格・羅森（Craig Rosen）就冒險選擇我，並且親切地指導我的職業生涯。國家創傷後壓力症中心的瑪莉琳・克蘿伊特跟喬・盧謝克，他們歡迎我加入這個充滿知性的大家庭，這裡跟我過去所知的任何地方都不太一樣。莎米娜・伊克巴爾（Samina Iqbal），一位真正有天賦的退伍軍人醫師領袖，她早已瞭解整合照護的重要性，她在將近十年前替我鋪平了道路，讓我能夠為女性退伍軍人提供這個重要的服務。安迪・波莫蘭茲（Andy Pomerantz）

身為國家心理健康整合照護主任，帶頭衝鋒陷陣，對所有美國退伍軍人提供高品質、以病患為中心的整合照護。還要感謝提娜・李（Tina Lee）、蘿拉・羅伯茲（Laura Roberts）跟傑瑞・葉沙維奇（Jerry Yesavage）的大膽領導，他們的行動確保了學術性精神醫學要發展茁壯所需的環境穩定性。還有麥可・亞倫・羅森基金會（The Michael Alan Rosen Foundation），從二〇一一年起慷慨支持我的創傷後壓力症研究。

每個月的期刊討論社團，是個意料之外的恩賜。有這樣熱情洋溢、天生具備懷疑主義精神的醫師們相伴，讓我成為一個更好的醫師。要特別感謝凱西・桑朋（Kathy Sanborn）介紹我到這個團體裡，也要感謝安娜・蘭克跟哈麗葉・羅德（Harriet Roeder）領導這個特別的計畫。我的學生們，他們真的是最聰明也最棒的，讓我對我們這個專業的未來滿懷希望。

感謝許多早期的老師跟同僚，他們在我職業生涯中的關鍵時刻，鼓勵我寫作：我應該特別提及比提・卡爾森（Pete Carlson）、卡爾・詹（Carl Chan）、喬・雷德（Joe Layde）、蘿拉・羅伯茲跟卡洛・曹（Carol Tsao）。羅伯特・席果（Robert Higgo）、東尼・梅耶（Tony Meyer）、丁夏・加格拉（Dinshah Gagrat）、凡尼・雷（Vani Ray）跟克里希納・米拉伐拉普（Krishna Mylavarapu）全都是極棒的精神科醫師，藉由強調技術與服務在精神醫學執業上的重要性，形塑了我的身分認同。

強・雷爾曼（Jon Lehrmann）在過去二十年大半的時光裡，一直是我人生中的長期導師。他是第一個跟我說我能寫作的人，而且積極鼓勵我設法出版我的作品。對於帶著心理疾病過活的人來說，強是個不知疲倦的支持者，這對精神科醫師來說是格外出眾的角色模範，而且是我有幸認識最慷慨、最有同情心的人之一。

醫師作家奧德莉·謝佛（Audrey Shafer）在醫療人文的領域中是先驅，對於我的職業生涯與寫作野心來說，一直是摯愛的導師與真正的擁護者。她寬大的心胸，還有在藝術與人文領域教育未來世代醫師的熱情，對我來說是靈感持續的來源。

透過飛馬醫師作家（Pegasus Physician Writers）團體，漢斯·史坦納（Hans Steiner）提供許多史丹佛醫師無窮的機會重新恢復活力，並且實踐創意上的合作。身為治療創傷相關疾病的世界級領袖，他不只是對這本書，也對我有百分百的信任。他有清楚的遠見與熱情，在照料病人的藝術中保留了所有美好真實的部分，這對我來說意義極其重大。

歐文·亞隆，我從身為精神科住院醫師的時期開始，就很珍愛他很有教育意義的小說與教科書。我認為自己非常幸運，有機會跟一位對我們這個領域有這麼深刻、正向與持續影響的精神科醫師一同共度時光、分享話語，也一起吃飯。

丹尼爾·梅森（Daniel Mason）跟桑迪普·裘哈爾（Sandeep Jauhar）都是極有成就的醫師作家，我對他們有最深的仰慕之情。他們幫助我探索出版世界的各種錯綜複雜之事，並且支持我跨越許多障礙。我很有福，在這樣不確定的時候能夠仰賴他們的同袍情誼。

這些年來，以下幾位醫師作家的文章、書籍和報導，以多種不同方式影響我自己的醫療寫作方法：阿圖．葛文德（Atul Gawande）、辛達塔．穆克吉（Siddhartha Mukherjee）、安德魯．索羅門（Andrew Solomon）、亞伯拉罕．佛吉斯（Abraham Verghese）、凱．傑米森（Kay Redfield Jamieson）、南西．安德烈森（Nancy Andreasen）、路易絲．阿朗森（Louise Aronson）、保羅．卡拉尼提（Paul Kalanithi）、丹妮耶爾．歐芙莉，還有傑若．古柏曼（Jerome Groopman）。

在我寫作此書時，事實證明下面這些指標性的教科書是寶貴的資料來源：《創傷後壓力症手冊：科學與實務》（*The Handbook of PTSD: Science and Practice*）、《從創傷到復原：性侵與家暴倖存者的絕望與重生》（*Trauma and Recovery: The Aftermath of Violence—From Domestic Abuse to Political Terror*）、《阿奇里斯在越南：戰鬥創傷與人格的毀滅》（*Achilles in Vietnam: Combat Trauma and the Undoing of Character*）、還有《創傷壓力：壓倒性經驗對於心靈、身體與社會的影響》（*Traumatic Stress: The Effects of Overwhelming Experience on Mind, Body, and Society*）。

感謝查爾斯．瑪瑪爾、馬修．佛利曼、艾瑞克．肯德爾、瑞秋．耶胡達、安娜．蘭克、維克多．卡利昂、瓊．庫克、黎貝佳．摩爾、克雷格．羅森、馬瑟爾．邦—米勒、蕾尼．賓德、艾瑞克．岡恩、喬．盧謝克跟瑪莉琳．克蘿伊特，撥出他們寶貴的時間，來回答我對他們特定專業領域的問題。他們的慷慨讓我可以在這本書裡注入他們深刻的觀點與最前衛的方法。

我父母，他們分享了我們的家族史，還有在印巴分治後數十年裡在印度成長的記憶。他們也讀了這本書，並且提供了寶貴的回饋，我父親還做了詳盡的筆記，來幫助我寫這本書裡提及我們家族歷史的部分。我要把這本書獻給他們。

蘿瑞兒・布雷特曼（Laurel Braitman）、潔姬・吉諾維斯（Jackie Genovese）跟飛馬醫師作家團體讀了此書還在最初階段時的部分草稿。要特別感謝李察・蕭（Richard Shaw），他在這趟旅程中一直是體貼又樂觀的代表。

安娜・蘭克、比爾・巴迪（Bill Boddie）跟艾利・賓姆（Ellie Beam）細心地讀過從最後的文稿選出來的幾章，並且提供了建設性的回饋。我尤其感激史丹佛大學的英國史教授普莉雅・薩提雅（Priya Satia），在我寫一九四七年印巴分治章節時提供了專家評論。

克莉絲汀・席爾克（Christine Silk）、雪莉・普萊斯頓（Shelly Preston）、凱薩琳・阿茲韋多（Kathryn Azevedo）、普莉亞・阿南德（Pria Anand）、克雷格・羅森、強・雷爾曼、漢斯・史坦納、雷琪雅・王（Raziya Wang）跟阿爾卡・馬圖爾（Alka Mathur）全都是我珍愛的朋友與同事，他們不辭辛勞，特意讀了全部的草稿。你們的集體智慧跟深思熟慮的建言，給我讓這個計畫通過終點線時極度需要的一記強心針。

安・坦尼爾（Ann Tennier），在這份草稿經歷多次成形的過程中，為它的文字編輯付出了她個人特有的細心關注。貝琪・霍爾（Becky Hall）也幫忙做了提案與早期章節的文字編輯，漢娜・荷特（Hannah Holt）則確保了研究論文經過適當的組織與編目。

漢姆（Hem）、高吉（Gogi）、金（Kim）、丹尼艾爾（Danielle）、莎拉（Sarah）、蘇拉格（Surag）、麥蒂（Maddy）、崔佛（Trevor）、阿爾佩許（Alpesh）、納加潘（Nagappan）、泰（Ty）、布萊恩（Brian）與傑森（Jason）——所有棒極了的家人朋友，他們很快就一起對書名跟其他相關頭痛議題，提出了我極度需要的回饋。

我的經紀人，崔娜・基亭（Trena Keating），她對我能力的信心是天賜之禮。她對於新人作者是真正的擁護者，她充滿同情心的才智跟顯著的編輯才華是關鍵性的，讓我領悟到這本書就是我想寫的書。我深感幸運，在這趟陌生旅程的所有階段，都有她安慰人心而明智的忠告。

我在哈波出版社的編輯，蓋兒・溫斯頓（Gail Winston），就是作家夢想要有的那種編輯。在我寫作這本書耗費的三年多裡，我一直很幸運，能夠規律而迅速地利用她無懈可擊的判斷力與編輯魔法。她對於這些素材的深切熱情顯而易見，而她耀眼的專業能力，表示這本書到頭來在很多方面都更好、更大膽，勝過我本來以為可能的程度。

蓋兒在哈波的整個團隊跟同事們，在這個過程的關鍵階段裡提供了持續的專業技術與協助。蘇菲亞·古柏曼（Sofia Groopman）在草稿準備初期階段有極大的幫助，提供了指引。艾蜜莉·泰勒（Emily Taylor）值得特別提及，因為事實證明，她即時的協助、專業表現、還有對細節的執著專注，在這本書即將問世的最後階段裡是無價之寶。

感謝S跟K，兩者都是我無意中得到的繆思，還有極其深刻的愉悅泉源。我希望生活總是會帶給你們愛，使你們盡可能成為最好的人的那種真正的愛。而我希望你們總是選擇做有意義的工作，比你們自身更重大的工作。

最後，雖然確實要用全村的力量才能讓這本書誕生，但事實是，要不是有R，這本書就不會存在。感謝你把創造力要欣欣向榮時所需要的和平、喜悅跟和諧，灌注到我的生命裡。如果我的才智在這個世界裡能成形，是因為你的愛、友誼，還有堅定不移的支持。

參考資源

這些參考資源並不是取得個人醫療建議，或對任何病況取得醫療照護的替代選項。對於診斷與治療做決定時，永遠要諮詢一位可信賴的健康照護執業者。

關於創傷後壓力症的一般資訊

國家創傷後壓力症中心（https://www.PTSD.va.gov/）：退伍軍人管理局的國家創傷後壓力症中心網站與退伍軍人、其家屬親友及一般大眾分享資訊。資源包括有創傷後壓力症體驗的退伍軍人影片、有用的手機應用程式指南，還有線上創傷後壓力症輔導。這個網站也包括給研究人員與健康照護提供者的資訊，像是專業研究文獻的索引、手冊與影片目錄，還有評估工具。

美國精神醫學會（https://www.psychiatry.org/patients-families/PTSD/what-is-PTSD）：美國精神醫學會（The American Psychiatric Association，簡稱APA）這個機構與精神科醫師合作，確保病患受到良好照護與有效治療，在它的創傷後壓力症網站上詳細列出了症狀與診斷資訊，還有治療模式。

災難後因應，創傷（Coping After Disaster, Trauma）（https://www.psychiatry.org/patients-families/coping-after-disaster-trauma）：是APA網站的一部分，列出因應悲劇經驗後可採取的步驟。

美國心理學會（http://www.apa.org/topics/PTSD/）：美國心理學會（The American Psychological Association）這個機構在科學上與專業上著重於為美國的心理學家服務，在其網站上提供關於創傷後壓力症的最新消息，也有讓創傷後壓力症患者及其親友取得求助管道的資訊，像是如何找到一位心理治療師，還有如何在許多治療選項中選擇。

國際創傷壓力研究學會（https://www.istss.org/public-resources.aspx）：國際創傷壓力研究學會（The International Society for Traumatic Stress Studies，簡稱ISTSS）提供幫助人與社群面對創傷事件的教材。

PC-PTSD-5（https://goo.gl/m1CzQe）：寶拉．詩納（Paula Schnurr）與泰芮．布里斯特（Teri Brister）在Google的網站，協助訪客對創傷後壓力症有更深的瞭解。這是一種篩檢問卷，臨床上能有效評估一個人罹患創傷後壓力症的可能性。

英國國家健康與照護卓越研究院（https://www.nice.org.uk/guidance/cg26/informationforpublic）：英國國家健康與照護卓越研究院（The United Kingdom's National Institute for Health and Care Excellence，簡稱NICE）對一般大眾提供關於成人與兒童創傷後壓力症治療的資訊。

國家心理衛生研究院（https://www.nimh.nih.gov/health/topics/post-traumatic-stress-disorder-PTSD/index.shtml）：國家心理衛生研究院（The National Institute of Mental Health，簡稱NIMH）是資助心理疾

病研究最重要的美國機構。它的創傷後壓力症網站綜論這種疾病，詳細說明創傷後壓力症的徵兆與症狀，概述創傷後壓力症的風險因子，並且描述了種種治療選項。這裡也提供加入創傷後壓力症研究的資訊。

針對兒童創傷的資源

加州大學舊金山分校，兒童創傷研究計畫（Child Trauma Research Program, University of California, San Francisco，http://childtrauma.ucsf.edu/resources-0）：對於家中有零到五歲孩童曾經見證或直接體驗到創傷事件的家庭，這個網站提供介入治療措施。

線索中心療法，加州兒童福利證據轉化資料庫（Cue-Centered Treatment, California Evidence-Based Clearinghouse for Child Welfare，http://www.cebc4cw.org/program/cue-centered -treatment-cct/detailed）：這個網站描述了一個提供給兒童與青少年，致力於提振韌性的創傷治療計畫。

國家創傷後壓力症中心：針對兒童與青少年（National Center for PTSD: In Children and Teens，https://www.PTSD.va.gov/public/family/PTSD-children-adolescents.asp）：這個網站呈現了創傷影響兒童與青少年的相關事實，並且描述了種種治療選項。

危機時期的幫助

國家自殺防治生命線（National Suicide Prevention Lifeline，https://suicidepreventionlife line.org/）：國家自殺防治生命線透過線上談話

與電話中心（1-800-273-8255）對於任何身陷苦難的人提供二十四小時免費、保密的支持，還有也提供給親友的防治與危機時刻資源，以及給心理衛生專業人士的實務典範。

退伍軍人危機熱線（Veterans Crisis Line，https://www.veteranscrisisline.net/）：這個工具在保密狀態下讓面臨危機（像是自殺意念）的退伍軍人，還有他們的親友，透過線上談話、簡訊（838255）及免付費熱線（1- 800-273-8255，選擇1），與退伍軍人回應人員接上線。

關於創傷後壓力症治療選項的資訊

認知歷程療法（cognitive processing therapy，http://cptforPTSD.com/）：認知歷程療法（CPT）幫助有創傷後壓力症的人瞭解創傷經驗跟思維之間的關係，並且考量他們的思維模式可能影響到他們的症狀與康復。這個網站提供了給病患的CPT資源，還有給健康照護提供者的訓練資訊。

眼動減敏與歷程更新療法（eyemovement desensitization and reprocessing，http://www.emdr .com/）：眼動減敏與歷程更新療法（EMDR）這種精神療法，幫助創傷後壓力症患者透過方法減少記憶導致的痛苦，藉此處理他們的創傷記憶。這個網站為病患描述了治療中每一節療程的細節，也向臨床醫師提供資源與訓練機會。

長期暴露（prolonged exposure，http://www.med.upenn.edu/ctsa/workshops_pet.html）：長期暴露（PE）是由愛德娜・福艾（Edna

Foa）博士發展出來的方法，幫助有創傷後壓力症的人處理創傷事件，並且減少創傷後壓力症症狀。這個網站詳細描述了這種療法，並且提供門診與住院治療選項的資訊。這裡也有給健康照護提供者的專業訓練連結。

創傷焦點認知行為療法國家治療師認證計畫（Trauma-Focused Cognitive Behavioral Therapy National Therapist Certification Program，https://tfcbt.org/about-tfcbt/）：這個網站描述了一種以證據為基礎的治療，用以幫助體驗過創傷的兒童，並且提供健康照護專業人士取得治療師證照的資訊。

梅友診所（Mayo Clinic，http://www.mayoclinic.org/diseases-conditions/post-traumatic-stress-disorder/diagnosis-treatment/treatment/ptc-20308558）：這個網站在談論創傷後壓力症療法與藥物的單元中，提供給病患使用的資源。其中也有幫助患者在約見健康照護提供者之前的準備資訊。

網路醫師（WebMD，http://www.webmd.com/drugs/condition-1020-Post+Traumatic+Stress+Disorder）：這個網站列出治療創傷後壓力症的常見處方用藥，還包括使用者評論，提供病患參考。

註解

前言

1. American Psychiatric Association, *Diagnostic and Statistical Manual of Mental Disorders*, 5th ed. (Arlington, VA: American Psychiatric Association, 2013), 271–80.

導論

1. Fran H. Norris and Laurie B. Slone, "Epidemiology of Trauma and PTSD," in *Handbook of PTSD: Science and Practice*, 2nd ed., ed. Matthew J. Friedman, Terence Martin Keane, and Patricia A. Resick (New York: Guilford Press, 2014), 100–21.
2. Paula P. Schnurr, "A Guide to the Literature on Partial PTSD," PTSD Research Quarterly 25, no. 1 (2014): 1–3, https:// www.ptsd.va.gov/professional/newsletters/research-quarterly/v25n1.pdf.
3. Duncan G. Campbell, Bradford L. Felker, Chuan-Fen Liu, Elizabeth M. Yano, JoAnn E. Kirchner, Domin Chan, Lisa V. Rubenstein, and Edmund F. Chaney, "Prevalence of Depression-PTSD Comorbidity: Implications for Clinical Practice Guidelines and Primary Care-Based Interventions" *Journal of General Internal Medicine* 22, no. 6 (2007): 711–18, https://doi.org/10.1007/s11606-006-0101-4.
4. Leslie K. Jacobsen, Steven M. Southwick, and Thomas R. Kosten, "Substance Use Disorders in Patients with Posttraumatic Stress Disorder: A Review of the Literature," *The American Journal of Psychiatry* 158, no. 8 (2001): 1184–90, https://doi.org/10.1176/appi.ajp.158.8.1184.
5. Jitender Sareen, Tanya Houlahan, Brian J. Cox, and Gordon J. G. Asmundson, "Anxiety Disorders Associated with Suicidal Ideation and Suicide Attempts in the National Comorbidity Survey," *The Journal of Nervous and Mental Disease* 193, no. 7 (2005): 450–54.
6. Paula P. Schnurr, *Trauma and Health: Physical Health Consequences of Exposure to Extreme Stress* (Washington, DC: American Psychological Association, 2005).
7. Philip S. Wang, Michael Lane, Mark Olfson, Harold A. Pincus, Kenneth B. Wells, and Ronald C. Kessler, "Twelve-Month Use of Mental Health Services in the United States: Results from the National Comorbidity Survey Replication," *Archives of General Psychiatry* 62, no. 6 (2005): 629–40, https://doi.org/10.1001/archpsyc.62.6.629.
8. Eve B. Carlson and Joseph Ruzek, "PTSD and the Family," U.S. Department of Veterans Affairs, last modified February 23, 2016, accessed January 7, 2018, https://www.ptsd.va.gov/professional/treatment/family/ptsd-and-the-family.asp.
9. Yael Danieli, *International Handbook of Multi-generational Legacies of Trauma* (New York: Plenum Press, 2010).

10. Derek Summerfield, "The Invention of Post-traumatic Stress Disorder and the Social Usefulness of a Psychiatric Category," *The British Medical Journal* 322, no. 7278 (2001): 95–98, http://www.ncbi.nlm.nih.gov/pmc/articles/PMC1119389/.

第一部　發現創傷壓力

與我父親的公路旅行

1. Urvashi Butalia, *The Other Side of Silence: Voices from the Partition of India* (Durham, NC: Duke University Press, 2003).
2. C. Ryan Perkins, "1947 Partition of India & Pakistan," https://exhibits.stanford.edu/1947-partition/about/1947-partition-of-india-pakistan.

迫切的公共衛生隱憂

1. Judith L. Herman, *Trauma and Recovery: The Aftermath of Violence—From Domestic Abuse to Political Terror* (New York: Basic Books, 2015), 34.
2. 對於PTSD流行病學的詳細解析，我建議讀者參考Fran H. Norris and Laurie B. Slone, "Epidemiology of Trauma and PTSD," 收錄在*Handbook of PTSD: Science and Practice*, 2nd ed., ed. Matthew J. Friedman, Terence Martin Keane, and Patricia A. Resick (New York: Guilford Press, 2014), 100–21.
3. Arieh Shalev, Israel Liberzon, and Charles Marmar, "Post-traumatic Stress Disorder," *The New England Journal of Medicine* 376, no. 25 (2017): 2459–69.
4. C. Benjet, E. Bromet, E. G. Karam, et al., "The Epidemiology of Traumatic Event Exposure Worldwide: Results from the World Mental Health Survey Consortium," *Psychological Medicine* 46, no. 2 (2016): 327–43.
5. F. W. Weathers, D. D. Blake, P. P. Schnurr, et al., The Clinician-Administered PTSD Scale for DSM-5 (CAPS-5), 2013, 訪談基模在國家創傷後壓力症中心網站可見www.ptsd.va.gov。
6. Kathryn M. Magruder, Katie A. McLaughlin, and Diane L. Elmore Borbon, "Trauma Is a Public Health Issue," *European Journal of Psychotraumatology* 8, no. 1 (2017): 1375338.
7. Anna Kline, Maria Falca-Dodson, Bradley Sussner, et al., "Effects of Repeated Deployment to Iraq and Afghanistan on the Health of New Jersey Army National Guard Troops: Implications for Military Readiness," *American Journal of Public Health* 100, no. 2 (2010): 276–83.
8. Mark I. Singer, Trina Menden Anglin, Li-Yu Song, and Lisa Lunghofer, "Adolescents' Exposure to Violence and Associated Symptoms of Psychological Trauma," *The Journal of the American Medical Association* 273, no. 6 (1995): 477–82. Tanya N. Alim, Dennis S. Charney, and Thomas A. Mellman, "An Overview of Posttraumatic Stress Disorder in African Americans," *Journal of Clinical Psychology* 62, no. 7 (2006): 801–13.
9. Thomas M. Stein, "Mass Shootings," in *Disaster Medicine*, ed. David E. Hogan and Jonathan L. Burstein (Philadelphia: Lippincott

Williams & Wilkins, 2011), 451.
10. Ronald C. Kessler, Amanda Sonnega, Evelyn Bromet, et al., "Posttraumatic Stress Disorder in the National Comorbidity Survey," *Archives of General Psychiatry* 52, no. 12 (1995): 1048–60.
11. Isaac R. Galatzer-Levy, Yael Ankri, Sara Freedman, et al., "Early PTSD Symptom Trajectories: Persistence, Recovery, and Response to Treatment: Results from the Jerusalem Trauma Outreach and Prevention Study (J-TOPS)," *PloS One* 8, no. 8 (2013): e70084, https://doi.org/10.1371/journal.pone.0070084.
12. Philip S. Wang, Michael Lane, Mark Olfson, et al., "Twelve-Month Use of Mental Health Services in the United States: Results from the National Comorbidity Survey Replication," *Archives of General Psychiatry* 62, no. 6 (2005): 629–40, https://doi.org/10.1001/archpsyc.62.6.629.
13. Philip S. Wang, Patricia Berglund, Mark Olfson, et al., "Failure and Delay in Initial Treatment Contact After First Onset of Mental Disorders in the National Comorbidity Survey Replication," *Archives of General Psychiatry* 62, no. 6 (2005): 603–13, https://doi.org/10.1001 /archpsyc.62.6.603.
14. Jonathan Shay, *Achilles in Vietnam: Combat Trauma and the Undoing of Character* (New York: Scribner, 2005), xx.
15. Charles R. Marmar, William Schlenger, Clare Henn-Haase, et al., "Course of Posttraumatic Stress Disorder 40 Years After the Vietnam War: Findings from the National Vietnam Veterans Longitudinal Study," *JAMA Psychiatry* 72, no. 9 (2015): 875–81, http://dx.doi.org/10.1001/jamapsychiatry.2015.0803.
16. Shaili Jain, "The National Vietnam Veterans Longitudinal Study (NVVLS) and the Implications for the Science and Practice of PTSD: An Interview with Dr. Charles Marmar," PLOS Blogs, September 16, 2015, http://blogs.plos.org/mindthebrain/2015/09/16/the-national-vietnam-veterans-longitudinal-study-nvvls-and-the-implications-for-the-science-and-practice-of-ptsd-an-interview-with-dr-charles-marmar/.

創傷簡史

1. Reprinted from Shaili Jain, "The Psych Consult," *Canadian Medical Association Journal* 182, no. 17 (2010): 1888–89. © Canadian Medical Association 2010. This work is protected by copyright and the making of this copy was with the permission of the Canadian Medical Association Journal (www.cmaj.ca) and Access Copyright. Any alteration of its content or further copying in any form whatsoever is strictly prohibited unless other- wise permitted by law.
2. 本章資料來源出自Lars Weisaeth, "The History of Psychic Trauma," in *Handbook of PTSD: Science and Practice*, 2nd ed., ed. Matthew J. Friedman, Terence Martin Keane, and Patricia A. Resick (New York: Guilford Press, 2014), 38–59.

舊酒裝新瓶？從砲彈恐懼、受虐婦女到創傷後壓力症

1. Lars Weisaeth, "The History of Psychic Trauma," in *Handbook of PTSD: Science and Practice*, 2nd ed., ed. Matthew J. Friedman,

Terence Martin Keane, and Patricia A. Resick (New York: Guilford Press, 2014), 38–59, at 39.

2. Marc-Antoine Crocq and Louis Crocq, "From Shell Shock and War Neurosis to Posttraumatic Stress Disorder: A History of Psychotraumatology," *Dialogues in Clinical Neuroscience* 2, no. 1 (2000): 47–55, http://www.ncbi.nlm.nih.gov/pmc/articles/PMC3181586/.

3. Bessel A. van der Kolk, Lars Weisaeth, and Onno van der Hart, "History of Trauma in Psychiatry," in *Traumatic Stress: The Effects of Overwhelming Experience on Mind, Body, and Society*, ed. Bessel A. van der Kolk, Alexander C. McFarlane, and Lars Weisaeth (New York: Guilford Press, 2007), 47.

4. Lars Weisaeth, "The History of Psychic Trauma," in *Handbook of PTSD: Science and Practice*, 2nd ed. by Matthew J. Friedman, Terence Martin Keane, and Patricia A. Resick (New York: Guilford Press, 2014), 53.

5. Mardi Horowitz, Nancy Wilner, and William Alvarez, "Impact of Event Scale: A Measure of Subjective Stress," *Psychosomatic Medicine* 41, no. 3 (1979): 209–18. 促成這個實質進展的關鍵步驟，是一九七九年精神科醫師馬蒂．霍洛維茲（Mardi Horowitz）發展出事件影響量表（Impact of Event Scale）。這個量表提供一種方式，用以衡量各種創傷導致的精神苦痛。現在科學家可以開始穿越數世紀以來淹沒這種捉摸不定之病的迷思之海。

6. Derek Summerfield, "The Invention of Post- Traumatic Stress Disorder and the Social Usefulness of a Psychiatric Category," *BMJ : British Medical Journal* 322, no. 7278 (2001): 95–98, http:// www.ncbi.nlm.nih.gov/pmc/articles/PMC1119389/.

7. Eric Vermetten, Dewleen Baker, Rakesh Jetly, and Alexander Mcfarlane, "Concerns over Divergent Approaches in the Diagnostics of Posttraumatic Stress Disorder," *Psychiatric Annals* 46 (2016): 498–509, https://doi.org/10.3928/00485713-20160728-02.

8. American Psychiatric Association, *The Diagnostic and Statistical Manual of Mental Disorders*, 5th ed. (Arlington, VA: American Psychiatric Association, 2013), 271–80.

困難重重之路：過度診斷與認知不足

1. A. Barbano, W. Van der Mei, R. Bryant, D. Delahanty, T. DeRoon-Cassini, Y. Matsuoka, A. Shalev, (2018), "Clinical Implications of the Proposed ICD-11 PTSD Diagnostic Criteria," *Psychological Medicine*, (2008): 1–8, DOI: 10.1017/S0033291718001101, https://www.ncbi.nlm.nih.gov/pubmed/29754591.

2. Peretz Lavie, "Sleep Disturbances in the Wake of Traumatic Events," *The New England Journal of Medicine* 345, no. 25 (2001): 1825–32, https://doi.org/10.1056/NEJMra012893.

3. Richard G. Tedeschi and Lawrence G. Calhoun,"The Posttraumatic Growth Inventory: Measuring the Positive Legacy of Trauma," *Journal of Traumatic Stress* 9, no. 3 (1996): 455–71, https://www.ncbi.nlm.nih.gov/pubmed/8827649.

4. Shaili Jain, "The National Vietnam Veterans Longitudinal Study (NVVLS) and the Implications for the Science and Practice of PTSD: An Interview with Dr. Charles Marmar," PLOS Blogs, September 16, 2015, http://blogs.plos.org/mindthebrain/2015/09/16/the-national-vietnam-veterans-longitudinal-study-nvvls-and-the-implications-for-the-science-and-practice-of-ptsd-an-interview-with-dr-charles-marmar/.

5. Karestan C. Koenen, Ananda B. Amstadter, and Nicole R. Nugent, "Gene-Environment Interaction in Posttraumatic Stress Disorder: An Update," *Journal of Traumatic Stress* 22, no. 5 (2009): 416–26, https://doi.org/10.1002/jts.20435.
6. Sehrish Sayed, Brian M. Iacoviello, and Dennis S. Charney, "Risk Factors for the Development of Psychopathology Following Trauma," *Current Psychiatry Reports* 17, no. 8 (2015): 70, https://doi.org/10.1007/s11920-015-0612-y.
7. Dean G. Kilpatrick, Kenneth J. Ruggiero, Ron Acierno, et al., "Violence and Risk of PTSD, Major Depression, Substance Abuse/Dependence, and Comorbidity: Results from the National Survey of Adolescents," *Journal of Consulting and Clinical Psychology* 71, no. 4 (2003): 692–700.
8. Shaili Jain, "PTSD and the DSM-5: A Conversation with Dr. Matt Friedman," PLOS Blogs, November 10, 2015, http://blogs.plos.org/blog/2015/11/10/ptsd-and-the-dsm-5-a-conversation-with-dr-matt-friedman/.
9. Jacques Mylle and Michael Maes, "Partial Posttraumatic Stress Disorder Revisited," *Journal of Affective Disorders* 78, no. 1 (2017): 37–48, https://doi.org/10.1016/S0165-0327(02)00218-5.

第二部　大腦

一　種記憶失調

1. American Psychiatric Association, *The Diagnostic and Statistical Manual of Mental Disorders*, 5th ed. (Washington, DC: American Psychiatric Association, 2013), 271.
2. Jonathan Shay, *Achilles in Vietnam: Combat Trauma and the Undoing of Character* (New York: Scribner, 2005), 172.
3. Richard J. McNally, "Progress and Controversy in the Study of Posttraumatic Stress Disorder," *Annual Review of Psychology* 54, no. 1 (2003): 229–52, https://doi.org/10.1146/annurev.psych.54.101601.145112.
4. Chris R. Brewin, "Remembering and Forgetting," in *Handbook of PTSD: Science and Practice*, 2nd ed., ed. Matthew J. Friedman, Terence Martin Keane, and Patricia A. Resick (New York: Guilford Press, 2014), 200–18.
5. Robert Jay Lifton, *Death in Life: Survivors of Hiroshima* (University of North Carolina Press, 1991), 482.
6. Larry R. Squire and Stuart M. Zola, "Structure and Function of Declarative and Nondeclarative Memory Systems," *Proceedings of the National Academy of Sciences of the United States of America* 93, no. 24 (1996): 13515–22, http://www.ncbi .nlm.nih.gov/pmc/articles/PMC33639/.
7. Martin A. Conway and Christopher W. Pleydell-Pearce, "The Construction of Autobiographical Memories in the Self-Memory System," *Psychological Review* 107, no. 2 (2000): 261–88.
8. Peter J. Lang, "A Bio-Informational Theory of Emotional Imagery," *Psychophysiology* 16, no. 6 (1979): 495–512, https://doi.org/10.1111/j.1469-8986.1979.tb01511.x.
9. Edna B. Foa and Michael J. Kozak, "Emotional Processing of Fear: Exposure to Corrective Information," *Psychological Bulletin* 99, no. 1 (1986): 20–35.

10. David A. Ross, Melissa R. Arbuckle, Michael J. Travis, et al., "An Integrated Neuroscience Perspective on Formulation and Treatment Planning for Posttraumatic Stress Disorder: An Educational Review," *JAMA Psychiatry* 74, no. 4 (2017): 407–15, https://doi.org/10.1001/jamapsychiatry.2016.3325.
11. Ann M. Rasmussen and Chadi G. Abdallah, "Biomarkers for Treatment and Diagnosis," *PTSD Research Quarterly* 26, no. 1 (2015): 1–4, http://www.ptsd.va.gov/professional/newsletters/research-quarterly/V26N1.pdf.
12. Jonathan E. Sherin and Charles B. Nemeroff, "Post- traumatic Stress Disorder: The Neurobiological Impact of Psychological Trauma," *Dialogues in Clinical Neuroscience* 13, no. 3 (2011): 263–78, http://www.ncbi.nlm.nih.gov/pmc/articles/PMC3182008/.
13. Eric R. Kandel, *The Disordered Mind: What Unusual Brains Tell Us About Ourselves* (Farrar, Straus and Groux, 2018), 186–89.
14. Eric R. Kandel, "The Molecular Biology of Memory Storage: A Dialog Between Genes and Synapses (Nobel Lecture)," *Bioscience Reports* 21, no. 5 (2001): 565 LP-611, doi: 10.1023/A:1014775008533.
15. Michael Robertson and Garry Walter, "Eric Kandel and Aplysia californica: Their Role in the Elucidation of Mechanisms of Memory and the Study of Psychotherapy," *Acta Neuropsychiatrica* 22, no. 4 (2010): 195–96, https://doi.org/10.1111/j.1601-5215.2010.00476.x.
16. Shaili Jain, "Prions, Memory and PTSD: A Conversation with Nobel Prize Winning Neuroscientist Dr. Eric R. Kandel," PLOS Blogs: Mind the Brain (blog), August 12, 2015, http://blogs.plos.org/mindthebrain/2015/08/12/prions-memory-and-ptsd-a-conversation-with-nobel-prize-winning-neuroscientist-dr-eric-r-kandel/.

夢魘

1. E. Hartmann, "Nightmare After Trauma as Paradigm for All Dreams: A New Approach to the Nature and Functions of Dreaming," *Psychiatry* 61, no. 3 (1998): 223–38. Bessel A. van der Kolk, R. Blitz, W. Burr, et al., "Nightmares and Trauma: A Comparison of Nightmares After Combat with Lifelong Nightmares in Veterans," The American Journal of *Psychiatry* 141, no. 2 (1984): 187–90, https://doi.org/10.1176/ajp.141.2.187.
2. Maurice M. Ohayon and Colin M. Shapiro, "Sleep Disturbances and Psychiatric Disorders Associated with Posttraumatic Stress Disorder in the General Population," *Comprehensive Psychiatry* 41, no. 6 (2000): 469–78, https://doi.org/10.1053/comp.2000.16568. Barry Krakow, Patricia L. Haynes, Teddy D. Warner, et al., "Nightmares, Insomnia, and Sleep-Disordered Breathing in Fire Evacuees Seeking Treatment for Posttraumatic Sleep Disturbance," *Journal of Traumatic Stress* 17, no. 3 (2004): 257–68, https://doi.org/10.1023/B:JOTS.0000029269.29098.67. T. C. Neylan, C. R. Marmar, T. J. Metzler, et al., "Sleep Disturbances in the Vietnam Generation: Findings from a Nationally Representative Sample of Male Vietnam Veterans," *The American Journal of Psychiatry* 155, no. 7 (1998): 929–33, https://doi.org/10.1176/ajp.155.7.929. T. M. Brown and P. A. Boudewyns, "Periodic Limb Movements of Sleep in Combat Veterans with Posttraumatic Stress Disorder," *Journal of Traumatic Stress* 9, no. 1 (1996): 129–36.

3. Anne Germain and Tore A. Nielsen, "Sleep Pathophysiology in Posttraumatic Stress Disorder and Idiopathic Nightmare Sufferers," *Biological Psychiatry* 54, no. 10 (2017): 1092–98, https://doi.org/10.1016/S0006-3223(03)00071-4.
4. Victor I. Spoormaker and Paul Montgomery, "Disturbed Sleep in Post-traumatic Stress Disorder: Secondary Symptom or Core Feature?," *Sleep Medicine Reviews* 12, no. 3 (2017): 169–84, https://doi.org/10.1016/j.smrv.2007.08.008.
5. 對於意象排演療法及其他療法，更多的資訊請見Standards of Practice Committee, R. Nisha Aurora, Rochelle S. Zak, Sanford H. Auerbach, et al., "Best Practice Guide for the Treatment of Nightmare Disorder in Adults," *Journal of Clinical Sleep Medicine* 6, no. 4 (2010): 389–401, http://www.ncbi.nlm.nih.gov/pmc/articles/PMC2919672/.

情境再現

1. Matthew G. Whalley, Marijn C. W. Kroes, Zoe Huntley, et al., "An fMRI Investigation of Posttraumatic Flashbacks," *Brain and Cognition* 81, no. 1 (2013): 151–59, https://doi.org/10.1016/j.bandc.2012.10.002.

沒有活過的人生：逃避的隱藏代價

1. David A. Ross, Melissa R. Arbuckle, Michael J. Travis, et al., "An Integrated Neuroscience Perspective on Formulation and Treatment Planning for Posttraumatic Stress Disorder: An Educational Review," *JAMA Psychiatry* 74, no. 4 (2017): 407–15, https://doi.org/10.1001/jamapsychiatry.2016.3325.
2. American Psychiatric Association, *The Diagnostic and Statistical Manual of Mental Disorders*, 5th ed. (Arlington, VA: American Psychiatric Association, 2013), 271.
3. Jasmeet P. Hayes, Michael B. VanElzakker, and Lisa M. Shin, "Emotion and Cognition Interactions in PTSD: A Review of Neurocognitive and Neuroimaging Studies," *Frontiers in Integrative Neuroscience* 6 (October 2012): 89, https://doi.org/10.3389 / fnint.2012.00089.
4. Irvin D. Yalom, *Staring at the Sun: Overcoming the Terror of Death* (San Francisco: Jossey-Bass, 2009).

否認之島：深深埋藏創傷記憶

1. American Psychological Association, "Memories of Childhood Abuse," http://www.apa.org/topics/trauma/memories.aspx.

哀傷在血液中傳承：皮質醇、表觀遺傳學與世代創傷

1. 這句話出自奧德莉・謝佛（Audrey Shafer）未出版的詩〈一生〉（"A Life"）
2. L. E. Duncan, A. Ratanatharathorn, A. E. Aiello, et al., "Largest GWAS of PTSD (N=20 070) Yields Genetic Overlap with Schizophrenia and Sex Differences in Heritability," *Molecular Psychiatry* 23 (2017): 666–73, http://dx.doi.org/10.1038/mp.2017.77. Janine Naß and Thomas Efferth, "Pharmacogenetics and Pharmacotherapy of Military Personnel Suffering from Post-Traumatic

Stress Disorder," *Current Neuropharmacology* 15.6 (2017): 831–860, PMC, Web, doi: 10.2174/1570159X15666161111113514, https://www.ncbi.nlm.nij.gov/pmc/articles/PMC5652029/.

3. Rachel Yehuda and Linda M. Bierer, "The Relevance of Epigenetics to PTSD: Implications for the DSM-V," *Journal of Traumatic Stress* 22, no. 5 (2009): 427–34, https://doi.org/10.1002/jts.20448.

4. David A. Ross, Melissa R. Arbuckle, Michael J. Travis, et al., "An Integrated Neuroscience Perspective on Formulation and Treatment Planning for Posttraumatic Stress Disorder: An Educational Review," *JAMA Psychiatry* 74, no. 4 (2017): 407–15, https://doi.org/10.1001/jamapsychiatry.2016.3325.

5. Nikolaos P. Daskalakis, Amy Lehrner, and Rachel Yehuda, "Endocrine Aspects of Post-traumatic Stress Disorder and Implications for Diagnosis and Treatment," *Endocrinology and Metabolism Clinics of North America* 42, no. 3 (2013): 503–13, https://doi.org/https://doi .org/10.1016/j.ecl.2013.05.004. Farha Motiwala, "Do Glucocorticoids Hold Promise as a Treatment for PTSD?," *Current Psychiatry* 12, no. 9 (2013): 59–60.

6. Rachel Yehuda, Stephanie Mulherin Engel, Sarah R. Brand, et al., "Transgenerational Effects of Posttraumatic Stress Disorder in Babies of Mothers Exposed to the World Trade Center Attacks During Pregnancy," *The Journal of Clinical Endocrinology & Metabolism* 90, no. 7 (2005): 4115–18, http://dx.doi.org/10.1210/jc.2005-0550.

7. Shaili Jain, "Cortisol, the Intergenerational Transmission of Stress, and PTSD: An Interview with Dr. Rachel Yehuda," PLOS Blogs Network, June 8, 2016, http://blogs.plos.org/blog/2016/06/08/cortisol-the-intergenerational-transmission-of-stress-and-ptsd-an-interview-with-dr-rachel-yehuda/.

8. Jonathan G. Shaw, Steven M. Asch, Rachel Kimerling, et al., "Posttraumatic Stress Disorder and Risk of Spontaneous Preterm Birth," *Obstetrics and Gynecology* 124, no. 6 (2014): 1111–19, https://doi.org/10.1097/AOG.0000000000000542.

9. 全世界有許多社群都曾苦於集體創傷。想對此有個比較寬廣的看法，我建議讀者參考International Handbook of Multigenerational Legacies of Trauma, ed. Yael Danieli (Boston: Springer, 1998).

10. 近年來，一群居於邊緣位置的中堅心理衛生專業人士已經在鼓吹，認可歷史性集體創傷對非裔奴隸後代現在的生活有衝擊。創傷後奴隸症候群（post-traumatic slave syndrome）的概念，是在超過十年前由社工喬伊．德格瑞（Joy DeGruy）博士第一次在社會科學界裡提出的，她論證美國數世紀的奴隸制度，後來繼之以結構性的種族主義與壓迫，已經導致美國黑人連續數代的大規模創傷。德格瑞論證道，結構性種族主義無遠弗屆的本質，意味著奴隸制度的集體創傷從未得到足夠時間表達、得到理解及緩和；美國社會抗拒徹底承認奴隸制度的恐怖，又加重了這個問題。因此，數世紀奴役對集體非裔精神的創傷性壓迫仍然極具壓倒性，以至於受奴役非洲人的行為過去一度可能提供生存優勢，在後來的數個世代仍然根深柢固，但現在卻採取了一種自扯後腿的形式。創傷後奴隸症候群仍然是醫學建制還沒接受的非官方描述。請見Joy DeGruy Leary, *Post Traumatic Slave Syndrome: America's Legacy of Enduring Injury and Healing* (Milwaukie, OR: Uptone Press, 2005). 也請參見Omar G. Reid, Sekou Mims, and Larry Higginbottom, *Traumatic Slavery Disorder: Definition, Diagnosis, and Treatment* (Charlotte, NC: Conquering Books, 2005). W. E. Cross, "Black Psy- chological Functioning and the Legacy of

Slavery: Myths and Realities," in Yael Danieli, ed. *International Handbook of Multigenerational Legacies of Trauma* (Boston: Springer, 1998), 387–402. 與此相關的是，保羅．法莫（Paul Farmer）討論過海地農村地區的結構性暴力，還有理解這些苦難深植於其中的歷史、社會與經濟因素有多重要：請見Paul Farmer, "An Anthropology of Structural Violence," *Current Anthropology* 45, no. 3 (2004): 305–25, doi:10.1086/382250.

深入骨髓的荒野：敏銳的覺察與隱蔽的情緒

1. David A. Ross, Melissa R. Arbuckle, Michael J. Travis, et al., "An Integrated Neuroscience Perspective on Formulation and Treatment Planning for Posttraumatic Stress Disorder: An Educational Re- view," *JAMA Psychiatry* 74, no. 4 (2017): 407–15, https://doi.org/10.1001/jamapsychiatry.2016.3325.
2. Jonathan E. Sherin and Charles B. Nemeroff, "Post-traumatic Stress Disorder: The Neurobiological Impact of Psychological Trauma," Dialogues in Clinical Neuroscience 13, no. 3 (2011): 263–78, http://www.ncbi.nlm.nih.gov/pmc/articles/PMC3182008/.
3. Scott L. Rauch, Paul J. Whalen, Lisa M. Shin, et al., "Exag- gerated Amygdala Response to Masked Facial Stimuli in Posttraumatic Stress Disorder: A Functional MRI Study," *Biological Psychiatry* 47, no. 9 (2000): 769–76, https://doi.org/https://doi.org/10.1016/S0006-3223(00)00828-3.
4. Lisa M. Shin, Scott P. Orr, Margaret A. Carson, et al., "Regional Cerebral Blood Flow in the Amygdala and Medial Prefrontal Cortex During Traumatic Imagery in Male and Female Vietnam Veterans with PTSD," *Archives of General Psychiatry* 61, no. 2 (2004): 168–76, https://doi.org/10.1001/archpsyc.61.2.168.
5. Jonathan E. Sherin and Charles B. Nemeroff, "Post-traumatic Stress Disorder: The Neurobiological Impact of Psycho- logical Trauma," *Dialogues in Clinical Neuroscience* 13, no. 3 (2011): 263– 78, http://www.ncbi.nlm.nih.gov/pmc/articles/PMC3182008/.
6. Benjamin T. Dunkley, Elizabeth W. Pang, Paul A. Sedge, Rakesh Jetly, Sam M. Doesburg, and Margot J. Taylor, "Threatening Faces Induce Fear Circuitry Hypersynchrony in Soldiers with Post-Traumatic Stress Disorder," *Heliyon* 2, no. 1 (2016): e00063, https://doi.org/10.1016/j.heliyon.2015.e00063.
7. Daniel R. Weinberger and Eugenia Radulescu, "Finding the Elusive Psychiatric 'Lesion' with 21st-Century Neuroanatomy: A Note of Caution," *The American Journal of Psychiatry* 173, no. 1 (2016): 27–33, https://doi.org/10.1176/appi.ajp.2015.15060753. Benjamin T. Dunkley, Elizabeth W. Pang, Paul A. Sedge, et al., "Threatening Faces Induce Fear Circuitry Hypersynchrony in Soldiers with Post-traumatic Stress Disorder," *Heliyon* 2, no. 1 (2016): e00063, https://doi.org/10.1016/j.heliyon.2015.e00063.

解離：千里凝視

1. Benjamin J. Sadock and Virginia A. Sadock, eds., *Kaplan & Sadock's Comprehensive Textbook of Psychiatry*, 7th ed. (Baltimore: Lippincott Williams & Wilkins, 2000), vol. I, 805.
2. Ruth A. Lanius, Erika J. Wolf, Mark W. Miller, et al., "The Dissociative Subtype of PTSD," in *Handbook of PTSD: Science and*

Practice, 2nd ed., ed. Matthew J. Friedman, Terence Martin Keane, and Patricia A. Resick (New York: Guilford Press, 2014), 235–50.
3. Shaili Jain, "PTSD and the DSM-5: A Conversation with Dr. Matt Friedman," PLOS Blogs, November 10, 2015, http://blogs.plos.org/mindthebrain/2015/11/10/ptsd-and-the-dsm-5-a-conversation-with-dr-matt-friedman/.
4. Ruth A. Lanius, Eric Vermetten, Richard J. Loewenstein, et al., "Emotion Modulation in PTSD: Clinical and Neurobiological Evidence for a Dissociative Subtype," *The American Journal of Psychiatry* 167, no. 6 (2010): 640–47, https://doi.org/10.1176/appi.ajp.2009.09081168.
5. Richard J. McNally, "Betrayal Trauma Theory: A Critical Appraisal," *Memory* 15, no. 3 (2007): 280–311, https://doi.org/10.1080/09658210701256506.
6. Dan J. Stein, Karestan C. Koenen, Matthew J. Friedman, et al., "Dissociation in Posttraumatic Stress Disorder: Evidence from the World Mental Health Surveys," *Biological Psychiatry* 73, no. 4 (2013): 302–12, https://doi.org/10.1016/j.biopsych.2012.08.022.

第二部　身體

身體上的傷口

1. Paula P. Schnurr, Jennifer S. Wachen, Bonnie L. Green, and Stacey Kaltman, "Trauma Exposure, PTSD, and Physical Health," in *Handbook of PTSD: Science and Practice*, 2nd ed., ed. Matthew J. Friedman, Terence Martin Keane, and Patricia A. Resick (New York: Guilford Press, 2014), 502–22, at 502.
2. Martin D. Marciniak, Maureen J. Lage, Eduardo Dunayevich, et al., "The Cost of Treating Anxiety: The Medical and Demographic Correlates That Impact Total Medical Costs," *Depression and Anxiety* 21, no. 4 (2005): 178–84, https://doi.org/10.1002/da.20074.
3. Paula P. Schnurr and Bonnie L. Green, "Understanding Relationships Among Trauma, PTSD, and Health Outcomes," in *Trauma and Health: Physical Consequences of Exposure to Extreme Stress*, ed. Paula P. Schnurr and Bonnie L. Green (Washington, DC: American Psychological Association, 2004), 247–75.
4. Zahava Solomon, Noga Tsur, Yafit Levin, et al., "The Implications of War Captivity and Long-Term Psychopathology Trajectories for Telomere Length," *Psychoneuroendocrinology* 81, suppl. C (July 2017): 122–28, https://doi.org/10.1016/j.psyneuen.2017.04.004.
5. James B. Lohr, Barton W. Palmer, Carolyn A. Eidt, et al., "Is Post-traumatic Stress Disorder Associated with Premature Senescence? A Review of the Literature," *The American Journal of Geriatric Psychiatry* 23, no. 7 (2015): 709–25, https://doi.org/10.1016/j.jagp.2015.04.001.
6. Huan Song, Fang Fang, and Grunnar Tomasson, "Association of Stress- Related Disorders with Subsequent Autoimmune Disease," *JAMA* 319, no. 23 (2018): 2388–2400. doi:10.1001/jama.2018.7028, https://jamanetwork .com/journals/jama/fullarticle/2685155.
7. Jitender Sareen, Brian J. Cox, Ian Clara, and Gordon J. G. Asmundson, "The Relationship Between Anxiety Disorders and Physical

Disorders in the U.S. National Comorbidity Survey,"*Depression and Anxiety* 21, no. 4 (2005): 193–202, https://doi.org/10.1002 / da.20072. Aoife O' Donovan, Beth E. Cohen, Karen Seal, et al., "Elevated Risk for Autoimmune Disorders in Iraq and Afghanistan Veterans with Posttraumatic Stress Disorder," *Biological Psychiatry* 77, no. 4 (2015): 365– 74, https://doi.org/10.1016/ j.biopsych.2014.06.015.

8. D. Ford, "Depression, Trauma, and Cardiovascular Health," in Schnurr and Green, eds., *Trauma and Health*, 73–97.
9. A. A. Rheingold, R. Acierno, and H. S. Resnick, "Trauma, Posttraumatic Stress Disorder, and Health Risk Behaviors," in Schnurr and Green, eds., *Trauma and Health*, 217–43.
10. Angelica L. Zen, Shoujun Zhao, Mary A. Whooley, and Beth E. Cohen, "Post-traumatic Stress Disorder Is Associated with Poor Health Behaviors: Findings from the Heart and Soul Study," *Health Psychology* 31, no. 2 (2012): 194–201, https://doi.org/10.1037/ a0025989. Ian M. Kronish, Jenny J. Lin, Beth E. Cohen, et al., "PTSD and Medications Adherence in Patients with Uncontrolled Hypertension," *JAMA Internal Medicine* 174, no. 3 (2014): 468–70, doi: 10.1001/jamainternmed.2013.12881.
11. William E. Schlenger, Nida H. Corry, Christianna S. Williams, et al., "A Prospective Study of Mortality and Trauma-Related Risk Factors Among a Nationally Representative Sample of Vietnam Veterans," *American Journal of Epidemiology* 182, no. 12 (2015): 980–90, http://dx.doi.org/10.1093/aje/kwv217.

戰士之心：創傷後壓力症與心臟疾病

1. Dimpi Patel, Nathaniel D. Mc- Conkey, Ryann Sohaney, et al., "A Systematic Review of Depression and Anxiety in Patients with Atrial Fibrillation: The Mind-Heart Link," *Cardiovascular Psychiatry and Neurology* (April 2013): 159850, https://doi . org/10.1155/2013/159850.
2. Steven S. Coughlin, "Post-traumatic Stress Disorder and Cardiovascular Disease," *The Open Cardiovascular Medicine Journal* 5 (July 2011): 164–70, https://doi.org/10.2174/187419240110501 0164.
3. Beth E. Cohen, Charles Marmar, Li Ren, et al., "As- sociation of Cardiovascular Risk Factors with Mental Health Diagnoses in Iraq and Afghanistan War Veterans Using VA Health Care," *The Journal of the American Medical Association* 302, no. 5 (2009): 489–92, https://doi.org/10.1001/jama.2009.1084.
4. Laura D. Kubzansky, Paula Bordelois, Hee Jin Jun, et al., "The Weight of Traumatic Stress: A Prospective Study of Posttraumatic Stress Disorder Symptoms and Weight Status in Women," *JAMA Psychiatry* 71, no. 1 (2014): 44–51, https://doi.org/10.1001/ jamapsychiatry.2013.2798.
5. Andrea L. Roberts, Jessica C. Agnew-Blais, Donna Spiegelman, et al., "Posttraumatic Stress Disorder and Incidence of Type 2 Diabetes Mellitus in a Sample of Women: A 22-Year Longitudinal Study," *JAMA Psychiatry* 72, no. 3 (2015): 203–10, https://doi. org/10.1001/jamapsychiatry.2014.2632.
6. Jennifer A. Sumner, Laura D. Kubzansky, Mitchell S. V. Elkind, et al., "Trauma Exposure and Posttraumatic Stress Disor- der Symptoms Predict Onset of Cardiovascular Events in Women," *Circulation* 132, no. 4 (July 29, 2015): 251–59, https://doi.

org/10.1161/CIRCULATIONAHA.114.014492.
7. Viola Vaccarino, Jack Goldberg, Cherie Rooks, et al., "Post-traumatic Stress Disorder and Incidence of Coronary Heart Disease: A Twin Study," *Journal of the American College of Cardiology* 62, no. 11 (2013): 970–78, https://doi.org/https://doi.org/10.1016/j.jacc.2013.04.085.
8. Donald Edmondson and Roland von Känel, "Post-traumatic Stress Disorder and Cardiovascular Disease," *The Lancet Psychiatry* 4, no. 4 (2017): 320–29, https://doi.org/10.1016/S2215 -0366(16)30377-7. 更近期的研究做出結論：創傷後壓力症是併發心臟病的風險因素，也是心臟病發作的常見精神病學後果，可能讓心臟病的結果變得更糟。近年來從世貿大樓心臟研究（World Trade Center–Heart study）得到的發現提供了補充證據。在初期應變人員身上與世貿大樓恐攻相關的創傷後壓力症，被發現是心肌梗塞與中風的風險因素，男女皆然，而且與已確認的心臟病風險因子與憂鬱症無關。Molly Rench, Zoey Laskaris, Janine Flory, et al., "Post-Traumatic Stress Disorder and Cardiovascular Disease," *Circulation II*, no. 7 (2018), https://www.ahajournals.org/doi/10.1161/CIRCOUTCOMES.117.004572.
9. James B. Lohr, Barton W. Palmer, Carolyn A. Eidt, et al., "Is Post-traumatic Stress Disorder Associated with Premature Senescence? A Review of the Literature," *The American Journal of Geriatric Psychiatry* 23, no. 7 (2015): 709–25, https://doi.org/10.1016/j.jagp.2015.04.001.

俄羅斯輪盤：創傷壓力與成癮之間的危險羈絆

1. Art Van Zee, "The Promotion and Marketing of OxyContin: Commercial Triumph, Public Health Tragedy," *American Journal of Public Health* 99, no. 2 (2009): 221–27, https://doi.org/10.2105/AJPH.2007.131714.
2. Shaili Jain, "The Prescription Pain Pill Epidemic: A Conversation with Dr. Anna Lembke," PLOS Blogs, March 1, 2017, http://blogs.plos.org/mindthebrain/2017/03/01/the-prescription-pain-pill-epidemic-a-conversation-with-dr-anna-lembke/.
3. Eeman Akhtar, et al., "The Prevalence of Post-Traumatic Stress Disorder Symptoms in Chronic Pain Patients in a Tertiary Care Setting: A Cross-Sectional Study," *Pyschosomatics* 3182, no. 18 (2018), https://doi.org/10.1016/j.psym.2018.07.102.
4. see J. Siqveland, T. Ruud, and E. Hauff, "Post-traumatic Stress Disorder Moderates the Relationship Between Trauma Exposure and Chronic Pain," *European Journal of Psychotraumatology* 8, no. 1 (2017): 1375337, https://doi.org/10.1080/20008198.2017.1375337.
5. Hagit Cohen, Lily Neumann, Yehoshua Haiman, et al., "Prevalence of Post-traumatic Stress Disorder in Fibromyalgia Patients: Overlapping Syndromes or Post-traumatic Fibromyalgia Syndrome?," *Seminars in Arthritis and Rheumatism* 32, no. 1 (2002): 38–50, https://www.sciencedirect.com/science/article/pii/S0049017202000136.
6. Karen H. Seal, Ying Shi,Gregory Cohen, et al.,"Associationof Mental Health Disorders with Prescription Opioids and High-Risk Opioid Use in US Veterans of Iraq and Afghanistan," *The Journal of the American Medical Association* 307, no. 9 (2012): 940–47, https://doi.org/10.1001/jama.2012.234.
7. Jenna L. McCauley, Therese Killen, Daniel F. Gros, et al. "Posttraumatice Stress Disorder and Co-Occuring Substance Use

Disorders: Advances in Assessment and Treatment," *Clinical Pyschology: A Publication of the Division of Clinical Psychology of the American Psychological Association* 19, no. 3 (2012): 10.1111/cpsp.12006. PMC. Web. Sept. 12, 2018. https://www.ncbi.nlm.nih.gov/pmc/articles/PMC3811127/.

8. David M. Ledgerwood and Aleks Milosevic, "Clinical and Personality Characteristics Associated with Post Traumatic Stress Disorder in Problem and Pathological Gamblers Recruited from the Community," *Journal of Gambling Studies* 31, no. 2 (2015): 501–12, https://doi.org/10.1007/s10899-013-9426-1.

9. Denise A. Hien, Huiping Jiang, Aimee N. C. Campbell, et al., "Do Treatment Improvements in PTSD Severity Affect Substance Use Outcomes? A Secondary Analysis from a Randomized Clinical Trial in NIDA' s Clinical Trials Network," *The American Journal of Psychiatry* 167, no. 1 (2010): 95–101, https://doi.org/10.1176/appi.ajp.2009.09091261.

10. Samuel T. Wilkinson, Elina Stefanovics, and Robert A. Rosenheck, "Marijuana Use Is Associated with Worse Outcomes in Symptom Severity and Violent Behavior in Patients with Posttraumatic Stress Disorder," *The Journal of Clinical Psychiatry* 76, no. 9 (2015): 1174–80, https://doi.org/10.4088/JCP.14m09475.

11. 有些計畫同時處理兩者，但這些計畫並不是馬上就能提供給病患。例如Mehmet Sofuoglu, Robert Rosenheck, and Ismene Petrakis, "Pharmacological Treatment of Comorbid PTSD and Substance Use Disorder: Recent Progress," *Addictive Behaviors* 39, no. 2 (February 2014): 428–33, https://doi.org/10.1016/j.addbeh.2013.08.014.

破碎的微笑：童年逆境的毒害

1. M. Denise Dowd, "Early Adversity, Toxic Stress, and Resilience: Pediatrics for Today," *Pediatric Annals* 46, no. 7 (2017): e246–49, https://doi.org/10.3928/19382359-20170615-01.

2. Christina W. Hoven, Cristiane S. Duarte, Christopher P. Lucas, et al., "Psychopathology Among New York City Public School Children 6 Months After September 11," *Archives of General Psychiatry* 62, no. 5 (2005): 545–52, https://doi.org/10.1001/archpsyc.62.5.545.

3. John A. Fairbank, Frank W. Putnam, and William W. Harris, "Child Traumatic Stress: Prevalence, Trends, Risk, and Impact," in *Handbook of PTSD: Science and Practice*, 2nd ed., ed. Matthew J. Friedman, Terence Martin Keane, and Patricia A. Resick (New York: Guilford Press, 2014), 121–45.

4. Ann-Christin Haag, Daniel Zehnder, and Markus A. Landolt, "Guilt Is Associated with Acute Stress Symptoms in Children After Road Traffic Accidents," *European Journal of Psychotraumatology* 6 (October 2015), https://doi.org/10.3402/ejpt.v6.29074.

5. Shaili Jain, "Dealing with Psychological Trauma in Children: Answers from Neuroscience, Community Initiatives, and Clinical Trials for Treating Childhood PTSD," PLOS Blogs, April 1, 2013, http://blogs.plos.org/mindthebrain/2013/04/01/dealing-with-psychological-trauma-in-children-answers-from-neuroscience-community-initiatives-and-clinical-trials-for-treating-childhood-ptsd/.

6. Xueling Suo, Du Lei, Fuqin Chen, et al., "Anatomic Insights into Disrupted Small-World Networks in Pediatric Posttraumatic Stress Disorder," *Radiology* 282, no. 3 (2016): 826–34, https://doi.org/10.1148/radiol.2016160907.
7. Victor G. Carrion, Brian W. Haas, Amy Garrett, et al., "Reduced Hippocampal Activity in Youth with Posttraumatic Stress Symptoms: An fMRI Study," *Journal of Pediatric Psychology* 35, no. 5 (2010): 559–69, https://doi.org/10.1093/jpepsy/jsp112.
8. Victor G. Carrion, Carl F. Weems, Christa Watson, et al., "Converging Evidence for Abnormalities of the Prefrontal Cortex and Evaluation of Midsagittal Structures in Pediatric PTSD: An MRI Study," *Psychiatry Research* 172, no. 3 (2009): 226–34, https://doi.org/10.1016/j.pscychresns.2008.07.008.
9. Megan Klabunde, Carl F. Weems, Mira Raman, and Victor G. Carrion, "The Moderating Effects of Sex on Insula Subdivision Structure in Youth with Posttraumatic Stress Symptoms," *Depression and Anxiety* 34, no. 1 (2017): 51–58, https://doi.org/10.1002/da.22577.
10. Centers for Disease Control and Prevention, "Adverse Childhood Experiences (ACEs)," April 1, 2016, http://www.cdc.gov/violenceprevention/acestudy/index.html. Jack P. Shonkoff, "Capitalizing on Advances in Science to Reduce the Health Consequences of Early Childhood Adversity," *JAMA Pediatrics* 170, no. 10 (2016): 1003– 07, https://doi.org/10.1001/jamapediatrics.2016.1559.
11. Hannah Carliner, Katherine M. Keyes, Katie A. McLaughlin, et al., "Childhood Trauma and Illicit Drug Use in Adoles- cence: A Population-Based National Comorbidity Survey Replication — Adolescent Supplement Study," *Journal of the American Academy of Child & Adolescent Psychiatry* 55, no. 8 (2017): 701–08, https://doi.org/10.1016/j.jaac.2016.05.010.
12. 其他研究裡也曾重複這些發現。例如Edith Chen, Nicholas A. Turiano, Daniel K. Mroczek, and Gregory E. Miller, "Association of Reports of Childhood Abuse and All-Cause Mortality Rates in Women," *JAMA Psychiatry* 73, no. 9 (2016): 920–27, https://doi.org/10.1001/jamapsychiatry.2016.1786.
13. Vincent J. Felitti, "The Origins of Ad- diction: Evidence from the Adverse Childhood Experiences Study," February 16, 2004, http://www.nijc.org/pdfs/Subject%20Matter%20Articles/Drugs%20and%20Alc/ACE%20Study%20-%20OriginsofAddiction.pdf, 4. 在其他背景條件與國家也重複這些發現。請見See Kristine A. Campbell, Tonya Myrup, and Lina Svedin, "Parsing Language and Measures Around Child Maltreatment," *Pediatrics* 139, no. 1 (January 2017), https://doi.org/10.1542/peds.2016-3475.
14. Pia R. Britto, Stephen J. Lye, Kerrie Proulx, et al., "Nurturing Care: Promoting Early Childhood Development," *The Lancet* 389, no. 10064 (2017): 91–102, https://doi.org/10.1016/S0140-6736(16)31390-3.
15. Margaret Chan, Anthony Lake, and Keith Hansen,"The Early Years: Silent Emergency or Unique Opportunity?," *The Lancet* 389, no. 10064 (2017): 11–13, https://doi.org/10.1016/S0140-6736(16)31701-9.
16. Bruce D. Perry, Gene Griffin, George Davis, et al.,"The Impact of Neglect, Trauma, and Maltreatment on Neurodevelopment," in The Wiley Blackwell Handbook of Forensic, Neuroscience, ed. Anthony R. Beech, Adam J. Carter, Ruth E. Mann, and Pia Rotshtein (Hoboken, NJ: John Wiley and Sons, 2018). Adam Schickedanz, Neal Halfon, Narayan Sasrry, et al., "Parents' Adverse

Childhood Experiences and Their Children' s Behavioral Health Problems," *Pediatrics* 142, no. 2 (2018), doi: 10.1007/s00406-005-0624-4.

17. R.F. Anda, V.J. Felitti, J.D. Bremner, et al., "The Enduring Effects of Abuse and Related Adverse Experiences in Childhood: A Convergence of Evidence from Neurobiology and Epidemiology," *Eur Arch Psychiatry, Clin Neurosci* 256 no. 3 (2006), https://www.ncbi.nlm.nih.gov/pubmed/16311898.

衰老：晚年生活的創傷壓力

1. Joan M. Cook, Avron Spiro III, and Danny G. Kaloupek, "Trauma in Older Adults," in *Handbook of PTSD: Science and Practice*, 2nd ed., ed. Matthew J. Friedman, Terence Martin Keane, and Patricia A. Resick (New York: Guilford Press, 2014), 351–67.
2. Shaili Jain, "The Golden Years: Traumatic Stress and Aging—An Interview with Joan Cook," PLOS Blogs, October 6, 2016, http://blogs.plos.org/mindthebrain/2016/10/06/the-golden-years-traumatic-stress-and-aging-an-interview-with-joan-cook/.
3. Y. Danieli, "As Survivors Age—Part I," *National Center for Post Traumatic Stress Disorder Clinical Quarterly* 4, no. 1 (1994): 1–7. Y. Danieli, "As Survivors Age—Part II," *National Center for Post Traumatic Stress Disorder Clinical Quarterly* 4, no. 2 (1994): 20–24.
4. Kristine Yaffe, Eric Vittinghoff, Karla Lindquist, et al., "Post-traumatic Stress Disorder and Risk of De- mentia Among U.S. Veterans," *Archives of General Psychiatry* 67, no. 6 (2010): 608–13, https://doi.org/10.1001/archgenpsychiatry.2010.61. Omar Meziab, Katharine A. Kirby, Brie Williams, et al., "Prisoner of War Status, Posttraumatic Stress Disorder, and Dementia in Older Veterans," *Alzheimer's & Dementia* 10, no. 3 (suppl.) (2014): S236–41, https://doi.org /https://doi.org/10.1016/j.jalz.2014.04.004. 有一個包含將近五百位退伍軍人的研究，比較對象是有PTSD的人，以及既有PTSD也曾是戰犯，因此在被捕期間受到激烈身體傷害、精神壓力、孤立與營養剝奪的人。曾是戰犯的人在老年發展出健忘症的風險，甚至高過只有PTSD的人。
5. 最近的研究跟這些發現遙遙呼應。創傷後壓力症，跟中年女性的簡單反應測試／注意力測試與學習／工作記憶測量結果之間，有逆相關：請見Jennifer A. Sumner, Kaitlin Hagan, Fran Grodstein, et al.,"Posttraumatic Stress Disorder Symptoms and Cognitive Function in a Large Cohort of Middle-Aged Women,"*Depression and Anxiety* 34, no. 4 (2017): 356–66, https://doi.org/10.1002/da.22600. 暗示心理疾病跟人生過程中惡化的認知功能相關的文獻逐漸增加，這則研究又再添了一筆。樣本由Nurses' Health Study II中的一萬四千零二十九位中年女性組成。研究人員在二〇〇八年衡量了受試者終生的創傷暴露、終生的PTSD症狀與過去一週內的憂鬱症狀；認知功能則是在二〇一四至一六年測量的。
6. Lynda A. King, Daniel W. King, Kristin Vickers, et al., "Assessing Late-Onset Stress Symptomatology Among Aging Male Combat Veterans," *Aging & Mental Health* 11, no. 2 (2007): 175–91, https://doi.org/10.1080/13607860600844424.
7. Eve H. Davison, Anica Pless Kaiser, Avron Spiro III, et al., "From Late-Onset Stress Symptomatology to Later-Adulthood Trauma Reengagement in Aging Combat Veterans: Taking a Broader View," *The Gerontologist* 56, no. 1 (2016): 14–21, https://doi.org/10.1093/geront/gnv097.

第四部：生活品質

複合型創傷

1. D. J. Brief, A. R. Bollinger, M. J. Vielhauer, et al., "Understanding the Interface of HIV, Trauma, Post-traumatic Stress Disorder, and Substance Use and Its Implications for Health Outcomes," *AIDS Care* 16, suppl. 1 (2004): S97–120, https://doi.org/10.1080/09540120412301315259.
2. Judith Herman, *Trauma and Recovery: The Aftermath of Violence—From Domestic Abuse to Political Terror* (New York: Basic Books, 2015), 119.
3. Judith Herman, *Trauma and Recovery: The Aftermath of Violence—From Domestic Abuse to Political Terror* (New York: Basic Books, 2015), 53.
4. Kevin Lalor and Rosaleen McElvaney,"Child Sexual Abuse, Links to Later Sexual Exploitation/High-Risk Sexual Behavior, and Prevention/Treatment Programs," *Trauma, Violence & Abuse* 11, no. 4 (2010): 159–77, https://doi.org/10.1177/1524838010378299. Bessel A. van der Kolk, "The Compulsion to Repeat the Trauma: Re-enactment, Revictimization, and Masochism," *Psychiatric Clinics of North America* 12, no. 2 (June 1989): 389–411, http://www.traumacenter.org/products/pdf_files/Compulsion_to_Repeat.pdf.

親密暴力：一種祕密流行病

1. Aysha Taryam, "It' s Time for a Law Against Domestic Violence in the UAE," *The Gulf Today*, October 18, 2015, http://gulftoday.ae/portal/111e4a1c-3cfa-4cd6-a2c3-52eb7a21ad6d.aspx.
2. Centers for Disease Control and Prevention, "Intimate Partner Violence: Consequences," August 22, 2017, http://www.cdc.gov/violenceprevention/intimatepartnerviolenceconsequences.html. 美國幾乎有百分之十四的女性因為IPV而受傷，而在二〇一〇年，超過一千名女性被親密伴侶謀殺。每年IPV都讓我們的社會付出超過八十三億美元，而甚至在虐待終止十五年之久以後，IPV受害者的健康照護費用還持續增加。全球而言，IPV是造成過早死亡與失能以至於壽命損失的前十大原因之一。請見Mark L. Rosenberg, Alexander Butchart, James Mercy, et al., "Interpersonal Violence," in *Disease Control Priorities in Developing Countries*, 2nd ed., ed. Dean T. Jamison, Joel G. Breman, Anthony R. Measham, et al. (Washington, DC: International Bank for Reconstruction and Development/World Bank; New York: Oxford University Press, 2006), https:// www.ncbi.nlm.nih.gov/books/NBK11721/.
3. Elaine J. Alpert, "Domestic Violence and Clinical Medicine: Learning from Our Patients and from Our Fears," *Journal of General Internal Medicine* 17, no. 2 (2002): 162–63, https://doi.org/10.1046/j.1525-1497.2002.11229.x.
4. Jacqueline M. Golding, "Intimate Partner Violence as a Risk Factor for Mental Disorders: A Meta-Analysis," *Journal of Family Violence* 14, no. 2 (1999), 99–132, https://doi.org/10.1023/A:1022079418229.

5. Rachel Kimerling, Julie C. Weitlauf,Katherine M. Iverson, et al., “Gender Issues in PTSD,” in *Handbook of PTSD: Science and Practice*, 2nd ed., ed. Matthew J. Friedman, Terence Martin Keane, and Patricia A. Resick (New York: Guilford Press, 2014), 317–19.

對他人的危險：受傷的人傷害其他人

1. ssel A. van der Kolk, *The Body Keeps the Score: Brain, Mind, and Body in the Healing of Trauma* (New York: Penguin Books, 2015), 350.
2. Nancy Wolff, Jessica Huening, Jing Shi, and B. Christopher Frueh, “Trauma Exposure and Posttraumatic Stress Disorder Among Incarcerated Men,” *Journal of Urban Health* 91, no. 4 (2014): 707– 19, https://doi.org/10.1007/s11524-014-9871-x.

憤怒地愛著：內城區貧窮的頑強印記

1. U.S. Department of Justice, Office of Justice Programs, “Bureau of Justice Statistics Special Report: Black Victims of Violent Crime,” August 2007, https://www.bjs.gov/content/pub/pdf/bvvc.pdf.
2. James J. Mazza and William M. Reynolds, “Exposure to Violence in Young Inner-City Adolescents: Relationships with Suicidal Ideation, Depression, and PTSD Symptomatology,” *Journal of Abnormal Child Psychology* 27, no. 3 (1999): 203–13, https://link.springer.com/article/10.1023%2FA%3A1021900423004.
3. Chalsa M. Loo, “PTSD Among Ethnic Minority Veterans,” February 23, 2016, http://www.ptsd.va.gov/professional/treatment/cultural/ptsd-minority-vets.asp.
4. Margaret Dempsey, Stacy Overstreet, and Barbara Moely, “‘Approach’ and ‘Avoidance’ Coping and PTSD Symptoms in Inner-City Youth,” *Current Psychology* 19, no. 1 (March 2000): 28–45, https://link .springer.com/article/10.1007/s12144-000-1002-z. Bradley D. Stein, Lisa H. Jaycox, Sheryl Kataoka, et al., “Prevalence of Child and Adolescent Exposure to Community Violence,” *Clinical Child and Family Psychology Review* 6, no. 4 (December 2003): 247–64, https://link.springer.com/article /10.1023/B:CCFP.0000006292.61072.d2. Mark I. Singer, Trina Menden Anglin, Li yu Song, and Lisa Lunghofer, “Adolescents’ Exposure to Vio- lence and Associated Symptoms of Psychological Trauma,” *The Journal of the American Medical Association* 273, no. 6 (February 8, 1995): 477–82, https://jamanetwork.com/journals/jama/article-abstract/386889. Tanya N. Alim, Dennis S. Charney, and Thomas A. Mellman, “An Overview of Posttraumatic Stress Disorder in African Americans,” *Journal of Clinical Psychology* 62 no. 7 (2006): 801–13, https://doi.org/10.1002/jclp.20280. PTSD在美國暴力程度最高的各個社區裡到處氾濫，研究人員在記錄數千名內城區居民（其中許多人是非裔美人）體驗到的暴力程度時，發現大約百分之三十的人有PTSD。
5. Regina G. Davis, Kerry J. Ressler, Ann C. Schwartz, et al., “Treatment Barriers for Low-Income, Urban African Americans with Undiagnosed Posttraumatic Stress Disorder,” *Journal of Traumatic Stress* 21, no. 2 (2008): 218–22, https://doi.org/10.1002/jts.20313.
6. Michele Spoont, David Nelson, Michelle Van Ryn, and Margarita Alegria, “Racial and Ethnic Variation in Perceptions of VA Mental

Health Providers Are Associated with Treatment Retention Among Veterans with PTSD," *Medical Care* 55, suppl. 9 (September 2017): S33–42, https://doi.org/10.1097/MLR.0000000000000755. 有PTSD的少數民族或族裔退伍軍人，更常在早期就中輟心理健康治療。

7. 少數族裔退伍軍人在跟相同種族的臨床醫師配對時，或許更有可能揭露問題或參與治療。例如Loo, "PTSD Among Ethnic Minority Veterans."重要的是要承認這種不信任的歷史前因。請見Centers for Disease Control and Prevention, "U.S. Public Health Service Syphilis Study at Tuskegee," August 30, 2017, https://www.cdc.gov/tuskegee/timeline.htm.

8. Michele R. Spoont, Nina A. Sayer, Shannon M. Kehle-Forbes, et al., "A Prospective Study of Racial and Ethnic Variation in VA Psychotherapy Services for PTSD," *Psychiatric Services* 68 no. 3 (2017): 231–37, https://doi.org/10.1176/appi.ps.201600086.

9. Tanya N. Alim, Dennis S. Charney, and Thomas A. Mellman, "An Overview of Posttraumatic Stress Disorder in African Americans," *Journal of Clinical Psychology* 62, no. 7 (2006): 801–13, https://doi.org/10.1002/jclp.20280.

10. B. K. Jordan, C. R. Marmar, J. A. Fairbank, et al., "Problems in Families of Male Vietnam Veterans with Post- traumatic Stress Disorder," *Journal of Consulting and Clinical Psychology* 60, no. 6 (1992): 916–26. Jennifer L. Price and Susan P. Stevens, "Partners of Veterans with PTSD: Research Findings," March 30, 2017, https://www.ptsd.va.gov/professional/treatment/family/partners_of_vets_research_findings.asp.

11. Daniel J. Cosgrove, Zachary Gordon, Jonathan E. Bernie, et al., "Sexual Dysfunction in Combat Veterans with Post- traumatic Stress Disorder," *Urology* 60, no. 5 (2017): 881–84, https://doi .org/10.1016/S0090-4295(02)01899-X. D. S. Riggs, C. A. Byrne, F. W. Weathers, and B. T. Litz, "The Quality of the Intimate Relationships of Male Vietnam Veterans: Problems Associated with Posttraumatic Stress Disorder," *Journal of Traumatic Stress* 11, no. 1 (1998): 87–101, https://doi.org/10.1023/A:1024409200155.

12. C. A. Byrne and D. S. Riggs, "The Cycle of Trauma: Relationship Aggression in Male Vietnam Veterans with Symp- toms of Posttraumatic Stress Disorder," *Violence and Victims* 11, no. 3 (1996): 213–25.

13. Zahava Solomon, Mark Waysman, Ehud Avitzur, and Dan Enoch, "Psychiatric Symptomatology Among Wives of Soldiers Following Combat Stress Reaction: The Role of the Social Net- work and Marital Relations," *Anxiety Research* 4, no. 3 (1991): 213–23, https:/doi.org/10.1080/08917779108248775. Briana S. Nelson and David W. Wright, "Understanding and Treating Post-traumatic Stress Disorder Symptoms in Female Partners of Veterans with PTSD," *Journal of Marital and Family Therapy* 22, no. 4 (1996): 455–67, https://doi.org/10.1111/j.1752-0606.1996.tb00220.x.

14. Candice M. Monson, Steffany J. Fredman, Alexandra Macdonald, et al., "Effect of Cognitive-Behavioral Couple Therapy for PTSD: A Randomized Controlled Trial," *The Journal of the American Medical Association* 308, no. 7 (2012): 700–09, https://doi.org/10.1001/jama.2012.9307.

15. Matt McMillen, "PTSD Treatment and Couples Therapy Go Hand in Hand," WebMD, August 14, 2012, http:// www.webmd.com/sex-relationships/news/20120814/ptsd-treatment-couple-therapy-go-hand-in-hand?page=2.

更美好的性別？強暴、繼發性傷害與生產創傷

1. David F. Tolin and Edna B. Foa, "Sex Differences in Trauma and Posttraumatic Stress Disorder: A Quantitative Review of 25 Years of Research," *Psychological Bulletin* 132, no. 6 (2006): 959–92, https://doi.org/10.1037/0033-2909.132.6.959.
2. Sophie H. Li and Bronwyn M. Graham, "Why Are Women so Vulnerable to Anxiety, Trauma-Related and Stress-Related Disorders? The Potential Role of Sex Hormones," *The Lancet Psychiatry* 4, no. 1 (2017): 73–82, https://doi.org/10.1016/S2215-0366(16)30358-3.
3. Lizabeth A. Goldstein, Julie Dinh, Rosemary Donalson, et al., "Impact of Military Trauma Exposures on Posttraumatic Stress and Depression in Female Veterans," *Psychiatry Research* 249 (March 2017): 281–85, https://doi.org/10.1016/j.psychres.2017.01.009.
4. Charlene Y. Senn, Misha Eliasziw, Paula C. Barata, et al., "Efficacy of a Sexual Assault Resistance Program for University Women," *The New England Journal of Medicine* 372, no. 24 (2015): 2326–35, at https://doi.org/10.1056/NEJMsa1411131.
5. Kaitlin A. Chivers-Wilson, "Sexual Assault and Posttraumatic Stress Disorder: A Review of the Biological, Psycho- logical and Sociological Factors and Treatments," *McGill Journal of Medicine* 9, no. 2 (2006): 111–18, http://www.ncbi.nlm.nih.gov/pmc/articles/PMC2323517/.
6. Shaili Jain, "Perinatal Psychiatry, Birth Trauma and Perinatal PTSD: An Interview with Dr. Rebecca Moore," PLOS Blogs, August 24, 2016, http://blogs.plos.org/blog/2016/08/24/perinatal-psychiatry-birth-trauma-and-perinatal-ptsd-an-interview-with-dr-rebecca-moore/.
7. Rebecca Grekin and Michael W. O' Hara, "Prevalence and Risk Factors of Postpartum Posttraumatic Stress Disorder: A Meta-analysis," *Clinical Psychology Review* 34, no. 5 (2014): 389–401, https://doi.org/10.1016/j.cpr.2014.05.003.
8. K. Wijma, J. Soderquist, and B. Wijma, "Posttraumatic Stress Disorder After Childbirth: A Cross Sectional Study," Journal of Anxiety Disorders 11, no. 6 (1997): 587–97. Jo Czarnocka and Pauline Slade, "Prevalence and Predictors of Post-traumatic Stress Symptoms Following Childbirth," *British Journal of Clinical Psychology* 39, part 1 (March 2000): 35–51, https://doi.org/10.1348/014466500163095. Susan Ayers, Rachel Harris, Alexandra Sawyer, et al., "Posttraumatic Stress Disorder After Childbirth: Analysis of Symptom Presentation and Sampling," *Journal of Affective Disorders* 119, nos. 1–3 (December 2009): 200–04, https://doi.org/10.1016/j.jad.2009.02.029.

羞恥感：情緒中的灰姑娘

1. Brené Brown, "Listening to Shame," TED Talk, https://www.youtube.com/watch?time_continue=853&v=psN1DORYYV0.
2. Terry F. Taylor, "The Influence of Shame on Posttrauma Disorders: Have We Failed to See the Obvious?," *European Journal of Psychotraumatology* 6 (September 22, 2015): 28847, https://www.ncbi.nlm.nih.gov/pubmed/26399959.
3. Bernice Andrews, Chris R. Brewin, Suzanna Rose, and Marilyn Kirk, "Predicting PTSD Symptoms in Victims of Violent Crime: The Role of Shame, Anger, and Childhood Abuse," *Journal of Abnormal Psychology* 109, no. 1 (February 2000): 69–73, https://

www.ncbi.nlm.nih.gov/pubmed/10740937.
4. Craig J. Bryan, Chad E. Morrow, Neysa Etienne, and Bobbie Ray-Sannerud, "Guilt, Shame, and Suicidal Ideation in a Military Outpatient Clinical Sample," *Depression and Anxiety* 30, no. 1 (January 2013): 55–60, doi:10.1002/da.22002.
5. Richard A. Bryant, "Prolonged Grief: Where to After Diagnostic and Statistical Manual of Mental Disorders, 5th Edition?," *Current Opinion in Psychiatry* 27, no. 1 (2014): 21–26, http://www.medscape.com/viewarticle/818619_6.

自殺防治的科學

1. 在討論自殺統計數字時，重要的是注意退伍軍人（已退休軍隊人員）跟現役人員（仍在軍隊服役者）之間的區別。後者的自殺率在二〇〇五年到二〇〇九年之間幾乎加倍了。對於這種悲劇性處境，有一則思慮周密的近期分析，可以參考Charles W. Hoge and Carl A. Castro, "Preventing Suicides in US Service Members and Veterans: Concerns After a Decade of War," *The Journal of the American Medical Association* 308, no. 7 (2012): 671–72, https://doi.org/10.1001/jama.2012.9955.
2. Michael Schoenbaum, Ronald C. Kessler, Stephen E. Gilman, et al., "Predictors of Suicide and Accident Death in the Army Study to Assess Risk and Resilience in Service members (Army STARRS): Results from the Army Study to Assess Risk and Resilience in Service members (Army STARRS)," *JAMA Psychiatry* 71, no. 5 (2014): 493–503, https://doi.org/10.1001/jamapsychiatry.2013.4417.
3. Mark A. Reger, Derek J. Smolenski, Nancy A. Skopp, et al., "Risk of Suicide Among US Military Service Members Following Operation Enduring Freedom or Operation Iraqi Freedom Deployment and Separation from the US Military," *JAMA Psychiatry* 72, no. 6 (2015): 561–69, https://doi.org/10.1001/jamapsychiatry.2014.3195.
4. 美國軍隊士兵中從未外派者的自殺未遂比率升高了。請見Robert J. Ursano, Ronald C. Kessler, Murray B. Stein, et al., "Risk Factors, Methods, and Timing of Suicide Attempts Among US Army Soldiers," *JAMA Psychiatry* 73, no. 7 (2016): 741–49, https://doi.org/10.1001/jamapsychiatry.2016.0600
5. T. A. Bullman and H. K. Kang, "Posttraumatic Stress Disorder and the Risk of Traumatic Deaths Among Vietnam Veterans," *The Journal of Nervous and Mental Disease* 182, no. 11 (November 1994): 604–10, https://www.ncbi.nlm.nih.gov /pubmed/7964667. Jitender Sareen, Tanya Houlahan, Brian J. Cox, and Gordon J. G. Asmundson, "Anxiety Disorders Associated with Suicidal Ideation and Suicide Attempts in the National Comorbidity Survey," *The Journal of Nervous and Mental Disease* 193, no. 7 (July 2005): 450–54, https://pdfs.semanticscholar.org/b816/da72792851e86369a946c8b8afcea2b799e3.pdf.
6. M. Kotler, I. Iancu, R. Efroni, and M. Amir, "Anger, Impulsivity, Social Support, and Suicide Risk in Patients with Posttraumatic Stress Dis- order," *The Journal of Nervous and Mental Disease* 189, no. 3 (March 2001): 162–67, https://www.ncbi.nlm.nih.gov/pubmed/11277352.
7. M. Amir, Z. Kaplan, R. Efroni, and M. Kotler, "Suicide Risk and Coping Styles in Posttraumatic Stress Disorder Patients," *Psychotherapy and Psychosomatics* 68, no. 2 (1999): 76–81, https://doi.org/10.1159/000012316.
8. Matthew Jakupcak, Katherine D. Hoerster, Alethea Varra, et al., "Hopelessness and Suicidal Ideation in Iraq and Afghanistan War

Veterans Reporting Subthreshold and Threshold Post-traumatic Stress Disorder," *The Journal of Nervous and Mental Disease* 199, no. 4 (2011): 272–75, https://doi.org/10.1097/NMD.0b013e3182124604.

9. H. Hendin and A. P. Haas, "Suicide and Guilt as Manifestations of PTSD in Vietnam Combat Veterans," *The American Journal of Psychiatry* 148, no. 5 (1991): 586–91, https://doi.org/10.1176/ajp.148.5.586.

10. Brett T. Litz, Nathan Stein, Eileen Delaney, et al., "Moral Injury and Moral Repair in War Veterans: A Preliminary Model and Intervention Strategy," *Clinical Psychology Review* 29, no. 8 (2009): 695–706, https://doi.org/10.1016/j.cpr.2009.07.003.

11. K. D. Drescher, D. W. Foy, C. Kelly, et al., "An Exploration of the Viability and Usefulness of the Construct of Moral Injury in War Veterans," *Traumatology* 17, no. 1 (2011): 8–13, doi: 10.1177/1534765610395615.

12. Blair E. Wisco, Brian P. Marx, Casey L. May, et al., "Moral Injury in U.S. Combat Veterans: Results from the National Health and Resilience in Veterans Study," *Depression and Anxiety* 34, no. 4 (April 2017), https://doi.org/10.1002/da.22614.

13. T. A. Bullman and H. K. Kang, "A Study of Suicide Among Vietnam Veterans," Federal Practitioner 12, no. 3 (March 1995): 9–13. Craig J. Bryan and Tracy A. Clemans, "Repetitive Traumatic Brain Injury, Psychological Symptoms, and Suicide Risk in a Clinical Sample of Deployed Military Personnel," *JAMA Psychiatry* 70, no. 7 (2013): 686–91, https://doi.org/10.1001/jamapsychiatry.2013.1093. Lisa A. Brenner, Rosalinda V. Ignacio, and Frederic C. Blow, "Suicide and Traumatic Brain Injury Among Individuals Seeking Veterans Health Administration Services," *The Journal of Head Trauma Rehabilitation* 26, no. 4 (2011): 257– 64, https://doi.org/10.1097/HTR.0b013e31821fdb6e.

14. Trine Madsen, Anette Erlangsen, Sonja Orlovska, et al., "Association Between Traumatic Brain Injury and Risk of Suicide," *JAMA* 320, no. 6 (2018): 580–88, doi:10.1001/jama.2018.10211, https://jamanetwork.com/journals/jama/article-abstract/2697009.

15. Rachel Kimerling, Kerry Makin-Byrd, Samantha Louzon, et al., "Military Sexual Trauma and Suicide Mortality," *American Journal of Preventive Medicine* 50, no. 6 (2016): 684–91, https://doi.org/10.1016/j.amepre.2015.10.019.

16. Claire A. Hoffmire, Janet E. Kemp, and Robert M. Bossarte, "Changes in Suicide Mortality for Veterans and Nonveterans by Gender and History of VHA Service Use, 2000–2010," *Psychiatric Services* 66, no. 9 (2015): 959–65, https://doi.org/10.1176/appi.ps.201400031.

17. 這呼應了在更大範圍的文獻裡得到的發現：並非個人的性取向本身，而是他或她承受的負面生活經驗，對其心理健康造成負面損害。請見R. A. Burns, P. Butterworth, and A. F. Jorm, "The Long-Term Mental Health Risk Associated with Non-heterosexual Orientation," *Epidemiology and Psychiatric Sciences* 27, no. 1(February 2018): 71–83, https://doi.org/10.1017/S2045796016000962.

18. Keith S. Cox, Emily R. Mouilso, Margaret R. Venners, et al., "Reducing Suicidal Ideation Through Evidence-Based Treatment for Posttraumatic Stress Disorder," *Journal of Psychiatric Research* 80 (September 2016): 59–63, https://doi.org/10.1016/j.jpsychires.2016.05.011.

第五部　治療創傷壓力

談話治療及其他

1. in *Handbook of PTSD: Science and Practice*, 2nd ed., ed. Matthew J. Friedman, Terence Martin Keane, and Patricia A. Resick (New York: Guilford Press, 2014), 557–676.
2. Anke Ehlers and David M. Clark, "A Cognitive Model of Posttraumatic Stress Disorder," *Behaviour Research and Therapy* 38, no. 4 (2000): 319–45.
3. Patricia A. Resick, Jennifer Schuster Wachen, Katherine A. Dondanville, et al., "Effect of Group vs Individual Cognitive Processing Therapy in Active-Duty Military Seeking Treatment for Posttraumatic Stress Disorder: A Randomized Clinical Trial," *JAMA Psychiatry* 74, no. 1 (2017): 28–36, https://doi.org/10.1001/jamapsychiatry.2016.2729.
4. Darren L. Weber, "Information Processing Bias in Post-traumatic Stress Disorder," *The Open Neuroimaging Journal* 2 (June 2008): 29–51, https://doi.org/10.2174/1874440000802010029.
5. Edna B. Foa, Elizabeth Ann Hembree, and Barbara Olasov Rothbaum, *Prolonged Exposure Therapy for PTSD: Emotional Processing of Traumatic Experiences* (Oxford, UK: Oxford University Press, 2007).
6. 與羅森博士的私人通訊，Dr. Craig Rosen, 12/15/2017.
7. Bradley V. Watts, Paula P. Schnurr, Lorna Mayo, et al., "Meta-Analysis of the Efficacy of Treatments for Posttraumatic Stress Disorder," *The Journal of Clinical Psychiatry* 74, no. 6 (2013): e541–50, https://doi.org/10.4088/JCP.12r08225.
8. Barbara Olasov Rothbaum, Larry Hodges, and Rob Kooper, "Virtual Reality Exposure Therapy," *Journal of Psychotherapy Practice & Research* 6, no. 3 (Summer 1997): 219–26, https://www.ncbi.nlm.nih.gov/pubmed/9185067.
9. Anke Ehlers, Ann Hackmann, Nick Grey, et al., "A Randomized Controlled Trial of 7-Day Intensive and Standard Weekly Cognitive Therapy for PTSD and Emotion-Focused Supportive Therapy," *American Journal of Psychiatry* 171, no. 3 (2014), https:///doi.org/10.1176/appi.ajp.2013.13040552.
10. Dominic Murphy, Georgina Hodgman, Carron Carson, et al., "Mental Health and Functional Impairment Outcomes Following a 6-Week Intensive Treatment Programme for UK Military Veterans with Post-Traumatic Stress Disorder (PTSD): A Naturalistic Study to Explore Dropout and Health Outcomes at Follow-up," *BMJ Open* 5 (2015): e007051, doi: 10.1136/bmjopen-2014-007051.
11. Francine Shapiro, "The Role of Eye Movement Desensitization and Reprocessing (EMDR) Therapy in Medicine: Adressing the Psychological and Physcial Symptoms Stemming from Adverse Life Experiences," *The Permanente Journal* 18.1 (2014): 17–77. PMC. Web. Sept. 12, 2018, https://www.ncbi.nlm.nih.gov/pmc/articles/PMC3951033/.
12. Berthold P. R. Gersons and Ulrich Schnyder, "Learning from Traumatic Experiences with Brief Eclectic Psychotherapy for PTSD," *European Journal of Psychotraumatology* 4, no. 1 (December 2013): 21369, https://www.tandfonline.com/doi/pdf/10.3402/ejpt.v4i0.21369.

13. Shaili Jain, "The Role of Paraprofessionals in Providing Treatment for Posttraumatic Stress Disorder in Low-Resource Communities," *The Journal of the American Medical Association* 304, no. 5 (2010): 571–72, https://doi.org/10.1001/jama.2010.1096. Zachary Steel, Tien Chey, Derrick Silove, et al., "Association of Torture and Other Potentially Traumatic Events with Mental Health Outcomes Among Populations Exposed to Mass Conflict and Displacement: A Systematic Review and Meta-Analysis," *The Journal of the American Medical Association* 302, no. 5 (2009): 537–49, https://doi.org/10.1001/jama.2009.1132.

14. S. M. Weine, A. D. Kulenovic, I. Pavkovic, and R. Gibbons, "Testimony Psychotherapy in Bosnian Refugees: A Pilot Study," The American Journal of Psychiatry 155, no. 12 (1998): 1720–26, https://doi.org/10.1176/ajp.155.12.1720.

15. Maggie Schauer, Thomas Elbert, and Frank Neuner, *Narrative Exposure Therapy: A Short-Term Intervention for Traumatic Stress Disorders After War, Terror, or Torture* (Cambridge, MA: Hogrefe & Huber, 2005).

16. I. Agger and S. Jensen, "Testimony as Ritual and Evidence in Psychotherapy for Political Refugees," *Journal of Traumatic Stress* 3, no. 1 (January 1990): 115–130, doi: 10.1002/jts.2490030109.

17. Josh M. Cisler, J. Scott Steele, Jennifer K. Lenow, et al., "Functional Reorganization of Neural Networks During Repeated Exposure to the Traumatic Memory in Posttraumatic Stress Disorder: An Exploratory fMRI Study," *Journal of Psychiatric Research* 48, no. 1 (2018): 47–55, https://doi.org/10.1016/j.jpsychires.2013.09.013.

18. Julia Morath, Maria Moreno-Villanueva, Gilava Hamuni, et al., "Effects of Psychotherapy on DNA Strand Break Accumulation Originating from Traumatic Stress," *Psychotherapy and Psychosomatics* 83, no. 5 (2014): 289–97, https://doi.org/10.1159/000362739.

19. Julia Morath, Hannah Gola, Annette Sommershof, et al., "The Effect of Trauma-Focused Therapy on the Altered T Cell Distribution in Individuals with PTSD: Evidence from a Randomized Controlled Trial," *Journal of Psychiatric Research* 54 (July 2014): 1–10, https://doi.org/10.1016/j.jpsychires.2014.03.016.

20. Stephanie M. Keller and Peter W. Tuerk, "Evidence-Based Psychotherapy (EBP) Non-initiation Among Veterans Offered an EBP for Posttraumatic Stress Disorder," *Psychological Services* 13, no. 1 (2016): 42–48, https://doi.org/10.1037/ser0000064.

21. Lisa M. Najavits, "The Problem of Dropout from 'Gold Standard' PTSD Therapies," *F1000 Prime Reports* 7 (April 2015): 43, https://doi.org/10.12703/P7-43.

22. Marylene Cloitre, Christie Jackson, and Janet A. Schmidt, "Case Reports: STAIR for Strengthening Social Support and Relationships Among Veterans with Military Sexual Trauma and PTSD," *Military Medicine* 181, no. 2 (February 1, 2016): e183–87, https://doi.org/10.7205/MILMED-D-15-00209.

23. Marylene Cloitre, K. Chase Stovall-McClough, Kate Nooner, et al., "Treatment for PTSD Related to Childhood Abuse: A Randomized Controlled Trial," *The American Journal of Psychiatry* 167, no. 8 (2010): 915–24, https://doi.org/10.1176/appi.ajp.2010.09081247. 有解離症狀的人可能對STAIR耐受性特別好，請見Marylene Cloitre, Eva Petkova, Jing Wang, and Feihan Lu (Lassell), "An Examination of the Influence of a Sequential Treatment on the Course and Impact of Dissociation Among Women

with PTSD Related to Child- hood Abuse," *Depression and Anxiety* 29, no. 8 (2012): 709–17, https://doi.org/10.1002/da.21920. STAIR可能也為患者奠定必要的基礎，好讓他們將來更能夠承受較傳統創傷聚焦治療。請見Marylene Cloitre, Karestan C. Koenen, Lisa R. Cohen, and Hyemee Han, "Skills Training in Affective and Interpersonal Regulation Followed by Exposure: A Phase-Based Treatment for PTSD Related to Childhood Abuse," *Journal of Consulting and Clinical Psychology* 70, no. 5 (2002): 1067–74, https://pdfs.semanticscholar.org/9f63/780cb12262e8c599d69c32e3cc89524fd0eb.pdf.

24. ACT是對憂鬱症及許多其他病症很有效的療法，但最近的一項研究顯示出有局限性的證據，指出此療法做為PTSD療法收效有多良好。請見D. Ducasse and G. Fond, "Acceptance and commitment therapy," *L'Encephale* 41, no. 1 (2015): 1–9, https://doi.org/10.1016/j.encep.2013.04.017.

25. J. Irene Harris, Christopher R. Erbes, Brian E. Engdahl, et al., "The Effectiveness of a Trauma Focused Spiritu- ally Integrated Intervention for Veterans Exposed to Trauma," *Journal of Clinical Psychology* 67, no. 4 (2011): 425–38, https://doi.org/10.1002/jclp.20777. Joseph M. Currier, Jason M. Holland, and Kent D. Drescher, "Spirituality Factors in the Prediction of Outcomes of PTSD Treatment for U.S. Military Veterans," *Journal of Traumatic Stress* 28, no. 1 (2015): 57–64, https://doi.org/10.1002/jts.21978.

26. PTSD患者使用補充療法相當普遍。最近在PTSD人口中使用這類療法的人，占比估計在百分之二十六到三十九之間。請見Gary N. Asher, Jonathan Gerkin, and Bradley N. Gaynes, "Complementary Therapies for Mental Health Disorders," *The Medical Clinics of North America* 101, no. 5 (2017): 847–64, https://doi .org/10.1016/j.mcna.2017.04.004. David Spiegel and Etzel Cardeña, "New Uses of Hypnosis in the Treatment of Posttraumatic Stress Disorder," *The Journal of Clinical Psychiatry* 51, suppl. (1990): 39–43.

27. Barbara Niles, DeAnna L. Mori, Craig Polizzi, et al., "A Systematic Review of Randomized Trials of Mind-Body Interventions for PTSD,"*Journal of Clinical Psychiatry* (2018):1–24, https://doi.org/10.1002/jclp.22634.

28. Kerstin Mayer and Martijn Arns, "Electroencephalogram Neurofeedback: Application in ADHD and Epilepsy," *Psychiatric Annals* 46, no. 10 (2016): 594–600, https://doi.org/10.3928/00485713-20160906-01.

29. Mark Gapen, Bessel A. van der Kolk, Ed Hamlin, et al., "A Pilot Study of Neurofeedback for Chronic PTSD," *Applied Psychophysiology and Biofeedback* 41, no. 3 (2016): 251–61, https://doi.org/10.1007/s10484-015-9326-5.

30. Kyle Possemato, Dessa Bergen-Cico, Scott Treatman, et al., "A Randomized Clinical Trial of Primary Care Brief Mindfulness Training for Veterans with PTSD," *Journal of Clinical Psychology* 72, no. 3 (2016): 179–93, https://doi.org/10.1002/jclp.22241.

31. Nick Caddick, Brett Smith, and Cassandra Phoenix, "The Effects of Surfing and the Natural Environ- ment on the Well-Being of Combat Veterans," *Qualitative Health Research* 25, no. 1 (2014): 76–86, https://doi.org/10.1177/1049732314549477. Stephanie Westlund, " 'Becoming Human Again': Exploring Connections Between Nature and Recovery from Stress and Post-traumatic Distress," *Work* 50, no. 1 (2015): 161–74, https://doi.org/10.3233/WOR-141934.

32. Michael D. Anestis, Joye C. Anestis, Laci L. Zawilinski, et al., "Equine-Related Treatments for Mental Disorders Lack Empirical Support: A Systematic Review of Empirical Investigations," *Journal of Clinical Psychology* 70, no. 12 (2014): 1115–32, https://doi.

org/10.1002/jclp.22113.
33. Sarah Wilbur, Hilary B. Meyer, Matthew R. Baker, et al., "Dance for Veterans: A Complementary Health Program for Veterans with Serious Mental Illness," *Arts & Health* 7, no. 2 (2015): 96–108, https://doi.org/10.1080/17533015.2015.1019701.
34. Cheryl A. Krause-Parello, Sarah Sarni, and Eleni Padden, "Military Veterans and Canine Assistance for Post-traumatic Stress Disorder: A Narrative Review of the Literature," *Nurse Education Today* 47, suppl. C (2016): 43–50, https://doi.org/https://doi.org/10.1016/j.nedt.2016.04.020.
35. Mark S. Bauer, Laura Damschroder, Hildi Hagedorn, et al., "An Introduction to Implementation Science for the Non-specialist," *BMC Psychology* 3, no. 1 (2015): 32, https://doi.org/10.1186/s40359-015-0089-9.

精神科藥物

1. Mathew Hoskins, Jennifer Pearce, Andrew Bethell, et al., "Pharmacotherapy for Post-traumatic Stress Disorder: Systematic Review and Meta-analysis," *The British Journal of Psychiatry* 206, no. 2 (2015): 93–100, https://doi.org/10.1192/bjp.bp.114.148551.
2. Hans-Peter Kapfhammer, "Patient-Reported Outcomes in Post-traumatic Stress Disorder. Part II: Focus on Pharmacological Treatment," *Dialogues in Clinical Neuroscience* 16, no. 2 (2014): 227–37, http://www.ncbi.nlm.nih.gov/pmc/articles/PMC4140515/.
3. Elisa F. Cascade, Amir H. Kalali, Ann M. Rasmusson, and Candice Monson, "What Treatments Are Pre- scribed for Posttraumatic Stress Disorder?," *Psychiatry* 4, no. 2 (2007): 25–26, http://www.ncbi.nlm.nih.gov/pmc/articles/PMC2922344/.
4. Norio Watanabe, Ichiro M. Omori, Atsuo Nakagawa, et al., "Mirtazapine Versus Other Antidepressive Agents for Depression," *The Cochrane Database of Systematic Reviews*, no. 12 (December 2011): CD006528, https://doi.org/10.1002/14651858.CD006528.pub2.
5. K. Taylor and M. C. Rowbotham, "Venlafaxine Hydrochloride and Chronic Pain," *Western Journal of Medicine* 165, no. 3 (1996): 147–48, http://www.ncbi.nlm.nih.gov/pmc/articles/PMC1303727/.
6. K. Brady, T. Pearlstein, G. M. Asnis, et al., "Efficacy and Safety of Sertraline Treatment of Posttraumatic Stress Disorder: A Randomized Controlled Trial," *The Journal of the American Medical Association* 283, no. 14 (2000): 1837–44. J. R. Davidson, B. O. Rothbaum, B. A. van der Kolk, et al., "Multicenter, Double-Blind Comparison of Sertraline and Placebo in the Treatment of Posttraumatic Stress Disorder," *Archives of General Psychiatry* 58, no. 5 (2001): 485–92.
7. Kathleen Thomaes, Ethy Dorrepaal, Nel Draijer, et al., "Can Pharmacological and Psychological Treatment Change Brain Structure and Function in PTSD? A Systematic Review," *Journal of Psychiatric Research* 50, suppl. C (2014): 1–15, https://doi.org/10.1016/j.jpsychires.2013.11.002.
8. 我以國家創傷後壓力症中心研究員身分參與的第一批研究之一，是針對將近五百位有PTSD的退伍軍人所做的全國性研究，在其中我們收集臨床資料，並且從全國性藥劑資料庫裡抽出關於他們的處方藥物的資訊。我們發現，情緒穩定劑被開立給幾乎百分之二十的病患。SGA則達到樣本中的百分之十五，長期的苯二氮平類處方則占百分之十四。這些百分比意義重大，在考慮到支持這樣開藥給PTSD患者的證據品質時，尤其如此。請見Shaili Jain, Mark A. Greenbaum, and Craig Rosen, "Concordance Between Psychotropic Prescribing for Veterans with PTSD and Clinical Practice Guidelines," *Psychiatric Services* 63, no. 2 (2012): 154–60, https://doi.org/10.1176/appi.ps.201100199.

9. Steven L. Batki, David L. Pennington, Brooke Lasher, et al., "Topiramate Treatment of Alcohol Use Disorder in Veterans with Posttraumatic Stress Disorder: A Randomized Controlled Pilot Trial," *Alcoholism: Clinical & Experimental Research* 38, no. 8 (2014): 2169–77, https://doi.org/10.1111/acer.12496.

10. Erika J. Wolf, Karen S. Mitchell, Mark W. Logue, et al., "The Dopamine D(3) Receptor Gene and Posttraumatic Stress Dis- order," *Journal of Traumatic Stress* 27, no. 4 (2014): 379–87, https://doi.org/10.1002/jts.21937.

11. Kapfhammer, "Patient-Reported Outcomes in Post-traumatic Stress Disorder. Part II: Focus on Pharmacological Treatment."

12. John H. Krystal, Robert A. Rosenheck, Joyce A. Cramer, et al., "Adjunctive Risperidone Treatment for Antidepressant-Resistant Symptoms of Chronic Military Service-Related PTSD: A Randomized Trial," *The Journal of the American Medical Association* 306, no. 5 (2011): 493–502, https://doi.org/10.1001/jama.2011.1080.

13. Gerardo Villarreal, Mark B. Hamner, José M. Cañive, et al., "Efficacy of Quetiapine Monotherapy in Posttraumatic Stress Disorder: A Randomized, Placebo-Controlled Trial," *American Journal of Psychiatry* 173, no. 12 (2016): 1205–12, https://doi.org/10.1176/appi.ajp.2016.15070967.

14. David Mataix-Cols, Lorena Fernandez de la Cruz, Benedetta Monzani, et al., "D-Cycloserine Augmentation of Exposure-Based Cognitive Behavior Therapy for Anxiety, Obsessive-Compulsive, and Posttraumatic Stress Disorders: A Systematic Review and Meta-analysis of Individual Participant Data," *JAMA Psychiatry* 74, no. 5 (2017): 501–10, https://doi.org/10.1001/jamapsychiatry.2016.3955. JoAnn Difede, Judith Cukor, Katarzyna Wyka, et al., "D-Cycloserine Aug- mentation of Exposure Therapy for Post-traumatic Stress Disorder: A Pilot Randomized Clinical Trial," *Neuropsychopharmacology* 39, no. 5 (2014): 1052–58, https://doi.org/10.1038/npp.2013.317.

15. Rachel Yehuda, Linda M. Bierer, Laura C. Pratchett, et al., "Cortisol Augmentation of a Psychological Treatment for Warfighters with Posttraumatic Stress Disorder: Randomized Trial Showing Improved Treatment Retention and Outcome," *Psychoneuroendocrinology* 51 (January 2015): 589–97, https://doi.org/10.1016/j.psyneuen.2014.08.004. Matthew A. Battista, Robert Hierholzer, Hani Raoul Khouzam, et al., "Pilot Trial of Memantine in the Treatment of Post-traumatic Stress Disorder," *Psychiatry* 70, no. 2 (2007): 167–74, https://doi.org/10.1521/psyc.2007.70.2.167.

16. Peter W. Tuerk, Bethany C. Wangelin, Mark B. Powers, et al., "Augmenting Treatment Efficiency in Exposure Therapy for PTSD: A Randomized Double-Blind Placebo-Controlled Trial of Yohimbine HCI," *Cognitive Behavior Therapy* 47, no. 5 (2018): 351–71, doi: 10.1080/16506073.2018.1432679.

17. F. Andrew Kozel, et al., "Repetitive TMS to augment cognitive processing therapy in combat veterans of recent conflicts with

PTSD: A randomized clinical trial," *Journal of Affective Disorders* 229, 506–14, doi: https://doi.org/10.1016/j.jad.2017.12.046, https://www.jad-journal.com/article/S0165-0327(17)31575-6/.

18. Jeffrey Guina, Sarah R. Rossetter, Bethany J. Derhodes, et al., "Benzodiazepines for PTSD: A Systematic Review and Meta-analysis," *Journal of Psychiatric Practice* 21, no. 4 (2015), http://journals.lww.com/practicalpsychiatry/Fulltext/2015/07000/Benzodiazepines_for_PTSD__A_Systematic_Review_and.6.aspx.

19. Robert G. Cumming and David G. Le Conteur, "Benzodiazepines and Risk of Hip Fractures in Older People: A Review of the Evidence," *CNS Drugs* 17, no. 11 (September 2003): 825–37, https://link.springer.com/article/10.2165%2F00023210-200317110-00004.

20. Daniel F. Kripke, Robert D. Langer, and Lawrence E. Kline, "Hypnotics' Association with Mortality or Cancer: A Matched Cohort Study," *BMJ Open* 2, no. 1 (2012), http://bm-jopen.bmj.com/content/2/1/e000850.abstract.

藥物管理

1. Tait D. Shanafelt, Lotte N. Dyrbye, and Colin P. West, "Addressing Physician Burnout: The Way Forward," *The Journal of the American Medical Association* 317, no. 9 (2017): 901–02, https://doi.org/10.1001/jama.2017.0076.

2. Lloyd Sederer, "Improving Public Mental Health: Four Secrets in Plain Sight," *Psychiatric Times*, December 13, 2016, http://psychnews.psychiatryonline.org/doi/full/10.1176/appi.pn.2016.12b2.

3. Simon Rosenbaum, Anne Tiede- mann, Robert Stanton, et al., "Implementing Evidence-Based Physical Activity Interventions for People with Mental Illness: An Australian Perspective," *Australasian Psychiatry* 24, no. 1 (2016): 49–54, https://doi.org/10.1177/1039856215590252.

4. Shellene K. Dietrich, Coleen M. Francis-Jimenez,
Melida Delcina Knibbs, et al., "Effectiveness of Sleep Education Programs to Improve Sleep Hygiene and/or Sleep Quality in College Students: A Systematic Review," *JBI Database of Systematic Reviews and Implementation Reports* 14, no. 9 (2016): 108–34, https://doi.org/10.11124/JBISRIR-2016-003088.

5. 當我是國家創傷後壓力症中心研究員的時候，我曾經擔任一項針對數百名PTSD退伍軍人的全國性研究的共同調查員，這個研究調查他們是否得到第一線的藥物治療。第一線藥物的組成方式，不但包括要他們服用抗憂鬱劑，服用時間還要夠長（大約六到八週），並且服用夠強的劑量，這樣藥物才能奏效。換句話說，就是這位退伍軍人有沒有得到藥物效果的療效測試？我們的分析發現，來自阿富汗與伊拉克戰爭的退伍軍人們，雖然他們同樣有可能得到這些藥物，跟較年長的退伍軍人相比，卻較少完成療效測試。我們的發現呼應了我在自己的診所裡實地看到的情況。請見Shaili Jain, Mark A. Greenbaum, and Craig S. Rosen, "Do Veterans with Posttraumatic Stress Disorder Re- ceive First-Line Pharmacotherapy? Results from the Longitudinal Veterans Health Survey," *The Primary Care Companion for CNS Disorders* 14, no. 2 (2012), https://doi.org/10.4088/PCC.11m01162.

6. Jessica A. Chen, Stephanie M. Keller, Lori A. Zoellner, and Norah C. Feeny, " 'How Will It Help Me?': Reasons Underlying Treatment Preferences Between Sertraline and Prolonged Exposure in PTSD," *The Journal of Nervous and Mental Disease* 201, no. 8 (2013): 691–97, https://doi.org/10.1097/NMD.0b013e31829c50a9.
7. Edward Shorter, *A History of Psychiatry: From the Era of the Asylum to the Age of Prozac* (Hoboken, NJ: Wiley, 1998).
8. Gregory E. Gray and Letitia A. Pinson, "Evidence-Based Medicine and Psychiatric Practice," *Psychiatric Quarterly* 74, no. 4 (December 2003): 387–99, https://link.springer.com/article/10.1023/A:1026091611425.
9. Hermioni N. Lokko, Justin A. Chen, Ranna I. Parekh, and Theodore A. Stern, "Racial and Ethnic Diversity in the US Psychiatric Workforce: A Perspective and Recommendations," *Academic Psychiatry* 40, no. 6 (2016): 898–904, https://doi.org/10.1007/s40596-016-0591-2. Nancy C. Andreasen, "Diversity in Psychiatry: Or, Why Did We Become Psychiatrists?," *American Journal of Psychiatry* 158, no. 5 (2001): 673–75, https://doi.org/10.1176/appi.ajp.158.5.673.
10. Lori A. Zoellner, Norah C. Feeny, and Joyce N. Bittinger, "What You Believe Is What You Want: Modeling PTSD- Related Treatment Preferences for Sertraline or Prolonged Exposure," *Journal of Behavior Therapy and Experimental Psychiatry* 40, no. 3 (2009): 455–67, https://doi.org/10.1016/j.jbtep.2009.06.001.

神奇子彈的誘惑

1. Eugene G. Lipov, Jay R. Joshi, Sergei Lipov, et al., "Cervical Sympathetic Blockade in a Patient with Post-traumatic Stress Disorder: A Case Report," *Annals of Clinical Psychiatry* 20, no. 4 (2008), https://doi.org/10.1080/10401230802435518.
2. 在二〇一三年，有個病例系列被報導出來，在其中一些難治型PTSD退伍軍人接受了阻斷術。在介入措施之後，九位退伍軍人裡有五位體驗到他們的PTSD症狀顯著進步，不過那些益處隨著時間過去而逐漸消退。請見Eugene G. Lipov, Maryam Navaie, Peter R. Brown, et al., "Stellate Ganglion Block Improves Refractory Post-traumatic Stress Disorder and Associated Memory Dysfunction: A Case Report and Systematic Literature Review," *Military Medicine* 178 no. 2 (2013): e260–64, https://doi.org/10.7205/MILMED-D-12-00290.
3. Nancy A. Melville, "Stellate Ganglion Block No Better than Placebo for PTSD," *Medscape*, March 26, 2015, http://www.medscape.com/viewarticle/842095.
4. Ian A. Cook, Michelle Abrams, and Andrew F. Leuchter, "Trigeminal Nerve Stimulation for Comorbid Posttraumatic Stress Disorder and Major Depressive Disorder," *Neuromodulation* 19, no. 3 (2016): 299– 305, https://doi.org/10.1111/ner.12399.
5. Caroline Cassels, "Ketamine: New Potential as Rapid PTSD Treatment," *Medscape*, April 17, 2014, http://www.medscape.com/viewarticle/823760.
6. Adriana Feder, Michael K. Parides, James W. Murrough, et al., "Efficacy of Intravenous Ketamine for Treatment of Chronic Post-traumatic Stress Disorder: A Randomized Clinical Trial," *JAMA Psychiatry* 71, no. 6 (2014): 681–88, https://doi.org/10.1001/jamapsychiatry.2014.62.
7. Andrea Cipriani, et al., "3,4 Methylenedioxy-methamphetamine (MDMA)-Assisted Psychotherapy for Post-Traumatic Stress

Disorder in Service Personnel," *The Lancet Psychiatry* 5, no. 6, 453–55, doi:https://doi.org/10.1016/S2215-0366(18)30170-6.

8. Peter Oehen, Rafael Traber, Verena Widmer, and Ulrich Schnyder, "A Randomized, Controlled Pilot Study of MDMA (±3,4-Methylenedioxymethamphetamine)- Assisted Psychotherapy for Treatment of Resistant, Chronic Post-traumatic Stress Disorder (PTSD)," *Journal of Psychopharmacology* 27, no. 1 (2013): 40–52, https://doi.org/10.1177/0269881112464827.
9. Alexander Neumeister, Jordan Seidel, Benjamin J. Ragen, and Robert H. Pietrzak, "Translational Evidence for a Role of Endocannabinoids in the Etiology and Treatment of Posttraumatic Stress Disorder," *Psychoneuroendocrinology* 51 (January 2018): 577–84, https://doi.org/10.1016/j.psyneuen.2014.10.012.
10. Samuel T. Wilkinson, Rajiv Radhakrishnan, and Deepak Cyril D'Souza, "A Systematic Review of the Evidence for Medical Marijuana in Psychiatric Indications," *The Journal of Clinical Psychiatry* 77, no. 8 (2016): 1050–64, https://doi.org/10.4088/JCP.15r10036.
11. Tista S. Ghosh, Michael Van Dyke, Ali Maffey, et al., "Medical Marijuana's Public Health Lessons—Implications for Retail Marijuana in Colorado," *The New England Journal of Medicine* 372, no. 11 (2015): 991–93, https://doi.org/10.1056/NEJMp1500043.
12. Alejandro Azofeifa, Margaret E. Mattson, and Althea Grant, "Monitoring Marijuana Use in the United States: Challenges in an Evolving Environment," *The Journal of the American Medical Association* 316, no. 17 (2016): 1765–66, https://doi.org/10.1001/jama.2016.13696.
13. Samuel T. Wilkinson, Elina Stefanovics, and Robert A. Rosenheck, "Marijuana Use Is Associated with Worse Outcomes in Symptom Severity and Violent Behavior in Patients with Posttraumatic Stress Disorder," *The Journal of Clinical Psychiatry* 76, no. 9 (2015): 1174– 80, https://doi.org/10.4088/JCP.14m09475.
14. Personal communication with Dr. Marcel Bonn-Miller, January 21, 2017. See also Mallory J. E. Loflin, Kimberly A. Babson, and Marcel O. Bonn-Miller, "Cannabinoids as Therapeutic for PTSD," *Current Opinion in Psychology* 14, suppl. C (2017): 78–83, https://doi.org/https://doi.org/10.1016/j.copsyc.2016.12.001.

第六部　我們的世界對創傷的看法

集體創傷：一個惡性問題

1. Australian Public Service Commission, "Tackling Wicked Problems: A Public Policy Perspective," May 31, 2012, http://www.apsc.gov.au/publications-and-media/archive/publications-archive/tackling-wicked-problems.
2. Eric Hobsbawm, "War and Peace," *The Guardian*, U.S. Edition, February 22, 2002, accessed January 11, 2018, https://www.theguardian.com/education/2002/feb/23/artsandhumanities.highereducation.
3. B. Allen, Rape Warfare: The Hidden Genocide in Bosnia-Herzegovina and Croatia (Minneapolis: University of Minnesota Press, 1996). K. Hirschfeld, J. Leaning, S. Crosby, et al., *Nowhere to Turn: Failure to Protect, Support and Assure Justice for Darfuri*

Women (Cambridge, MA: Physicians for Human Rights and Harvard Humanitarian Initiative, 2009), http://hhi.harvard.edu/publications/nowhere-turn-failure-protect-support-and-assure-justice-darfuri-women.

4. "Syria: The Story of the Conflict," BBC News, March 11, 2016, accessed January 1, 2018, http://www.bbc.com/news/world-middle-east-26116868.

5. Lydia DePillis, Kulwant Saluja, and Denise Lu, *The Washington Post*, December 21, 2015, accessed January 2, 2018. https://www.washingtonpost.com/graphics/world/historical-migrant-crisis/.

6. ILO Special Action Programme to combat Forced Labour (SAP-FL), Programme for the Promotion of the Declaration on Fundamental Principles and Rights at Work, "ILO 2012 Global Estimate of Forced Labour: Executive Summary," 2012, accessed January 2, 2018, http://www.ilo.org/wcmsp5/groups/public/---ed_norm/---declaration/documents/publication/wcms_181953.pdf.

7. Ronald C. Kessler, Amanda Sonnega, Evelyn Bromet, et al., "Posttraumatic Stress Disorder in the National Comorbidity Survey," *Archives of General Psychiatry* 52, no. 12 (1995): 1048–60, https://www.ncbi.nlm.nih.gov/pubmed/7492257.

8. Craig L. Katz and Anand Pandya, "Disaster Psychiatry: A Closer Look," *Psychiatric Clinics of North America* 27, no. 3 (September 2004): 391–610, http://www.psych.theclinics.com/issue/S0193-953X(00)X0012-3.

9. Fatih Ozbay, Tanja Auf der Heyde, Dori Reissman, and Vansh Sharma, "The Enduring Mental Health Impact of the September 11th Terrorist Attacks: Challenges and Lessons Learned," *Psychiatric Clinics of North America* 36, no. 3 (2013): 417–29, https://doi.org/10.1016/j.psc.2013.05.011.

一九四七印巴分治

1. Cahal Milmo, "Forgotten Role of Indian Soldiers Who Served in First World War Marked at Last," *The Independent*, November 7, 2015, http://www.independent.co.uk/news/uk/home-news/forgotten-role-of-indian-soldiers-who-served-in-first-world-war-marked-at-last-a6725851.html.

2. Montagu-Chelmsford Report: United Kingdom-India [1918]," *Encyclopædia Britannica*, https://www.britannica.com/event/Montagu-Chelmsford-Report.

3. 對於大英帝國為何放棄印度的理由，更多資訊請參見：http://www.nationalarchives.gov.uk/education/empire/g3/cs3/background.htm.

4. C. Ryan Perkins, "1947 Partition of India & Pakistan," https://exhibits.stanford.edu/1947-partition/about/1947-partition-of-india-pakistan.

5. Judith Herman, *Trauma and Recovery: The Aftermath of Violence—From Domestic Abuse to Political Terror* (New York: Basic Books, 2015), 1.

6. Yasmin Khan, *The Great Partition: The Making of India and Pakistan* (New Haven, CT: Yale University Press, 2017), 187.

7. Urvashi Butalia, *The Other Side of Silence: Voices from the Partition of India* (Durham, NC: Duke University Press, 2003).

8. Sanjeev Jain, Alok Sarin, *The Psychological Impact of the Partition of India* (Newbury Park, CA: SAGE Publishing, 2018).

戰爭、災難與恐怖：得來不易的知識與給未來的教訓

1. J. T. de Jong, I. H. Komproe, M. van Ommeren, et al., "Lifetime Events and Posttraumatic Stress Disorder in 4 Postconflict Settings," *The Journal of the American Medical Association* 286, no. 5 (2001): 555–62. 在阿爾及利亞、柬埔寨、衣索比亞與加薩，百分比分別是接近四十、三十、十六與十八。

2. Barbara Lopes Cardozo, Oleg O. Bilukha, Carol A. Gotway Crawford, et al., "Mental Health, Social Functioning, and Disability in Postwar Afghanistan," *The Journal of the American Medical Association* 292, no. 5 (2004): 575–84, https://doi.org/10.1001/jama.292.5.575.

3. Alison Abbott, "The Mental-Health Crisis Among Migrants," *Nature* 538 (October 13, 2016): 158–160, http://www.nature.com/news/the-mental-health-crisis-among-migrants-1.20767.

4. Lisa R. Fortuna, Michelle V. Porche, and Margar- ita Alegria, "Political Violence, Psychosocial Trauma, and the Context of Mental Health Services Use Among Immigrant Latinos in the United States," *Ethnicity & Health* 13, no. 5 (2008): 435–63, https://doi.org/10.1080/13557850701837286.

5. N. M. Shrestha, B. Sharma, M. van Ommeren, et al., "Impact of Torture on Refugees Displaced Within the Developing World: Symptomatology Among Bhutanese Refugees in Nepal," The Jour- nal of the American Medical Association 280, no. 5 (1998): 443–48. M. van Ommeren, J. T. de Jong, B. Sharma, et al., "Psychiatric Disorders Among Tortured Bhutanese Refugees in Nepal," *Archives of General Psychiatry* 58, no. 5 (2001): 475–82.

6. H.E. Ainamani, T. Elbert, D.K. Olema, et al., "PTSD Symptom Severity Relates to Cognitive and Psycho-social Dysfunction —A Study with Congoloese Refugees in Uganda," *European Journal of Psychotraumatology* 14, no. 8 (2017), doi: 10.1080/20008198.2017.1283086.

7. Mina Fazel, Ruth V. Reed, Catherine Panter-Brick, and Alan Stein, "Mental Health of Displaced and Refugee Children Resettled in High-Income Countries: Risk and Protective Factors," *The Lancet* 379, no. 9812 (2018): 266–82, https://doi.org/10.1016 /S0140-6736(11)60051-2.

8. Ora Nakash, Irena Liphshitz, Lital Keinan-Boker, and Itzhak Levav, "The Effect of Cancer on Suicide Among Elderly Holocaust Survivors," *Suicide & Life-Threatening Behavior* 43, no. 3 (2013): 290–95, https://doi.org/10.1111/sltb.12015. Efrat Barel, Marinus H. van IJzendoorn, Abraham Sagi-Schwartz, and Marian J. Bakermans-Kranenburg, "Surviving the Holocaust: A Meta-Analysis of the Long-Term Sequelae of a Genocide," *Psychological Bulletin* 136, no. 5 (2010): 677–98, https://doi.org/10.1037/a0020339.

9. R. Yehuda, B. Kahana, J. Schmeidler, et al., "Impact of Cumulative Lifetime Trauma and Recent Stress on Current Posttraumatic Stress Disorder Symptoms in Holocaust Survivors," *The American Journal of Psychiatry* 152, no. 12 (1995): 1815–18, https://doi.org/10.1176 /ajp.152.12.1815. K. Kuch and B. J. Cox, "Symptoms of PTSD in 124 Survivors of the Holocaust," *The American Journal of Psychiatry* 149, no. 3 (1992): 337–40, https://doi.org/10.1176/ajp.149.3.337。曾經暴露於暴行下的倖存者（例如待過集中營），比較有可能罹患PTSD，而對於那段歷史時期，如同我們可以預期到的，在PTSD沒有被正式承認為一種病況

的時候，許多人的病可能沒有得到適當的精神醫學照護。

10. R. Yehuda, B. Kahana, S. M. Southwick, and E. L. Giller Jr., “Depressive Features in Holocaust Survivors with Post-traumatic Stress Disorder,” *Journal of Traumatic Stress* 7, no. 4 (1994): 699–704.

11. Cendrine Bursztein Lipsicas, Itzhak Levav, and Stephen Z. Levine, “Holocaust Exposure and Subsequent Suicide Risk: A Population-Based Study,” *Social Psychiatry and Psychiatric Epidemiology* 52, no. 3 (2017): 311–17, https://doi.org/10.1007/s00127-016-1323-3.

12. A. L. Beal, “Post-traumatic Stress Disorder in Prisoners of War and Combat Veterans of the Dieppe Raid: A 50-Year Follow-up,” *Canadian Journal of Psychiatry* 40, no. 4 (May 1995): 177–84, https://www.ncbi.nlm.nih.gov/pubmed/7621386. F. A. Allodi, “Post-traumatic Stress Disorder in Hostages and Victims of Torture,” *Psychiatric Clinics of North America* 17, no. 2 (1994): 279–88.

13. Ligia Kiss, Nicola S. Pocock, Varaporn Naisan- guansri, et al., “Health of Men, Women, and Children in Post-trafficking Services in Cambodia, Thailand, and Vietnam: An Observational Cross- sectional Study,” *The Lancet Global Health* 3, no. 3 (2015): e154–61, https://doi.org/10.1016/S2214-109X(15)70016-1.

14. Retina Rimal and Chris Papadopoulos, “The Mental Health of Sexually Trafficked Female Survivors in Nepal,” *The International Journal of Social Psychiatry* 62, no. 5 (2016): 487–95, https://doi.org10.1177/0020764016651457.

15. Melanie Abas, Nicolae V. Ostrovschi, Martin Prince, et al., “Risk Factors for Mental Disorders in Women Survivors of Human Trafficking: A Historical Cohort Study,” *BMC Psychiatry* 13 (August 2013): 204, https://doi.org/10.1186/1471-244X-13-204.

16. Dorothy Neriah Muraya and Deborah Fry, “Aftercare Services for Child Victims of Sex Trafficking: A Systematic Review of Policy and Practice,” *Trauma, Violence & Abuse* 17, no. 2 (2016): 204–20, https://doi.org/10.1177/1524838015584356.

17. Thomas M. Stein, “Mass Shootings,” in *Disaster Medicine*, ed. David E. Hogan and Jonathan L. Burstein (Phila- delphia: Lippincott Williams & Wilkins, 2011), 444–52, at 451.

18. C. S. North, S. J. Nixon, S. Shariat, et al., “Psychiatric Disorders Among Survivors of the Oklahoma City Bombing,” *The Journal of the American Medical Association* 282, no. 8 (1999): 755–62.

19. Sandro Galea, Arijit Nandi, and David Vla- hov, “The Epidemiology of Post-traumatic Stress Disorder After Disasters,” *Epidemiologic Reviews* 27 (2005): 78–91, https://doi.org/10.1093/epirev /mxi003. Craig L. Katz and Anand Pandya, “Disaster Psychiatry: A Closer Look,” *Psychiatric Clinics of North America* 27, no. 3 (September 2004): 391–610, http://www.psych.theclinics.com/issue/S0193-953X(00)X0012-3.

20. 然而大多數統計數字回報的，是在這個範圍中比較低的那一半。請見Galea et al., “The Epidemiology of Post-traumatic Stress Disorder After Disasters.”

21. Alexander C. McFarlane, “The Longitudinal Course of Posttraumatic Morbidity: The Range of Outcomes and Their Predictors,” *The Journal of Nervous and Mental Disease* 176, no. 1 (1988), http://journals.lww.com/jonmd/Fulltext/1988/01000/The_Longitudinal_Course_of_Posttraumatic_Morbidity.4.aspx.

22. Chia-Ming Chang, Li-Ching Lee, Kathryn M. Connor, et al., "Posttraumatic Distress and Coping Strategies Among Rescue Workers After an Earthquake," *The Journal of Nervous and Mental Disease* 191, no. 6 (2003): 391–98, https://doi.org/10.1097/01.NMD.0000071588.73571.3D.

23. Howard J. Osofsky, Joy D. Osofsky, Mindy Kronenberg, et al., "Posttraumatic Stress Symptoms in Children After Hurricane Katrina: Predicting the Need for Mental Health Services," *American Journal of Orthopsychiatry* 79, no. 2 (2009): 212–20, https://doi.org/10.1037/a0016179. Mindy E. Kronenberg, Tonya Cross Hansel, Adri- anne M. Brennan, et al., "Children of Katrina: Lessons Learned About Postdisaster Symptoms and Recovery Patterns," *Child Development* 81, no. 4 (2010): 1241–59, https://doi.org/10.1111/j.1467-8624.2010.01465.x.

24. Joan M. Cook, Avron Spiro III, and Danny G. Kaloupek, "Trauma in Older Adults," in *Handbook of PTSD: Science and Practice*, 2nd ed., ed. Matthew J. Friedman, Terence Martin Keane, and Patricia A. Resick (New York: Guilford Press, 2014), 351–69, at 354.

25. Jun Yamashita and Jun Shigemura, "The Great East Japan Earthquake, Tsunami, and Fukushima Daiichi Nuclear Power Plant Accident," *Psychiatric Clinics of North America* 36, no. 3 (2018): 351–70, https://doi.org/10.1016/j.psc.2013.05.004.

26. Takuya Tsujiuchi, Maya Yamaguchi, Kazutaka Masuda, et al., "High Prevalence of Post-traumatic Stress Symptoms in Relation to Social Factors in Affected Population One Year After the Fukushima Nuclear Disaster," *PLOS One* 11, no. 3 (2016): e0151807, https://doi.org/10.1371/journal.pone.0151807.

27. Howard J. Osofsky and Joy D. Osofsky, "Hurricane Katrina and the Gulf Oil Spill: Lessons Learned," *Psychiatric Clinics of North America* 36, no. 3 (2013): 371–83, https://doi.org/10.1016/j.psc.2013.05.009.

28. Daya Somasundaram, "Recent Disasters in Sri Lanka," *Psychiatric Clinics of North America* 36, no. 3 (2018): 321–38, https://doi.org/10.1016/j.psc.2013.05.001.

29. Edna B. Foa and Shawn P. Ca- hill, "Psychological Treatments for PTSD: An Overview," in *9/11: Mental Health in the Wake of Terrorist Attacks*, ed. Yuval Neria, Raz Gross, Randall D. Marshall, and Ezra S. Susser (Cambridge, UK: Cambridge University Press, 2006), 457–74, at 470.

30. Shaili Jain, "Complex PTSD, STAIR, Social Ecology and Lessons Learned from 9/11 —A Conversation with Dr. Marylene Cloitre," PLOS Blogs, March 29, 2017, http://blogs.plos.org/mindthebrain/2017/03/29/complex-ptsd-stair-social-ecology-and-lessons-learned-from-911-a-conversation-with-dr-marylene-cloitre/.

31. Maria Paz Garcia-Vera, Jesus Sanz, and Sara Gutierrez, "A Systematic Review of the Literature on Posttraumatic Stress Disorder in Victims of Terrorist Attacks," *Psychological Reports* 119, no. 1 (2016): 328–59, https://doi.org/10.1177/0033294116658243.

32. Robert Henley, Randall Marshall, and Stefan Vetter, "Integrating Mental Health Services into Humanitarian Relief Responses to Social Emergencies, Disasters, and Conflicts: A Case Study," *The Journal of Behavioral Health Services & Research* 38, no. 1 (2011): 132–41, https://doi.org/10.1007/s11414-010-9214-y.

33. Paz Garcia-Vera et al., "A Systematic Review of the Literature on Posttraumatic Stress Disorder in Victims of Terrorist Attacks."

34. E. J. Bromet, M. J. Hobbs, S. A. P. Clouston, et al., "DSM-IV Post-traumatic Stress Disorder Among World Trade Center Responders 11–13 Years After the Disaster of 11 September 2001 (9/11)," *Psychological Medicine* 46, no. 4 (2016): 771–83, https://doi.org/10.1017/S0033291715002184.
35. The National Child Traumatic Stress Center, "Psychological First Aid," http://www.nctsn.org/content/psychological-first-aid.
36. Alison Schafer, Leslie M. Snider, and Mark van Ommeren, "Psycho- logical First Aid Pilot: Haiti Emergency Response," *Intervention* 8, no. 3 (2010): 245–54, http://www.interventionjournal.com/sites/default/files/Schafer_2010_Int_PFA_Haiti.pdf.
37. Lisa Schlein, "Psychological First Aid Helps People Affected by Crisis," VOA [Voice of America], October 10, 2016, http://www.voanews.com/a/psychological-first-aid-helps-people-affected-by-crisis/3543841.html.
38. Fran H. Norris, Susan P. Stevens, Betty Pfefferbaum, et al., "Community Resilience as a Metaphor, Theory, Set of Capacities, and Strategy for Disaster Readiness," *American Journal of Community Psychology* 41, nos. 1–2 (2008): 127–50, https://doi.org/10.1007/s10464-007-9156-6.
39. Richard A. Bryant, H. Colin Gallagher, Lisa Gibbs, et al., "Mental Health and Social Networks After Disaster," *American Journal of Psychiatry* 174, no. 3 (2016): 277–85, https://doi.org/10.1176/appi.ajp.2016.15111403.
40. D. Whybrow, N. Jones, and N. Greenberg, "Promoting Organizational Well-being: A Comprehensive Review of Trauma Risk Management," *Occupational Medicine* 65, no. 4 (2015): 331– 36, https://doi.org/10.1093/occmed/kqv024.
41. G. James Rubin and Simon Wessely, "The Psychological and Psychiatric Effects of Terrorism," *Psychiatric Clinics of North America* 36, no. 3 (2013): 339–50, https://doi.org/10.1016/j.psc.2013.05.008.
42. C. R. Brewin, N. Fuchkan, Z. Huntley, et al., "Outreach and Screening Following the 2005 London Bombings: Usage and Outcomes," *Psychological Medicine* 40, no. 12 (2010): 2049–57, https://doi.org/10.1017/S0033291710000206.
43. Lise Eilin Stene and Grete Dyb, "Health Service Utilization After Terrorism: A Longitudinal Study of Survivors of the 2011 Utøya Attack in Norway," *BMC Health Services Research* 15 (April 2015): 158, https://doi.org/10.1186/s12913-015-0811-6.
44. Michael Duffy, Kate Gillespie, and David M. Clark, "Post-traumatic Stress Disorder in the Context of Terrorism and Other Civil Conflict in Northern Ireland: Randomised Controlled Trial," *The British Medical Journal* 334, no. 7604 (2007): 1147, http://www.bmj.com/content/334/7604/1147.abstract.
45. Abbott, "The Mental-Health Crisis Among Migrants," *Nature* 538 (2016): 158–60.
46. 更多關於敘事暴露治療的資訊，可以在第五部「治療創傷壓力」中找到。一個近期的小規模研究指出，對於人口販運倖存者來說，NET可能也是一種可行的PTSD治療方法。請見Katy Robjant, Jackie Roberts, and Cornelius Katona, "Treating Posttraumatic Stress Dis- order in Female Victims of Trafficking Using Narrative Exposure Therapy: A Retrospective Audit," *Frontiers in Psychiatry* 8 (June 1, 2017): 63, https://doi.org/10.3389/fpsyt.2017.00063.
47. Michela Nose, Francesca Ballette, Irene Bighelli, et al., "Psychosocial Interventions for Post-traumatic Stress Disorder in Refugees and Asylum Seekers Resettled in High-Income Coun- tries: Systematic Review and Meta-analysis," *PLOS One* 12, no. 2 (2017):

e0171030, https://doi.org/10.1371/journal.pone.0171030.
48. Christopher T. Thompson, Andrew Vidgen, Neil Roberts, Psychological Interventions for Post-Traumatic Stress Disorder in Refugees and Asylum Seekers: A Systematic Review and Meta- analysis, *Clinical Psychology Review* 63 (July 2018): 66–79.
49. Phuong N. Pham, Harvey M. Weinstein, and Timothy Longman, "Trauma and PTSD Symptoms in Rwanda: Implications for Attitudes Toward Justice and Reconciliation," *The Journal of the American Medical Association* 292, no. 5 (2004): 602–12, https://doi.org/10.1001/jama.292.5.602.
50. Patrick Vinck, Phuong N. Pham, Eric Stover, and Harvey M. Weinstein, "Exposure to War Crimes and Implications for Peace Building in Northern Uganda," *The Journal of the American Medical Association* 298, no. 5 (2007): 543–54, https://doi.org/10.1001/jama.298.5.543.

人類苦難的美國化？

1. Nilamadhab Kar, "Indian Research on Disaster and Mental Health," *Indian Journal of Psychiatry* 52, suppl. 1 (2010): S286–90, https://doi.org/10.4103/0019-5545.69254.
2. B. L. Himabindu, Radhika Arora, and N. S. Prashanth, "Whose Problem Is It Anyway? Crimes Against Women in India," *Global Health Action* 7 (July 21, 2014), https://doi.org/10.3402/gha.v7.23718.
3. Chaitanya Undavalli, Piyush Das, Taru Dutt, et al., "PTSD in Post–Road Traffic Accident Patients Requiring Hospitalization in Indian Subcontinent: A Review on Magnitude of the Problem and Management Guidelines," *Journal of Emergencies, Trauma, and Shock* 7, no. 4 (2014): 327–31, https://doi.org/10.4103/0974-2700.142775.
4. Fran H. Norris and Laurie B. Slone, "Epidemiology of Trauma and PTSD," in *Handbook of PTSD: Science and Practice*, 2nd ed, ed. Matthew J. Friedman, Terence Martin Keane, and Patrica A. Resick (New York: Guilford Press, 2014), 100–20.
5. Michel L. A. Duckers, Eva Alisic, and Chris R. Brewin, "A Vulnerability Paradox in the Cross-National Prevalence of Post-traumatic Stress Disorder," *The British Journal of Psychiatry* 209, no. 4 (2016): 300–05, https://doi.org/10.1192/bjp.bp.115.176628.
6. Roberto Lewis-Fernández, Devon E. Hinton, and Luana Marques, "Culture and PTSD," in *Handbook of PTSD: Science and Practice*, 2nd ed., ed. Matthew J. Friedman, Terence Martin Keane, and Patricia A. Resick (New York: Guilford Press, 2014), 522–540, at 531.
7. Rupinder K. Legha, "Culture and PTSD: Trauma in Global and Historical Perspective," *American Journal of Psychiatry* 173, no. 9 (2016): 943–44, https://doi.org/10.1176/appi.ajp.2016.16040475.

第七部　新紀元：一點點預防措施

精確防治

1. Matthew Smith, "An Ounce of Prevention," *The Lancet* 386, no. 9992 (2018): 424–25, https://doi.org/10.1016/S0140-

6736(15)61437-4.

2. David Henderson, cited in Joshua Bierer, "Introduction to the Second Volume," *International Journal of Social Psychiatry* 2, no. 1 (1956): 5–11.

3. Glen P. Mays and Sharla A. Smith, "Evi- dence Links Increases in Public Health Spending to Declines in Preventable Deaths," *Health Affairs* 30, no. 8 (2011): 1585–93, https://doi.org/10.1377/hlthaff.2011.0196.

4. Dilip V. Jeste and Carl C. Bell,"Preface to Prevention in Mental Health: Lifespan Perspective," *Psychiatric Clinics of North America* 34, no. 1 (2018): xiii–xvi, https://doi.org/10.1016/j.psc.2011.01.001.

5. Arvin Garg, Renee Boynton-Jarrett, and Paul H. Dworkin, "Avoiding the Unintended Consequences of Screening for Social Determinants of Health," *The Journal of the American Medical Association* 316, no. 8 (2016): 813–14, https://doi.org/10.1001/jama.2016.9282.

6. Sandro Galea and George J. Annas, "Aspirations and Strategies for Public Health," *The Journal of the American Medical Association* 315, no. 7 (2016): 655–56, https://doi.org/10.1001/jama.2016.0198. Kristine A. Campbell, Tonya Myrup, and Lina Svedin, "Parsing Language and Measures Around Child Maltreatment," *Pediatrics* 139, no. 1 (January 2017), https://doi.org/10.1542/peds.2016-3475.

7. Muin J. Khoury and Sandro Galea, "Will Precision Medicine Improve Population Health?," *The Journal of the American Medical Association* 316, no. 13 (2016): 1357–58, https://doi.org/10.1001/jama.2016.12260.

8. Jacob Bor, et al., Police Killings and Their Spillover Effects on the Mental Health of Black Americans: A Population- Based, Quasi-experimental Study, *The Lancet* 392, no. 10144, 302–10, doi:https://doi.org.10.1016/S0140-6736(18)31130-9. Fran H. Norris, "Impact of Mass Shootings on Survivors, Families, and Communities," *PTSD Research Quarterly* 18, no. 3 (2007): 1–4, http://www.ptsd.va.gov/professional/newsletters/research-quarterly/V18N3.pdf.

9. David E. Stark and Nigam H. Shah, "Funding and Publication of Research on Gun Violence and Other Leading Causes of Death," *The Journal of the American Medical Association* 317, no. 1 (2017): 84–85, https://doi.org/10.1001/jama.2016.16215.

10. James M. Shultz, Siri Thoresen, and Sandro Galea, "The Las Vegas Shootings—Underscoring Key Features of the Firearm Epidemic," *The Journal of the American Medical Association* 318, no. 18 (2017): 1753–54, https://doi.org/10.1001/jama.2017.16420.

11. Edward W. Campion, Stephen Morrissey, Debra Malina, et al., "After the Mass Shooting in Las Vegas—Finding Common Ground on Gun Control," *The New England Journal of Medicine* 377, no. 17 (2017): 1679–80, https://doi.org/10.1056/NEJMe1713203.

12. 與賓德博士的私人通訊，Dr. Renee Binder, 2/23/2017.

13. Coalition for Evidence-Based Policy, "Social Programs That Work: Nurse-Family Partnership—Top Tier," http://evidencebasedprograms.org/1366-2/nurse-family-partnership.

14. Centers for Disease Control and Prevention, "Child Abuse and Neglect: Consequences," April 5, 2016, https://www.cdc.gov/

violenceprevention/childmaltreatment/consequences.html.

15. Wendy Knerr, Frances Gardner, and Lucie Cluver, "Improving Positive Parenting Skills and Reducing Harsh and Abusive Parenting in Low-and Middle-Income Countries: A Systematic Review," *Prevention Science* 14, no. 4 (2013): 352–63, https://doi.org/10.1007/s11121-012-0314-1.

16. Casey T. Taft, Suzannah K. Creech, Matthew W. Gallagher, et al., "Strength at Home Couples Program to Prevent Military Partner Violence: A Randomized Controlled Trial," *Journal of Consulting and Clinical Psychology* 84, no. 11 (2016): 935–45, https://doi.org/10.1037/ccp0000129. 此外，如同研究人員指出的，他們的介入措施可能也對其他暴露於壓力與創傷的人口群體有用處，像是難民、內城區居民跟暴露於戰火下的平民。

17. Clea Sarnquist, Benjamin Omondi, Jake Sinclair, et al., "Rape Prevention Through Empowerment of Adolescent Girls," *Pediatrics* 133, no. 5 (2014): e1226–32, https://doi.org/10.1542/peds.2013-3414. 也包括與巴尤奇的私人通訊，Mike Baiocchi, February 10, 2017. 也請參見Charlene Y. Senn, Misha Eliasziw, Paula C. Barata, et al., "Efficacy of a Sexual Assault Resistance Program for University Women," *The New England Journal of Medicine* 372, no. 24 (2015): 2326–35, https://doi.org/10.1056/NEJMsa1411131.

18. Kleinman touches on this in this essay; see Arthur Kleinman, "Rebalancing Academic Psychiatry: Why It Needs to Happen—and Soon," *The British Journal of Psychiatry* 201, no. 6 (De- cember 2012): 421–22, at http://bjp.rcpsych.org/content/201/6/421.abstract.

黃金時刻

1. Nils C. Westfall and Charles B. Nemeroff, "State-of-the-Art Prevention and Treatment of PTSD: Pharmacotherapy, Psychotherapy, and Nonpharmacological Somatic Therapies," *Psychiatric Annals* 46, no. 9 (2016): 533–49, https://doi.org/10.3928/00485713-20160808-01. Heather M. Sones, Steven R. Thorp, and Murray Raskind, "Prevention of Posttraumatic Stress Disorder," *Psychiatric Clinics of North America* 34, no. 1 (2011): 79–94, https://doi.org/https://doi.org/10.1016/j.psc.2010.11.001.

2. Roger K. Pitman, Kathy M. Sanders, Randall M. Zusman, et al., "Pilot Study of Secondary Prevention of Post- traumatic Stress Disorder with Propranolol," *Biological Psychiatry* 51, no. 2 (2002): 189–92. 在針對一百一十八位以心律錠（propranolol）治療的參與者所做的三次測試中（相對風險〔RR〕00.62，信賴區間〔CI〕0.24-1.59，P值（P value）＝0.32），有低品質的證據支持這種藥防範PTSD開始發作。請見Taryn Amos, Dan J. Stein, and Jonathan C. Ipser, "Pharmacological Interventions for Preventing Post-traumatic Stress Disorder (PTSD)," *The Cochrane Database of Systematic Reviews*, no. 7 (July 2014), https://doi.org/10.1002/14651858.CD006239.pub2.

3. Shaili Jain, "Cortisol, the Intergenerational Transmission of Stress, and PTSD: An Interview with Dr. Rachel Yehuda," PLOS Blogs, June 8, 2016, http://blogs.plos.org/blog/2016/06/08/cortisol-the-intergenerational-transmission-of-stress-and-ptsd-an-interview-with-dr-rachel-yehuda/.

4. Gustav Schelling, Benno Roozendaal, and Dom- inique J.-F. de Quervain, "Can Posttraumatic Stress Disorder Be Prevented with

Glucocorticoids?," *Annals of the New York Academy of Sciences* 1032 (December 2004): 158–66, https://doi.org/10.1196/annals.1314.013.

5. John Griffiths, Gillian Fortune, Vicki Barber, and J. Duncan Young, "The Prevalence of Post Traumatic Stress Disorder in Survivors of ICU Treatment: A Systematic Review," *Intensive Care Medicine* 33, no. 9 (2007): 1506–18, https://doi.org/10.1007/s00134-007-0730-z.

6. D. J. de Quervain, B. Roozendaal, and J. L. McGaugh, "Stress and Glucocorticoids Impair Retrieval of Long- Term Spatial Memory," *Nature* 394, no. 6695 (1998): 787–90, https://doi.org/10.1038/29542.

7. Gustav Schelling, Benno Roozendaal, Till Krauseneck, et al., "Efficacy of Hydrocortisone in Preventing Post-traumatic Stress Disorder Following Critical Illness and Major Surgery," *Annals of the New York Academy of Sciences* 1071, no. 1 (July 2006): 46–53, https://doi.org/10.1196/annals.1364.005.

8. Shaili Jain, "Cortisol, the Inter- generational Transmission of Stress, and PTSD: An Interview with Dr. Rachel Yehuda," POLS Blogs Network, June 8, 2016, http://blogs.plos.org/blog/2016/06/08/cortisol-the-intergenerational-transmission-of-stress-and-ptsd-an-interview-with-dr-rachel-yehuda/.

9. S. B. Norman, M. B. Stein, J. E. Dimsdale, and D. B. Hoyt, "Pain in the Aftermath of Trauma Is a Risk Factor for Post-traumatic Stress Disorder," *Psychological Medicine* 38, no. 4 (2008): 533–42, https://doi.org/10.1017/S0033291707001389. Marit Sijbrandij, Annet Kleiboer, Jonathan I. Bisson, et al., "Pharmacological Prevention of Post-traumatic Stress Disorder and Acute Stress Disorder: A Systematic Review and Meta-analysis," *The Lancet Psychiatry* 2, no. 5 (2015): 413–21, https://doi.org/10.1016/S2215-0366(14)00121-7.

10. R. Shiekhattar and G. Aston-Jones, "Modu- lation of Opiate Responses in Brain Noradrenergic Neurons by the Cyclic AMP Cascade: Changes with Chronic Morphine," *Neuroscience* 57, no. 4 (1993): 879–85.

11. Raül Andero, Shaun P. Brothers, Tanja Jovanovic, et al., "Amygdala-Dependent Fear Is Regulated by Oprl1 in Mice and Humans with PTSD," *Science Translational Medicine* 5, no. 188 (2013): 188ra73, http://stm.sciencemag.org/content/5/188/188ra73.abstract.

12. Troy Lisa Holbrook, Michael R. Galarneau, Judy L. Dye, et al., "Morphine Use After Combat Injury in Iraq and Post-traumatic Stress Disorder," *The New England Journal of Medicine* 362, no. 2 (2010): 110–17, https://doi.org/10.1056/NEJMoa0903326.

13. J. T. Mitchell, "When Disaster Strikes . . . the Critical Incident Stress Debriefing Process," *JEMS* 8, no. 1 (January 1983): 36–39.

14. Bryan E. Bledsoe, "Critical Incident Stress Management (CISM): Benefit or Risk for Emergency Services?," *Prehospital Emergency Care* 7, no. 2 (2003): 272–79.

15. Heather M. Sones, Steven R. Thorp, and Murray Raskind, "Prevention of Posttraumatic Stress Disorder," *Psychiatric Clinics of North America* 34, no. 1 (2011): 79–94, https://doi.org/10.1016/j.psc.2010.11.001.

16. National Institute for Health and Care Excellence, "Post-traumatic Stress Disorder: Management: Clinical Guideline [CG26]," March 2005, https://www.nice.org.uk/guidance/cg26/chapter/1-guidance?unlid=425484881201641163558.

17. Barbara Olasov Rothbaum, Megan C. Kearns, Matthew Price, et al., "Early Intervention May Prevent the Development of Posttraumatic Stress Disorder: A Randomized Pilot Civilian Study with Modified Prolonged Exposure," *Biological Psychiatry* 72, no. 11 (2012): 957–63, https://doi.org/10.1016/j.biopsych.2012.06.002.

18. L. Iyadurai, S. E. Blackwell, R. Meiser-Stedman, et al., "Preventing Intrusive Memories After Trauma Via a Brief Intervention Involving Tetris Computer Game Play in the Emergency Department: A Proof-of-Concept Randomized Controlled Trial," *Molecular Psychiatry* 23, (2018): 674–82, https://www.nature.com/articles/mp201723/.

對難以觸及的人伸出援手：讓創傷後壓力症治療更容易觸及

1. Fran H. Norris and Laurie B. Slone, "Epidemiology of Trauma and PTSD," in *Handbook of PTSD: Science and Practice*, 2nd ed., ed. Matthew J. Friedman, Terence Martin Keane, and Patricia A. Resick (New York: Guilford Press, 2014), 100–121, at 108.

2. R. C. Kessler, "Posttraumatic Stress Disorder: The Burden to the Individual and to Society," *The Journal of Clinical Psychiatry* 61, suppl. 5 (2000): 4–12, https://www.ncbi.nlm.nih.gov/pubmed/10761674.

3. Rene Soria-Saucedo, Janice Haechung Chung, Heather Walter, et al., "Factors That Predict the Use of Psychotropics Among Children and Adolescents with PTSD: Evidence From Private Insurance Claims," *Psychiatric Services* 69, no. 9 (2018): 1007–14, https://doi.org/10.1176/appi.ps.201700167.

4. R. J. Gatchel and M. S. Oordt, *Clinical Health Psychology and Primary Care: Practical Advice and Clinical Guidance for Successful Collaboration* (Washington, DC: American Psychological Association, 2003). 這裡說明有「高達百分之七十」的基層醫療約診，是為了社會心理相關的問題。

5. Thomas L. Schwenk, "Integrated Behavioral and Primary Care: What Is the Real Cost?," *The Journal of the American Medical Association* 316, no. 8 (2016): 822–23, https://doi.org/10.1001/jama.2016.11031.

6. Andrew S. Pomerantz, Lisa K. Kearney, Laura O. Wray, et al., "Mental Health Services in the Medical Home in the Department of Veterans Affairs: Factors for Successful Integration," *Psychological Services* 11, no. 3 (2014): 243–53, https://doi.org/10.1037 / a0036638. Peter A. Coventry, Joanna L. Hudson, Evangelos Kontopan- telis, et al., "Characteristics of Effective Collaborative Care for Treatment of Depression: A Systematic Review and Meta-regression of 74 Ran- domised Controlled Trials," *PLOS One* 9, no. 9 (2014): e108114, https:// doi.org/10.1371/journal.pone.0108114. Ranak B. Trivedi, Edward P. Post, Haili Sun, et al., "Prevalence, Comorbidity, and Prognosis of Mental Health Among US Veterans," *American Journal of Public Health* 105, no. 12 (2015): 2564–69, https://doi.org/10.2105/AJPH.2015.302836. Brenda Reiss-Brennan, Kimberly D. Brunisholz, Carter Dredge, et al., "Association of Integrated Team-Based Care with Health Care Quality, Utilization, and Cost," *The Journal of the American Medical Association* 316, no. 8 (2016): 826–34, https://doi.org/10.1001/jama.2016.11232. Jarrad Aguirre and Victor G. Carrion, "Integrated Behavioral Health Services: A Collaborative Care Model for Pediatric Patients in a Low- Income Setting," *Clinical Pediatrics* 52, no. 12 (2013): 1178–80, https://doi.org/10.1177/0009922812470744.

7. Doyanne Darnell, Stephen O'Connor, Amy Wagner, et al., "Enhancing the Reach of Cognitive-Behavioral Therapy Targeting Posttraumatic Stress in Acute Care Medical Settings," *Psychiatric Services* 68, no. 3 (2016): 258–63, https://doi.org/10.1176/appi.ps.201500458. Kelly C. Young-Wolff, Krista Kotz, and Brigid McCaw, "Transforming the Health Care Response to Intimate Partner Violence: Addressing 'Wicked Problems,'" *The Journal of the American Medical Association* 315, no. 23 (2016): 2517–18, https://doi.org/10.1001/jama.2016.4837. Douglas Zatzick, Peter Roy-Byrne, Joan Russo, et al., "A Randomized Effectiveness Trial of Stepped Collaborative Care for Acutely Injured Trauma Survivors," *Archives of General Psychiatry* 61, no. 5 (2004): 498–506, https://doi.org/10.1001/archpsyc.61.5.498.

8. Richard J. Shaw, Nick St John, Emily Lilo, et al., "Prevention of Traumatic Stress in Mothers of Preterms: 6-Month Outcomes," *Pediatrics* 134, no. 2 (2014): e481–88, https://doi.org/10.1542/peds.2014-0529.

9. Stephanie B. Gold, Larry A. Green, and C. J. Peek, "From Our Practices to Yours: Key Messages for the Journey to Integrated Behavioral Health," *Journal of the American Board of Family Medicine* 30, no. 1 (2017): 25–34, https://doi.org/10.3122/jabfm.2017.01.160100.

10. Shaili Jain, Kaela Joseph, Hannah Holt, et al., "Implementing a Peer Support Program for Veterans: Seeking New Models for the Provision of Community-Based Outpatient Services for Posttraumatic Stress Disorder and Substance Use Disorders," in *Partnerships for Mental Health*, ed. Laura Weiss Roberts, Daryn Reicherter, Steven Adelsheim, and Shashank V. Joshi (Cham, Switzerland: Springer International Publishing, 2015), 125–35, https://doi.org/10.1007/978-3-319-18884-3_10. S. Jain, C. McLean, E. P. Adler, et al., "Does the Integration of Peers into the Treatment of Adults with Posttraumatic Stress Disorder Improve Access to Mental Health Care? A Literature Review and Conceptual Model," *Journal of Traumatic Stress Disorders & Treatment* 2 (2013): 3, https://www.scitechnol.com/2324-8947/2324-8947-2-109. pdf. Shaili Jain, "The Role of Paraprofessionals in Providing Treatment for Posttraumatic Stress Disorder in Low-Resource Communities," *The Journal of the American Medical Association* 304, no. 5 (2010): 571–72, https:// doi.org/10.1001/jama.2010.1096. Shaili Jain, Julia M. Hernandez, Steven E. Lindley, et al., "Peer Support Program for Veterans in Rural Areas," *Psychiatric Services* 65, no. 9 (2014): 1177, https://doi.org/10.1176/appi .ps.650704. Shaili Jain, Caitlin McLean, Emerald P. Adler, and Craig S. Rosen, "Peer Support and Outcome for Veterans with Posttraumatic Stress Disorder (PTSD) in a Residential Rehabilitation Program," *Community Mental Health Journal* 52, no. 8 (2016): 1089–92, https://doi.org/10.1007/s10597-015-9982-1.
Rebeccah Sokol and Edwin Fisher, "Peer Support for the Hardly Reached: A Systematic Review," *American Journal of Public Health* 106, no. 7 (2016): 1308, https://doi.org/10.2105/AJPH.2016.303180a. 其他人做的後續研究也顯示，同儕對於有心理健康問題的軍隊人員來說是寶貴資源。請見Paul Y. Kim, Robin L. Toblin, Lyndon A. Riviere, et al., "Provider and Nonprovider Sources of Mental Health Help in the Military and the Effects of Stigma, Negative Attitudes, and Organizational Barriers to Care," *Psychiatric Services* 67, no. 2 (2016): 221– 26, https://doi.org/10.1176/appi.ps.201400519. Melba A.Hernandez-Tejada, Stephanie Hamski, and David Sanchez-Carracedo, "Incorporating Peer Support During In Vivo Exposure to Reverse Dropout from Prolonged

Exposure Therapy for Posttraumatic Stress Disorder: Clinical Outcomes," *International Journal of Psychiatry in Medicine* 52, no.4–6(2017):366–380.

11. Autumn Backhaus, Zia Agha, Melissa L. Mag- lione, et al., "Videoconferencing Psychotherapy: A Systematic Review," *Psychological Services* 9, no. 2 (2012): 111–31, https://doi.org/10.1037/a0027924. Leslie A. Morland, Margaret-Anne Mackintosh, Carolyn J. Greene, et al., "Cognitive Processing Therapy for Posttraumatic Stress Disorder Delivered to Rural Veterans via Telemental Health: A Randomized Noninferiority Clinical Trial," *The Journal of Clinical Psychiatry* 75, no. 5 (2014): 470–76, https://doi.org/10.4088/JCP.13m08842. Ron Acierno, Rebecca Knapp, Peter Tuerk, et al., "A Non-inferiority Trial of Prolonged Exposure for Posttraumatic Stress Disorder: In Person versus Home-Based Telehealth," *Behaviour Research and Therapy* 89, suppl. C (2017): 57–65, https://doi.org/https://doi.org/10.1016/j.brat.2016.11.009. Kathryn J. Azevedo, Brandon J. Weiss, Katie Webb, et al., "Piloting Specialized Mental Health Care for Rural Women Veterans Using STAIR Delivered via Telehealth: Implications for Reducing Health Disparities," *Journal of Health Care for the Poor and Underserved* 27, no. 4A (2016): 1–7, https://doi.org/10.1353/hpu.2016.0189.
12. Jennifer Wild, Emma Warnock-Parkes, Nick Grey, et al., "Internet-Delivered Cognitive Therapy for PTSD: A Development Pilot Series," *European Journal of Psychotraumatology* 7 (2016): 31019, https://www.ncbi.nlm.nih.gov/pmc/articles/PMC5106866/. Christine Knaevelsrud, Janine Brand, Alfred Lange, et al., "Web-Based Psychotherapy for Posttraumatic Stress Disorder in War-Traumatized Arab Patients: Randomized Controlled Trial," *Journal of Medical Internet Research* 17, no. 3 (March 2015): e71, https://doi.org/10.2196/jmir.3582. Shaili Jain, "Treating Posttraumatic Stress Disorder via the Internet: Does Therapeutic Alliance Matter?," *The Journal of the American Medical Association* 306, no. 5 (2011): 543–44, https://doi.org/10.1001/jama.2011.1097.
13. Eric Kuhn, Carolyn Greene, Julia Hoffman, et al., "Preliminary Evaluation of PTSD Coach, a Smartphone App for Post-traumatic Stress Symptoms," *Military Medicine* 179, no. 1 (2014): 12–18, https://doi.org/10.7205/MILMED-D-13-00271.
14. 與岡恩博士的私人通訊，Dr. Eric Kuhn, 1/23/2017.
15. 與盧謝克博士的私人通訊，Dr. Josef Ruzek, 6/23/2017.

社交網絡的力量

1. Joseph A. Boscarino, "Post-traumatic Stress and Associated Disorders Among Vietnam Veterans: The Significance of Combat Exposure and Social Support," *Journal of Traumatic Stress* 8, no. 2 (April 1995): 317–36, https://link.springer.com /article/10.1007/BF02109567.
2. Krzysztof Kaniasty, "Social Support and Traumatic Stress," *PTSD Research Quarterly* 16, no. 2 (2005): 1–3, http://www.ptsd.va.gov/professional/newsletters/research-quarterly/V16N2.pdf.
3. Nils C. Westfall and Charles B. Nemeroff, "State-of-the-Art Prevention and Treatment of PTSD: Pharmacotherapy, Psychotherapy, and Nonpharmacological Somatic Therapies," *Psychiatric Annals* 46, no. 9 (2016): 533–49, https://doi.org/10.3928/00485713-

20160808-01.
4. The power of positive social networks: 社會支持研究中的另一個主題，是負面社交互動的影響。舉例來說，從戰爭中返鄉的退伍軍人面對不表同情、妄下評斷、可能有敵意的社會環境時，顯得更容易發展出精神病理狀態。請見A. J. E. Dirkzwager, I. Bramsen, and H. M. van der Ploeg, "Social Support, Coping, Life Events, and Posttraumatic Stress Symptoms Among Former Peacekeepers: A Prospective Study," *Personality and Individual Differences* 34 (2003): 1545–59. Y. Neria, Z. Solomon, and R. Dekel, "An Eighteen-Year Follow-up Study of Israeli Prisoners of War and Combat Veterans," *The Journal of Nervous and Mental Disease* 186, no. 3 (1998): 174–82. R. H. Stretch, "Incidence and Etiology of Post-traumatic Stress Disorder Among Active Duty Army Personnel," *Journal of Applied Social Psychology* 16 (1986): 464–81.
5. D. W. King, L. A. King, J. A. Fairbank, et al., "Resilience-Recovery Factors in Posttraumatic Stress Disorder Among Female and Male Vietnam Veterans: Hardiness, Postwar Social Support, and Additional Stressful Life Events," *Journal of Personality and Social Psychology* 74 (1998): 420–34.
6. Shaili Jain, "Complex PTSD, STAIR, Social Ecology and Lessons Learned from 9/11 —A Conversation with Dr. Marylene Cloitre," PLOS Blogs, March 29, 2017, http://blogs.plos.org/mindthebrain/2017/03/29/complex-ptsd-stair-social-ecology-and-lessons-learned-from-911-a-conversation-with-dr-marylene-cloitre/.
7. Tamer A. Hadi and Keren Fleshler, "Integrating Social Media Monitoring into Public Health Emergency Response Operations," *Disaster Medicine and Public Health Preparedness* 10, no. 5 (2016): 775–80, https://doi.org/10.1017/dmp.2016.39.
8. Courtney Stokes and Jason C. Senkbeil, "Facebook and Twitter, Communication and Shelter, and the 2011 Tuscaloosa Tornado," *Disasters* 41, no. 1 (2017): 194–208, https://doi.org/10.1111/disa.12192.
9. Irina Shklovski, Moira Burke, Sara Kiesler, and Robert Kraut, "Technology Adoption and Use in the Aftermath of Hurricane Katrina in New Orleans," *American Behavioral Scientist* 53, no. 8 (2010): 1228–46, https://doi.org/10.1177/0002764209356252.
10. Amanda M. Vicary and R. Chris Fraley, "Student Reactions to the Shootings at Virginia Tech and Northern Illinois University: Does Sharing Grief and Support over the Internet Affect Recovery?," *Personality & Social Psychology Bulletin* 36, no. 11 (2010): 1555–63, https://doi.org/10.1177/0146167210384880.
11. Mark E. Keim and Eric Noji, "Emergent Use of Social Media: A New Age of Opportunity for Disaster Resilience," *American Journal of Disaster Medicine* 6, no. 1 (2011): 47–54.

韌性的科學

1. Steven M. Southwick and Dennis S. Charney, *Resilience: The Science of Mastering Life's Greatest Challenges* (Cambridge, UK: Cambridge University Press, 2012).
2. 在童年時承受「毒性壓力」的父母，可能更容易有發展遲緩的小孩，在因應子女健康問題的時候也會比較辛苦。Nicole Racine, Andre Plamondon, Sheri Madigan, et al., "Maternal Adverse Childhood Experiences and Infant Development," *Pediatrics*

(2018): 2017–495.
3. Margaret Haglund, Nicole Cooper, Steven Southwick, and Dennis Charney, "6 Keys to Resilience for PTSD and Everyday Stress," *Current Psychiatry* 6, no. 4 (2007): 23–30.
4. Sungrok Kang, Carolyn M. Aldwin, Soyoung Choun, and Avron Spiro III, "A Life-Span Perspective on Combat Exposure and PTSD Symptoms in Later Life: Findings from the VA Normative Aging Study," *The Gerontologist* 56, no. 1 (2016): 22–32, https://doi.org/10.1093/geront/gnv120.
5. Emily J. Ozer, Suzanne R. Best, Tami L. Lipsey, and Daniel S. Weiss, "Predictors of Posttraumatic Stress Disorder and Symptoms in Adults: A Meta-analysis," *Psychological Bulletin* 129, no. 1 (2003): 52–73. C. R. Brewin, B. Andrews, and J. D. Valentine, "Meta- Analysis of Risk Factors for Posttraumatic Stress Disorder in Trauma- Exposed Adults," *Journal of Consulting and Clinical Psychology* 68, no. 5 (2000): 748–66. Arieh Shalev, Israel Liberzon, and Charles Marmar, "Post-traumatic Stress Disorder," *The New England Journal of Medicine* 376, no. 25 (2017): 2459–69, https://doi.org/10.1056/NEJMra1612499.
6. Salvatore R. Maddi, "The Courage and Strategies of Hardiness as Helpful in Growing Despite Major, Disruptive Stresses," *American Psychologist* 63, no. 6 (2008): 563–64, https://doi.org/10.1037/0003-066X.63.6.563.
7. M. Deahl, M. Srinivasan, N. Jones, et al., "Preventing Psychological Trauma in Soldiers: The Role of Operational Stress Training and Psychological Debriefing," *British Journal of Medical Psychology* 73, part 1 (March 2000): 77–85.
8. Kobie Douglas and Carl C. Bell,"YouthHomicide Prevention," *Psychiatric Clinics of North America* 34, no. 1 (2018): 205–16, https://doi.org/10.1016/j.psc.2010.11.013. C. C. Bell, S. Gamm, P. Vallas, and P. Jackson, "Strategies for the Prevention of Youth Violence in Chicago Public Schools," in *School Violence: Contributing Factors, Management, and Prevention*, ed. M. Shafii and S. Shafii (Washington, DC: American Psychiatric Press, 2001), 251–272.

此書如何寫成

1. R. Charon, "Narrative Medicine: Form, Function, and Ethics," *Annals of Internal Medicine* 134, no. 1 (2001): 83–87, http://annals.org/aim/article-abstract/714105.
2. Jack Coulehan and Anne Hunsaker Hawkins, "Keeping Faith: Ethics and the Physician-Writer," *Annals of Internal Medicine* 139, no. 4 (2003): 307–11, http://annals.org/aim/article-abstract/716679/keeping-faith-ethics-physician-writer.
3. Danielle Ofri, "Danielle Ofri," *The Lancet* 361, no. 9368 (2018): 1572, https://doi.org/10.1016/S0140-6736(03)13181-9.